한설야 소설의 변모양상

조 수 웅

국학자료원

1

머리말

나는 둘도 없는 벗이 하나 있다. 石이다. 고등학교 때 비를 움주래기 맞고 시내를 쏘다니다가 태봉산 언덕배기에서 밤 새워 개똥철학을 폈던 石이와 나. 새벽녘에는 찬 이슬에 쫓겨 역 대합실 노숙자들과 어울려 한 숨 붙이다가 자취 방에도 못들린 채 곧장 학교로 향했던 石이와 나. 서울에 사는 石이와 광주에 사는 나는 60을 바라보는 지금에도 어쩌다 만나기만 하면 삼, 사일은 좋이 잠적하기 일수다. 그야말로 東家宿 西家食하며 발길 닫는 데로 정처 없이 떠나는 것이다. 곡성 태안사 발치에서 하룻 밤을 유하기도 하고 장흥 회진포구에서 석양을 맞기도 하였다. 순천 송광사에서 저녁 예불들이는 스님들 틈에 끼여 보았는가 하면 해남읍에서는 여관 신세를 진 일도 있다. 술이 고래였던 石이가 금주한 지 10여 년이 넘지만 나와의 하룻밤에는 예외 없이 소주 한 병은 따곤했다. 이제는 마누라도 자식들도 우리의 잠적을 나무라거나 의아해 하기는커녕 부러워할 뿐이다.

왜 나는 이 책을 펴내면서 엉뚱하게시리 둘도 없는 벗 石이를 떠올리는 것일까?

그때는 뜬구름 잡는 식으로 헤매 다녔고 이책에서는 확실한 주제를 잡고 골몰했다면 아니 내가 그런 외도에 가까운 일을 했다면 지금은 중견 시인이 된 石이가 뭐라고 말할까. 짜아식 학자라고? 도대체가 어울리지가 않아. 하고 너털 웃음을 웃을지도 모른다. 내가 그런 주제넘은 일을 해버린 것이다. 하지만 기왕지사 벌려 놓은 일. 몇 마디 변명이라도 해야겠다. 80년 후반 해금 후, 한설야는 이제 웬 만큼 연구 되었다. 특히 최근에 발표된 장석홍의 『한설야 소설 연구』는 괄목할만하다. 그럼에도 불구하고 내가 다시 이 책을 펴내는 것은 월북 후 작품까지 포함해 소설 전체를 통시적으로 조명하자는 것이다. 그리하여 한설야의 문학사적 위상을 밝혀보자는 것이다. 그런 결심을 한 후 잊지 못할 추억거리들이 많이 생겼다. 광화문 우체국 6층 통일부 북한자료 센터를 문턱 닳아지라고 들락거리면서 '특수 자료 취급 인가'증이라는 올가미에 걸려 몇 번이나 넘어졌던가. 겨우 월북 후 소설들을 접했을 때는 복사가 되니 안 되니, 최대한 봐줘도 30페이지 이상은 복사할 수 없니 있니. 담당자를 술에 괴롭혔던 일이 그 중 제일 오래토록 기억될 것이다. 어쨌건 탈고하여 오늘을 맞이하게 되었으나 막상 책을 펴내자니 부끄럽기 짝이 없다. 허나 처음으로 『력사』(내가 찾아 보기로는 북한 자료 센터에 없었음.)를 뺀 거의 모든 소설의 변모 양상을 분석했다는 데 의의를 두고자 한다. 다만 이 엉성한 책을 발판 삼아 훗날 한 젊은 연구자가 더 확실한 패러다임을 가지고 정리할 날이 있을 것으로 믿는다. 끝으로 이 논문의 산파역인 조선대 구창환 선생님, 국학자료원 정찬용사장님과 편집실장 한봉숙님, 그리고 사랑하는 아내 정오희님께 한 없는 감사를 드린다.

1999년 2월

저 자

목 차

Ⅰ. 서 론

1. 연구 목적 및 방법

본 논문의 연구 목적은 韓雪野 소설의 통시적 변모 양상과 그의 문학사적 위상을 밝히는 데 있다. 다시 말해 그가 일제 강점기에는 물론 월북 후에도 계급 문학과 독특한 원칙론을 신봉한 소설가임을 전제로, 대표작『황혼』을 비롯하여 해방 전·후 소설들이 당대 현실을 어떻게 형상화했는지를 분석하려는 것이다.

이러한 목적을 위하여 우선 지금까지 해방 전의 작품이나 개별 작품에 한정되었던 논의를 확대하여 그의 소설 전모에 대한 통시적 정리를 하고자 한다. 다음으로 작품의 변모 양상을 체계적으로 정리하기 위해 우리 문학사의 사회주의 리얼리즘 발전과정과 관련한 일정한 시각, 즉 현실주의[1] 문학이론을 원용하기로 한다. 그리고 한설

1) "리얼리즘 또는 현실주의란 현실을 예술적으로 형상화하는 예술적 방법 뿐만 아니라 그러한 예술을 창작하려는 작가의 현실 파악의 태도까지 포함하는 넓은 의미로 흔히 사용한다." 김외곤,『과도기』(태학사, 1989), p.353.

야가 어느 누구보다도 고집이 세고 자존심이 강하며 주체성과 일관성을 견지해온 점과 프로 작가이면서도 강한 토착적 기질을 갖고 있었던 점 등을 작품 속에서 밝혀내고자 한다.

여기서 말하는 현실주의란 단순한 문학적 기교나 문예사조 문제가 아닌 작가의 세계관과 이데올로기 그리고 창작 방법과 연관된 문학이론이다. 그래서 현실 묘사의 태도에 있어서 객관적으로 주어진 생활 현상들의 본질적이며 특징적인 성격들을 '생활 그 자체의 형식'을 통하여 전형화하는 것으로 규정된다.[2] 이러한 현실주의 이론에 대한 논의는 金基鎭의 변증적 사실주의론에서 비롯된다. 그는 프로문학의 대중성 확보를 위한 방안으로 이를 제안했던 바, 세계관보다 형식의 문제에 주목하였다. 그러나 安漠은 김기진의 이론을 현실추수주의라 비난하였다. 그리고 계급성과 당성을 강조하며 세계관에 무게를 둔 프롤레타리아 리얼리즘을 제창했다. 그는 프롤레타리아 계급만이 프로문학의 담당자가 될 수 있으므로 문학은 결국 당의 문학이 되어야함을 주장했다. 하지만 대중화 문제만은 끝내 풀어내지 못했다. 한설야 역시, 문학이 현실을 반영하되 예술 자체의 고유한 방식에 의해 특정한 시대의 객관적 이론을 반영[3]해야한다는 프롤레타리아 리얼리즘을 주장했지만 김기진의 변증적 사실주의나 안막, 尹基鼎의 프롤레타리아 사실주의 혹은 林和의 사회적 사실주의와 크게 다르지 않았다.[4]

사회주의 리얼리즘이란 예술 역시 사회적 태도를 반영하는 하나

---

*본 논문에서는 단편 「 」, 장편 『 』, 신문 · 잡지 < >, 기본 자료 인용 ' ', 기타 인용 " "으로 구분한다.

2) 김성수, 「이기영 소설 연구」(성균관대, 박사학위논문, 1991), p.13

3) 김성수, 위의 논문, p.p.9-10.

4) 김영민, 『한국문학비평논쟁사』(한길사, 1994), p.427. 참조.

의 이념 현상으로 봄을 뜻하는데, 이를 처음으로 소개한 사람은 白鐵이고 그 수용을 적극적으로 주장한 이론가는 안막이다. 사회주의 리얼리즘 이론은, 1930년대 중반 소련에서, 새로운 작가 조직을 만드는 과정에서 세계관에만 집착하지 말고 사회주의 건설의 현실을 있는 그대로 그려내자는 창작방법을 주장한데서 나왔다.(이 명칭은 1932년 소설가 막심 고리키의 집에서 가진 모임을 통해 스탈린이 정했다 한다.) 그 이론에 의하면 사회주의 리얼리즘 작가·작품은 1905년경 고리끼의 「어머니」와 일련의 작품에 의해서 이전의 비판적 리얼리즘의 한계를 극복함으로서 생겨난 것으로 되어 있다. 그러나 1934년 당시 식민지 조선의 프로 문학운동가들은 이에 대한 이론이 분분하였다.[5] 金南天·安含光은 조선과 러시아 현실의 차이를 들어 이의 수용을 유보했고 韓曉·임화 등은 김남천·안함광을 복고주의자라고 비난하며 이의 수용을 적극 지지했다. 또 金斗鎔은 사회주의 리얼리즘 수용 이전의 중간 단계로 혁명적 리얼리즘이라는 용어를 사용하는 것이 조선의 현실에 맞다고 주장했다. 이런 논쟁은 단순한 기법으로서의 사실주의를 작가의 세계관을 반영하는 창작방법론으로 발전시켰다. 또 사회주의 리얼리즘론에 이르면 작가적 시각의 주객관적 통합 과정을 거쳐 예술적 형상화라는 특수한 방식으로 일정한 시대의 객관적 현실을 반영한다는 이론[6]을 제시하였다.

본 논문의 연구 방법은 이상에서 살펴본 현실주의 문학 이론이 어떻게 한설야 소설에 형상화되어 나가며, 기법으로 발전해 가는가를 탐색하는 것이다.

---

5) 백낙청, "민족문학론과 리얼리즘" 『한국근대문학사의 쟁점』(창작과비평사, 1990), 참조.
6) 김영민, 앞의 책, p.430.

그것은 첫째 일제 강점기 현실에서 초기 예술주의 습작을 어떻게 극복하여 신경향파 소설로 나아갔는가? 둘째 어떤 식으로 현실주의 방법을 사용하여 다시 신경향파를 극복하고 관념과 현실을 통일시켰는가? 셋째 전향 후에도 왜 현실 모순을 담아내려 애썼는가? 넷째 현실의 객관적 형상화를 이룬 단편들의 성과를 집약한 『황혼』과 해방전에 쓴 장편들이 작중 인물의 성격과 그 성격의 대립에서 비롯된 갈등을 어떻게 그리고 있는가? 다섯째 월북 후 정치 활동과 창작 활동을 함께 하면서 어떤 식으로 정치적 선택과 문학적 형상화를 연결하여 정치·문학의 일원화를 꾀했는가? 여섯째 단편에 나타난 정치적 직접성을 어느 정도 극복하고 사회를 보다 총체적으로 형상화한 『설봉산』을 비롯한 월북후 장편들이 어떤 유형의 인물을 설정하였으며 그 갈등은 어떻게 전개되고 형상화 특색은 무엇인가를 찾아내자는 것이다. 즉 일제 강점기에서부터 월북 후에 이르기까지 한설야 소설이 현실에 대응해온 양상을 면밀히 분석하여, 우리 문학사에서 차지하는 위상을 올바로 규명해내자는 것이다.

2. 연구사 및 연구 범위

한설야 소설에 대한 연구는 1988년 해금 이후부터 활발하게 이루어졌는데, 지금까지의 진행된 연구 성과를 그 특색에 따라 검토해 보면 다음과 같다.

첫째 특정한 주제에 따른 작품론의 경우다. 조남현[7], 정호웅[8], 김

---

7) 조남현, 「1920년대 한국경향소설연구」(서울대 석사학위논문, 1974).

철[9], 김동환[10], 서경석[11], 차원현[12], 권영민[13], 송호숙[14], 나병철[15], 김외곤[16], 김승환[17], 조현일[18] 등의 논문이 이 경우에 속하는데, 1920-30년대의 경향 문학, 노동 문학, 농민문학, 진보적 문학, 카프 해산 후 전향 문학, 해방 직후의 문학 연구나 전기(傳記) 복원이라는 실증적 연구의 한 부분으로 한설야 소설을 거론한 것들이다. 이는 경향문학의 흐름과 같은 논의 주제가 따로 있거나 작품 연구에 앞선 생애 연구로써 본격적인 한설야 문학연구라고 할 수는 없지만 상당 부분 작품 이해의 발판을 마련해 준 것들이다.

둘째 일정한 시각이나 방법에 따른 작품론의 경우다. 장상길[19], 김재용[20], 남민영[21], 서경석[22], 권영민[23], 김재영[24], 김윤식[25] 등의

---

8) 정호웅, 「1920-30년대 한국경향소설의 변모과정연구」(서울대 석사학위논문, 1983).
9) 김철, 「1920년대 신경향파 소설연구」(연세대 박사학위논문, 1984).
10) 김동환, 「한국전향소설연구」(서울대 석사학위논문, 1987).
11) 서경석, 「1920-30년대 한국 경향소설 연구」(서울대 석사학위논문, 1987).
12) 차원현, 「한국 경향소설 연구」(서울대 석사학위논문, 1987).
13) 권영민, 『한국민족문학연구』(민음사, 1988).
14) 송호숙, 「한설야 연구」(연세대 석사학위논문, 1989).
15) 나병철, 「1930년대 후반기 도시소설 연구」(연세대 박사학위논문, 1989).
16) 김외곤, 「1930년대 한국 현실주의 소설 연구」(서울대 석사학위논문, 1990).
17) 김승환, 『해방공간의 현실주의 문학연구』(일지사, 1991).
18) 조현일, 「1920-30년대 노동소설 연구」(서울대 석사학위논문, 1991).
19) 장상길, 「한설야 소설 연구」(서울대 석사학위논문, 1990).
20) 김재용, "카프 해소, 비해소파의 대립과 해방후의 문학운동", 『역사비평』(역사비평사, 1988), 가을.
21) 남민영, 「김남천과 한설야의 1930년대 소설 연구」(연세대 석사학위논문, 1990).
22) 서경석, "한국 경향소설과 귀향의 의미", 『한국학보』(한국학보사, 1987), 가을.
23) 권영민, "노동문학의 가능성과 한계", 권영민 『월북문인 연구』(문학사상사, 1989).
24) 김재영, 「한설야 소설 연구」(연세대 석사학위논문, 1990).

논문이 이 경우에 속하는데, 장상길은 삼부작 「탁류」와 같은 연작형태, 김재용과 남민영은 전향기의 문학운동상의 일관성, 서경석은 '귀향' 모티브, 권영민은 원칙론자로서의 특색, 김재영과 김윤식은 해방전 대표작 『황혼』, 월북 후 대표작 『설봉산』의 형상화 방식을 분석한 것이다.

셋째 개별 작품론의 경우다. 계북[26], 정은희[27], 채호석[28], 차원현[29], 서경석[30], 김윤식[31], 정호웅[32], 임헌영[33], 김외곤[34] 등의 논문이 이 경우에 속하는데, 『황혼』론이 단연 많다. 이 『황혼』론을 통해 계북은 30년대 전반기 조선 사회 현실의 예술적 재현을, 정은희는 성장하는 노동계급의 총체적 형상화를, 채호석은 경향 소설의 연구 방법론을, 차원현은 30년대 노동문학의 성격과 수준을, 서경석은 우리 문학사에서 재평가할 필요성을 논하였다. 김윤식은 작가의 내면

---

25) 김윤식, "한설야론", 『한국 현대현실주의 소설 연구』(문학과 지성사, 1990).

26) 계북, 『한설야작 장편소설 『황혼』과 사회주의적 사실주의의 제 문제』(조선작가동맹출판사, 1958).

27) 정은희 편, "1930년대 노동소설의 백미", 『황혼』(동광출판사, 1989).

28) 채호석, "『황혼』론", 『민족문학 연구』(창작과 비평사, 1991), 창간호.

29) 차원현, "『황혼』과 1930년 노동문학의 수준", 『한국근대장편소설 연구』(모음사, 1992).

30) 서경석, "현실 부정의 한 방법-한설야의 『황혼』과 『황혼』논쟁", 『장편소설로 보는 새로운 민족문학사』(열음사, 1993).

31) 김윤식, "내면풍경의 문학사적 탐구-한설야의 『청춘기』" 『한국현대현실주의 소설연구』(문학과지성사, 1990), p.238. "1946-1960년대의 북한 문학의 세가지 직접성 -한설야의 「혈로」 모자」「승냥이」분석", 위의 책 p.266. "귀향 제3 형식: 『설봉산』", 위의 책 p.78. "장대한 서사시: 『설봉산』", 위의 책, p.261..

32) 정호웅, "'直實의 윤리-한설야의 『청춘기』론" 『장편소설로 보는 새로운 민족문학사』(열음사, 1993).

33) 임헌영 편, "치열한 농민운동의 증언" 『설봉산』(동광출판사, 1989).

34) 김외곤, "1930년대 적색 농조운동과 낙관주의 비극- 『설봉산』론"(한국근대리얼리즘문학비판, 태학사, 1995).

풍경의 분석에서 의미의 단위를 찾아낸 『청춘기』론과 1946-60년대 북한 문학의 세 가지 정치적 직접성을 형상화한 「혈로」, 「모자」, 「승냥이」론 그리고 귀향의 제3형식 또는 장대한 서사시로 본 『설봉산』론을 <한국현대현실주의 소설연구>라는 한 권의 책자에 묶어냈다. 『청춘기』론에서 정호웅은 직실(直實)의 윤리와 남녀 동등의 새로운 여성관을 밝혀내고 있다. 『설봉산』론에는 농민문학을 민족해방운동의 차원으로 승화시켰다고 보는 임헌영과 낙관주의적 비극이라는 미적 가치를 지닌 작품으로 분석해낸 김외곤이 있다.

넷째 전반적 문학연구의 경우다. 가장 대표적인 경우가 서경석[35]이다. 그는 한설야 문학 활동의 전반을 연구 대상으로 삼아, 특히 정치·문학의 일원적 통일성과 고향 탐구, 귀향 모티브 혹은 지방성을 집중 연구하였다. 그밖에 문영희[36], 박영관[37]도 한설야 문학 전반을 연구하였는데, 해방 이전 작품만을 대상으로 분석한 한계를 안고 있다.

이상에서 간략하게 살펴본 선행 연구자들은 나름의 작품론을 펴 한설야 문학 연구에 일정 부분 기여하고 있다. 하지만 특정한 주제에 따른 작품론이나 일정한 시각이나 방법에 따른 작품론 또는 개별적인 작품론의 경우는 연구의 성격상 그 대상이 일부 작품으로 제한될 수밖에 없고, 전반적인 문학연구의 경우도 소설 분야를 소홀히 하거나 월북 후 작품세계 분석의 미미함, 단편 중심의 분석, 카프나 임화와 연관된 편협성, 일정한 분석틀에 의하기보다는 작품의 전개 과정에 치중하는 등 한계점이 많다.

---

35) 서경석, 「한설야 문학 연구」(서울대 박사학위논문, 1992).
36) 문영희, 「한설야 문학 연구」(경희대 박사학위논문, 1995).
37) 박영관, 「한설야 문학 연구」(아주대 석사학위논문, 1994).

선행 연구 검토를 통해 드러난 이러한 한계점을 효과적으로 극복하기 위해, 본 논문의 연구 범위를 월북 후까지 포함한 작품세계로 확대하여, 구체적이고도 일관되게 그 변모 양상을 분석해서, 한설야의 작품세계가 한국문학사에서 차지하는 위상을 밝혀내는데 중점을 두고자 한다. 그러기 위해 일제 강점기에서부터 북한 정치 현실에 이르기까지 당대 현실을 그의 소설에 어떤 원리와 양상으로 담아냈는가를 집중 연구하고자 한다.

이같은 취지로 시작한 이 논의의 구체적 진행 순서는 다음과 같다.

Ⅱ장에서는 지금까지 알려진 해방 이전의 생애에다 월북 후 활동까지 포함한 생애 전체를 창작 활동을 중심으로 재구성하고자 한다. 아울러 한설야가 왜 문제적 작가인가 그의 문학적 변용과정을 고찰하여 본격적인 작품 연구의 토대를 마련하고자 한다.

Ⅲ장에서는 해방 전에 그가 쓴 단편 소설의 특색을 살필 것이다. 먼저 앞부분에서는 탄광 노동자 등의 만주 체험을 통하여 새롭게 인식한 이론을 토대로 당대 현실의 모순을 초기 단편에 어떻게 담아냈으며 이후의 소설에 어떤 영향을 주었는지, 일제 강점기의 식민지 공업화 과정에서 조선 노동자들이 형성되고 성장해가는 모습을 어떻게 소설에 반영했는지, 나아가 노동계급의 사회적 의미를 어느 정도 추구했는지를 살피고자 한다. 이어 카프 해산 후 다른 전향 작가와 마찬가지로 신변 소설을 썼으면서도 왜 농촌 사회의 구조적 모순을 비판하는 신경향파 소설을 고집하였는지를 고찰하고자 한다.

Ⅳ장에서는 대표작 『황혼』의 인물 유형, 갈등 구조, 형상화 특색을 중심으로 살피고자 한다. 단편인 초기 소설들이 당대 식민지의 모순을 전체적으로 담아내지 못할 수밖에 없는 한계점을 어떻게 극

복하고 발전적으로 수렴하여 문제적 장편 『황혼』을 창작해냈는가? 일제 강점기 현실에서 탄압 받는 노동계급과 일제와 영합한 자본가 계급에 대한 문학적 대응은 어떠했는가? 그리하여 노동자의 삶을 포함한 식민지 현실 상황의 구체적이고도 총체적인 형상화는 가능했는가? 가능했다면 그 창작 방법은 무엇이었는가를 탐색하고자 한다.

Ⅴ장에서는 해방전 장편들의 인물 유형, 갈등 구조, 형상화 특색를 살피고자 한다. 해방전 장편들은 왜 『황혼』이전의 작품세계와 다르게 소시민적인 삶과 부정적 인물을 주로 다루었을까? 『청춘기』와 『마음의 향촌』에서는 이념성까지도 소홀히 한 채 통속적 경향을 드러낸 이유는 뭘까? 왜 『탑』은 굳이 과거의 역사를 빌어 당대를 표현하려는 '가족사 연대기' 수법을 택했을까? 등을 밝혀보고자 한다.

Ⅵ장과 Ⅶ에서는 북한 정치와 문학의 한 복판에 서서 아무 꺼리낌 없이 썼을 북한에서의 작품 연구 없이 한설야 전체 문학의 위상을 가늠하기는 어렵다는 판단으로, 입수 가능한 월북후 소설을 모두 분석하고자 한다. 먼저 Ⅵ장에서 월북후 단편들에서는 어떻게 그의 정치적 선택을 담아냈고, 어떤 식으로 정치·문학의 일원화를 이뤘는지를 살피고, 다음으로 Ⅶ장에서 『대동강』은 6·25를 어떤 시각으로 파악하여 어떤 반응을 보였는가?, 『설봉산』은 어째서 1950년대 북한문학사에서 "해방 후 한설야의 모든 창작에서 가장 훌륭한 성과가 될 뿐 아니라 우리 현대 문학의 커다란 수확"[38]으로 평가되었는지, 어떤 방식으로 정치적 직접성을 극복하고 적색 농조를 통해 사회 전체를 형상화할 수 있었는지, 『사랑』은 미국 선교사를 어떤 성격의 사람으로 보았는가?를 고찰하고자 한다.

---

38) 사회과학문학연구소, 『조선문학통사』(사회과학출판사, 1959), p.343

Ⅱ. 생애와 문학적 변용과정

1. 생 애

작가의 생애와 그 문학은 불가분의 관계다. 문학의 목적이 자연과 인생을 소재로 하여 이를 형상화함으로서 한 예술품을 만들어 내는 데 있다고 볼 때, 인생 없는 예술이란 존재할 수 없다고 본다. 더구나 소설은 그 소재를 인생체험에서 얻을 수밖에 없음을 전제로 한다면, 어떠한 소설이든지 어차피 사회환경의 영향 아래 살아가는 그 작가의 생애에 대한 고찰이 없이는 본격적인 연구가 어려울 것이다.

1.1 가족관계

韓雪野는[1] 1900년 8월 30일 함경남도 함주군 주서면 나촌(한씨

---

1) 본명은 秉道이고 필명은 雪野 이외도 萬年雪, 韓炳宗, 金德惠, 尹英順, H생 등이 있다.
특별히 주를 달지 않은 한설야의 전기적 사실은 한설야 자신이 쓴 글은 물론이고 다음의 글들을 참조했다.

집성촌, 경성제1고보 학적부에 의거하면 원적은 주서면 하구리 5통 2반이다.)에서 한말에 군수를 지낸 토호 출신이자 지주인, 아버지 韓稷淵(淸州 韓氏 安襄公派 31代孫)과 순박한 농촌 출신인 어머니 사이에서 2남 2녀 중 차남으로 태어났다. 하지만 한설야 아버지가 군수로 있을 당시에는, 러·일 전쟁을 계기로 일제 침략이 적극화되어 강제로 을사조약이 체결되고, 사회의 각계 각층에서는 일제의 침략을 규탄하고 조약의 폐기를 주장하는 운동이 요원의 불길처럼 일어난 때이며, 이에 따라 일제의 침략에 대한 가장 적극적인 저항으로 민족의 생존권을 사수하려는 의병의 구국 항전이 곳곳에서 벌어진 어려운 때였다.[2] 한설야의 <인간수업 작가수업>[3]에 의하면 한설야 아버지는 일본 헌병으로부터 의병들의 회유를 위한 선무작업을 강요받고 이를 거절하다 군수직마저 박탈당한 채 서울로 피신하였다고 하니, 그 당시 한설야 아버지의 고충은 말할 것도 없고 어린 한설야에게도 적잖은 영향이 있었을 것으로 짐작된다.

1.2 학력

한설야는 함흥보통학교에 입학한 11세 이전까지는 서당에 다니며 사략, 통감, 사서 등 한문 공부를 하였고 함흥보통학교를 마친 1915년 무렵, 15세 되던 해에 아버지를 따라 상경하여 경성고등보통학교를 다녔다. 이때 한설야는 그 가족사적 소설인 『탑』에 나타난 바대

송호숙, 「한설야 연구」(연세대 석사학위논문, 1989).
한설야, 『설봉산』(동광출판사, 1989).
김외곤, 『과도기』, 『숙명』, 『귀향』(태학사, 1989).
서경석, 「한설야 문학연구」(서울대 박사학위논문, 1992).
2) 안영섭·성옥경, 『웅진국사』(웅진문화, 1992), p.261.
3) 한설야, "리상과 노력" 『인간 수업 작가 수업』(평양 민청출판사, 1958).

로 일본인 학생들과 잘 어울리지 못해 학교에 흥미를 잃고 활박(活博)이라는 별명으로 불렸을 정도로 활동사진(영화) 보기를 즐기며, 그가 본 활동사진 줄거리를 중심으로 단편소설을 습작해 보는 등, 문학에 관심을 보이다가 동대문이나 종로 다리 밑에서 신소설 장사들이 낭송하는 신소설에 감동되어 신소설을 두루 탐독하는 등 문학청년으로서의 꿈을 키웠다.

1918년 무렵 같이 살던 서모와 싸우고 경성고보 4학년을 자퇴한 후 함흥고등보통학교로 편입학하여 이듬해에 졸업했다. 그해는 거족적인 만세 시위 운동을 계획하면서, 서로 연락을 취하고 있던 종교계 대표들이 앞장 서서 3·1운동을 일으킨 때였다. 그도 함흥고보 졸업반 학생 틈에 끼여 3·1운동에 참가했다가 일경에 채포되어 약 3개월간 구금생활을 했다.[4] 그때부터 한설야는 현실을 정확히 인식할 줄 알았으며 후에 현실주의 소설을 쓰는데 많은 영향을 주었을 것으로 생각된다.

그는 함흥법전에 입학하나 곧 퇴학 당하고 마는데, 3·1운동의 실패로 좌절할 수만 없는 학생들이 일으킨 배일동맹휴학에 연루되었던 것으로 추측된다. 이듬해인 1920년에 서일(徐一)[5]의 소개로 형을 좇아 북경에 가서 익지(益智) 영문학교에서 사회과학을 공부하기 시작하나 시원찮았던지, 한 해 만인 1921년에 서울을 거쳐 동경으로 건너가 일본대 사회학과에 입학함으로서 본격적인 사회과학 공부를 시작한다. 그러나 당시 그는 대학의 정규과목 공부보다 사상이나 이

4) 한설야, 앞의 책, 참조.

5) “서사포라는 사람의 소개로 육군성 관리로 있는 어느 조선인 집에 서생으로 있으면서 일본 논문을 중국어로 번역하기도 하고 익지영문 학교에 다니면서 사회과학 공부를 시작한다.” 송호숙, 「한설야 연구」(연세대 석사학위논문, 1989), p.7.

념에 관한 서적을 더 열심히 탐독했던 것으로 알려졌다. 그리고 이 때에 이광수의 「무정」을 모방한 처녀 장편 『선구자』를 집필하여 원고를 동아일보에 있던 이광수에게 보내고 발표 여부를 기다렸으나 끝내 발표되지 않았다는 것이다.[6)]

그 후 관동대지진으로 휴학하고 귀국하여 1923년 겨울부터 북청고보 학습강습소(후에 대성학교) 강사로 재직하며 서울에 있는 잡지사나 신문사에 투고하는 등 작품을 발표하기 시작했다.[7)] 그런 우여곡절 끝에 일본대학(1924년)을 졸업했다.

1.3 문단 데뷔와 교우

<조선문단> 4호(1925년 1월)에 투고된 작품 가운데 삼각관계를 그린 연애소설 「그날밤」이 이광수 추천으로 발표됨으로서 정식으로 문단에 데뷔하게 되고 곧이어 그해 5월 <조선문단> 8호에 한 이상주의 화가의 주변 이야기를 소재로 한 「동경」이 발표되자 교원생활을 청산하고 바로 상경하여 <조선지광>에 이광수, 盧子泳 등의 문학을 비판하는 글을 발표함으로서 포석 趙明熙의 주목을 받았는데 이때부터 조명희와의 친분은 물론 포석의 소개로 민촌 李箕永과도 만나기 시작했다.[8)] 그러나 가정적으로는 이 해에 부친이 사망하는

---

6) "『선구자』는 일본대학 재학중(1921) 하계 휴가차 고향 함흥에 40일 동안 머물면서 신문 245회분으로 쓴 처녀장편소설이다." 한설야, 『내문학의 요람-처녀장편을 쓰던 시절』(조광, 1939), 12.

7) "1924년 대학을 졸업하고 귀국한 그는 함흥에 있는 북청사립중하교에서 교편을 잡고" 송호숙, 「한설야 연구」(연세대 석사학위논문, 1989), p.8
"1923. 관동대진재로 휴학하고 귀국. 이후 북청고보 학습강습소 강사로 재직" 김외곤 편, 『과도기』(태학사, 1989), p.351.
"1923년 겨울부터 북청고보 학습강습소(후에 대성학교) 강사로 재직" 임헌영 편, 『설봉산』(동광출판사, 1989), p.413.

큰 불행이 닥쳐와, 경제적 궁핍을 견디지 못하고 온 가족이 만주 무순(撫順)으로 이주하는 처참한 지경에 이르렀다. 아버지는 철광과 개간사업에 거듭 실패하여 파산하자, 이 충격에서 헤어나지 못하고 갑자기 세상을 떠났고, 그래서 한설야는 더 이상 국내에 머물면서 창작활동을 할 처지가 못 되어 가족과 더불어 만주로 떠났던 것 같다. 이때부터 한설야의 문학은 커다란 전환점을 맞이 하였는데, 조명희, 이기영과의 교분, 가정의 파산, 만주로의 이주 그리고 무순 탄광 등에서의 생생하고도 고달픈 노동 체험은 동경에서 묻혀온 관념적이거나 낭만적인 초기의 문학적 성향을 현실주의 문학관으로 점차 바꾸게 하였고 그에 따라 자연스럽게 프롤레타리아 문학에 관심을 갖게된 것 같다. 이 시기의 경험은 고향을 떠나 열악한 노동조건 아래서 자본가에게 착취당하는 광산 노동자의 삶을 그린 「합숙소의 밤」(1928년 1월 <조선 지광>)과 일제의 수탈하에 있던 조선에서 더 이상 살 수 없어 간도나 만주로 떠나야만 했던 조선 농민의 상징인 「인조폭포」(28년 2월 <조선 지광>) 등의 소설에 현실감 있게 나타나 있다.

그는 고달픈 만주 생활 속에서도 <동아일보> 에 '계급문학에 관하야'(26. 10. 25.) 등 평론을 발표하는 한편 낭만주의 냄새가 나는 관념소설 「평범」(26. 2. 16-27.) 등을 익명으로 역시 <동아일보>에 응모하여 당선되기도 하고 만주로의 이주 직전 소시민 문학도로서 마지막 쓴 소설 「주림」(26. 3)을 <조선일보>에 발표하는 등 문학활동을 계속했다.[9]

---

8) 이기영, 「한설야와 나」(조선문학, 1960), 8. p.169.과 한설야, 『포석과 민촌과 나』(중앙 28, 1936), 2.에 의하면, 민촌과 포석 그리고 한설야 자신은 친분이 깊었던 것으로 보인다.

9) "만주에서 생활하면서도 그의 문학활동은 계속된다. ...... 『그릇된 동경』등의

1.4 문학 사상의 형성 과정

1927년 1월 귀국하여 조명희, 이기영 등과 함께 문단활동을 계속하던 한설야는 운동의 방향 전환 문제로 시끄럽던 조선프롤레타리아예술동맹(KAPF)에 가입한다.[10] 이때 '계급대립과 계급문학 - 조

작품을 <동아일보>에 익명으로 응모하여 당선하기도 하였다. 1927년 1월 설야는 1년간의 만주생활을 청산하고 귀국하여 이전부터 ……" 안함광, 「한설야의 작가적 행적과 창조적 개성」(조선문학, 1960), 12. p.111

"소설 및 희곡 목록" 서경석, 「한설야 문학 연구」(서울대 박사학위논문, 1992), p.168.

"『그릇된 동경』(동아일보, 27), 2.1-10." 김외곤 편 『귀향』(태학사, 1989), p.319, 한설야 작품 연보.

10) 설야의 카프 가입 시기에 대해서는 두가지 주장이 있다.

"한설야의 전기적 사실을 밝히고 있는 기존의 연구에서는 설야가 KAPF 조직에 참가한 시기를 1927년 경으로 보고 있으나, 민촌 이기영의 회고에 의하면 그가 설야를 처음 만나게 된 것은 1925년 봄 - 당시 민촌은 조명희의 알선으로 <조선지광>의 기자로 취직하고 있었다. - 이었고 그들은 서로 문학적 뜻을 같이 하게 되어 그 해 8월의 KAPF 결성에 참가하였다고 한다. 이렇게 본다면 1925년 8월의 KAPF 결성은 송영 중심의 '염군사' 와 박영희, 김기진을 중심으로 한 '파스큐라', 그리고 조명희, 이기영, 한설야 등 어느 그룹에도 속해 있지 않으면서 작품을 통하여 문단에 진출했던 문학인들의 세 부류가 참여하고 있었음을 알 수 있다." 송호숙, 「한설야 연구」(연세대 석사학위논문, 1989), p.9

"1925년 카프 결성(창건에) 참가" 임헌영 편, 『설봉산』(동광출판사, 1989), 작가연보 p.413.과 김윤식, 『한국현대 현실주의소설』(문학과지성사, 1990), p.51.

"설야의 카프 가입 시는 1925년과 1927년 두 가지 설이 있다. 해방후의 북한 자료에 의하면 그는 1925년에 가입한 것으로 되었다. <중략> 그러나 회고록이 쓰여질 당시에는 한설야는 북한의 최고권력자 중의 일인 이었고 카프 활동가들 가운데 상당수가 숙청된 후여서 올바른 회고는 기대할 수 없는 상황이었다. <중략> 이 소설들(「그날밤」, 「주림」, 「동경」 「선구자」를 가리킴 - 인용자)의 내용은 전부 연애담 이어서 프로 문사다운 구석이라고는 전혀 없었다. 또한 1924년 25년 당시 『조선문단』은, 신경향파 문사들이 글을 많이 쓰고 있었던 『개벽』과는 대립되는 위치에 놓여 있었던 것이

선문학의 경향과 계급문학으로의 프로문학에 대한 일고'를 <조선지광>65호(27. 3. 남만에서 씀)에 발표하여[11] 본격적인 이론가로 등장함과 동시에 마르크스주의 신강령 초안 작성과 그 채택을 위한 대회 준비 사업에 참획하고[12] 그해 9월 KAPF가 재조직되면서 중앙위원으로 선출된다. 이어 아나키스트들을 비판하는 '무산 문예가의 입장에서 김화산군의 허구문예론 관념적 당위론을 박함'(동아일보, 27. 4. 15-27.) 등의 비평을 활발히 발표하는 한편, 소설도 많이 발표했다.

이 시기에 방향전환이라는 용어를 처음 사용한 사람은 한설야며, 방향전환과 대중화에 대한 주도적 역할을 맡은 사람 역시 朴英熙가 아니라 한설야이다. 물론 방향전환론의 전개는 한설야·박영희·金復鎭의 역할 분담을 통해 이루어졌다. 이때 이북만과 박영희에 대한 한설야의 적극적인 공격은, 그해 9월 카프가 재조직된 이후의 방향전환 논의가 순전히 동경지부의 영향으로 좌지우지되는 것에 대한 불만의 표시로 해석될 수 있다. 그는 동경지부의 논의가 조선의 현실을 무시한 선진국 추수형의 논의일 뿐만 아니라 막연한 사회운동론의 추수적 논의라고 생각했다. 아울러 그는, 대중적 정치투쟁만을 강조한 李北滿과 대중의 조직적 정치투쟁을 소홀히 한 박영희의 이

다. <중략> 그가 만주 최대의 탄광 도시 무순의 경험에 의해 비로소 프로문학으로 전향했다는 점은 분명한 것 같다. <중략> 설야가 카프에 가입했던 27년 봄은……" 서경석, 「한설야 문학 연구」(서울대 박사학위논문, 1992), p.p. 12～14.

"1927. 조선프롤레타리아예술동맹(KAPF) 가입(가맹)." 김외곤 편, 『과도기』태학사, 1989. p.351과 정호웅외, '장편소설로 보는 새로운 문학사' 열음사, 1993. p.179.

11) 임헌영 편, 『설봉산』(동광출판사, 1989), p.413.

12) 김윤식, 『한국 현대 현실주의 소설 연구』(문학과지성사, 1990), p.51.

론을 문예운동의 근본문제를 보지 못한 현실추수적 절충주의라고 비판하면서 구체적인 실천 문제를 강하게 제기했다. 물론 박영희·이북만 등도 이의 중요성을 인정했지만 그것은 의례적·공식주의적인 성격을 벗어나지 못했다.[13] 이렇듯 두 논자의 한계를 지적한 그는 문예운동에 있어서의 주체의식이나 강한 대중성과 토착성을 피력하고 있음을 엿볼 수 있다.

1928년에 귀향하여 조선일보 함흥지국을 경영하였으며, 카프 가입 이전의 관념적 작품과는 차별성을 지닌 소설 「홍수」(동아일보 현상문예 입선, 28. 1. 2~6.), 「과도기」(조선지광 84호, 29. 4.), 등을 발표함으로서, 자신의 궁핍한 현실을 노동자로 공동체화한 점은 한설야 문학의 새로운 삶의 모색이라는 가능성을 보여주는 것이다. 문학에서 현실을 가장 객관적으로 반영하는 형식이 가장 올바른 형식[14]이라는 말을 전제로 할 때, 이때 한설야는 흡사 80년대 운동권 대학생들이 노동현장 체험을 얻으려고 공장이나 막노동판에 소위 위장취업을 하여 노동자들과 더불어 웃고 울던 것처럼 직접 대중 속으로 들어가서 노동자, 농민의 생활 감정, 계급 의식을 취재했음을 알 수 있다.

그후 한설야는 서울로 올라가서 <대조>지를 단독으로 2호까지 펴내면서, 소설 「공장지대」(조선지광 96호, 31. 5)[15]와 평론 '사실주의 비판'(동아일보, 31. 5. 17~25.) 등을 발표하는가 하면, 조선지광사에 입사하여 <조선지광>의 후신인 <신계단>의 편집위원으로 활동했다.

---

13) 김영민, 『한국문학비평논쟁사』(한길사, 1994), p.p. 171~172.
14) A. 제퍼슨·D. 로비, 『현대문학이론』송창섭 외 역, (한신문화사, 1995), p.234.
15) "소설 「공장지대」가 <조선지광> 98호에 발표된 것으로 기록되어 있음." 임헌영 편, 『설봉산』(동광출사,1989), 작가연보 p.413.
서경석, 앞의 책, p.50 참조

이때 한설야가 제시하는 '변증법적 사실주의'에는 현실에 대한 변증법적 인식과 그것을 위한 작가의 매개적 체험이 보다 체계적으로 논의된다.[16] 하지만 1933년 9월 통권 11호로써 <신계단>이 종간되자 조선일보에 학예부 편집기자로 입사하여 창작보다는 리얼리즘이나 사회학 연구 쪽의 글을 더 많이 발표했다.[17]

이듬 해 8월 한설야는 일명 '신건설 사건'으로 불리는 KAPF 제2차 사건에 연루되어 1년간 옥살이를 한 후 35년 집행유예[18]로 석방되자 함흥으로 귀향하여 그곳에서 정착하고 신성각이라는 서점과 인쇄소[19] 등을 경영하면서 평론 '흑인의 문학'(조선일보, 34. 1. 1~21.)을 발표하는 등 창작에 전념했다. 이어 처녀 장편소설 『황혼』(조선일보, 36. 2. 5~10. 28)을 비롯한, 많은 소설을 내놓는데, 대부분이 고향을 배경으로 한 자신의 생활이나 고향이 황폐화되어 가는 사건을 작품화한 특징을 드러내고 있다.[20] 이때는 소설 이외에 수필, 논문, 비평의 발표도 왕성하였다.

1938년 인쇄소를 그만두고 영화 상설관 동명극장의 지배인으로

---

16) 남민영, 『김남천과 한설야의 1930년대 소설 연구』(연세대 석사학위논문, 1990), p11

17) 송호숙, 『한설야 연구』(연세대 석사학위논문, 1989), p.13.과 김외곤 편, 『과도기』(태학사, 1989), p.352. 참조.

18) "1936년 출옥" 『현대조선문학선집』8, (조선작가동맹출판사, 1959), p.56.
"1934년 전주사건에 연루되어 2년간 감옥생활" 정호웅외, 『장편소설로 보는 새로운 민족문학사』(열음사, 993),p.179.

19) "1936년에 인쇄소를 경영한 것으로 되어 있다." 임헌영 편, 『설봉산』(동광출판사, 1989), 작가연보, p.414

20) "나는 魯迅의 「故鄕」을 생각했습니다. 어찌 내게도 한편의 아니 몇편의 「고향」이 없을소냐?하는 自慢과 自責도 스스로 느끼었읍니다. 그리하야 三部作의 第一部인 「홍수」를 탈고하고 中篇 「귀향」을 쓰는 中입니다. 그리고 이런한 心境과 關心의 한 모퉁이는 長篇 「황혼」의 一 部에도 나타나 있습니다." 한설야, 「문예시감-고향에 돌아와서」(조선문학, 1936), 8.

활동하면서[21] 주로 신변 소설과 휴머니즘론을 비판하는 평론을 썼는데, 그는 인간성이란 관념적 추상론이라고 보았으며 따라서 휴머니즘 문학의 재생을 믿지 않았다.[22] 1940년 임화, 김남천, 안막 등과 더불어 국민총력조선인연맹, 조선문인보국회 등에 가입해 친일[23] 행위을 하다가 이 암울한 상황을 벗어나고자 북경으로 갔으나 뜻을 이루지 못하고, 다시 귀국하여 자전적 소설 『탑』을 매일신보(40. 28. 1~41. 2. 14)에 연재한다. 그러던 중 하와이에 있는 이승만의 조선독립 방송을 듣고 그 소식을 전파하였다는 혐의[24]로 1년 가까이 옥고를 치르고 1943년 4월에 병보석으로 풀려났다. 이듬 해 『탑』의 속편인 『열풍』을 탈고하였으나 발표하지 못하였고, 3부작 마지막에 해당하는 「해바라기」를 집필하던 중 감격적인 해방을 맞이했다.[25]

1.5 월북 후의 생애

1945년 9월 이기영, 宋影, 한효 등과 함께 조선프롤레타리아 예술연맹을 발족시켜 이를 주도하고, 그 해 월북하여 북한 문학예술계 건설에 주력하는 한편, 12월에 한재덕의 주선으로 김일성을 만난 결과 이후 문학예술총동맹(문예총)위원장, 내각의 교육상을 지내게 되며 나중에 인민예술가 칭호까지 받았다.[26] 그 이듬 해 6월 함남일

---

21) "35년말 집행유예로 풀려났다. 그후 그는 고향에서 완전히 뿌리를 내리고 신성각이라는 서점과 인쇄소, 동명극장을 경영하며……" 송호숙, 「한설야연구」(연대 석사학위논문, 1989), p.14. "1938. 영화상설관 동명극장의 지배인으로 활동." 김외곤 편, 『과도기』(태학사, 1989), p.352.

22) 한설야, 「문단주류론에 대하여」(조선일보, 1937.3. 23~30) 참조

23) 김외곤 편, 『과도기』(태학사, 1989), p.352.

24) 한설야, 「10년」(조선문학, 1955), 8. 참조

25) 한설야, 위의 논문 참조.

26) 임헌영 편, 『설봉산』(동광출판사, 1989), 작가연보. P.413과 김외곤편, 『과도

보 사장이 되었으며, 7월 27일 결성된 북조선 민주주의 민족 통일전선위원회의 17명 위원 가운데 김일성 등과 함께 포함되었고[27] 8월 28일 창립된 북로당의 주석단 31명 중 1인[28]으로 뽑혔다. 이어 당중앙 본부 집행부서 문화부 책임자[29]까지 맡게 된다. 이런 정치적 이유 때문에 46년 10월 13-14일에 개최된 북조선 예술연맹 제2차 전체대회 후 북조선문학예술 총동맹 위원장 자리는 이기영에게 물려줬다.

1951년 조선문학가동맹과 북조선문학예술가동맹이 합해져 조선문학가총동맹이 창설될 때 위원장을 했다. 이때 김일성 항일 투쟁을 형상화한 장편소설 『역사』[30]로 인민상을 수상한다. 그러나 수상 후 10여 년 만인 1962년 10월에 모든 직책을 박탈당하고(아마 1953-70에 있었던 김일성에 의한 국내파 숙청의 일환이었던 것으로 보임),[31] 12월에 종파주의, 복고주의, 군수의 아들, 부화방탕 등의 죄목으로 공산당(조선노동당)에서 출당되고 노동개조 형(刑)을 받아 자강도 협동농장으로 추방당했다. 공식적인 기록에 의하면 한설야의 북한에서의 숙청은 1962년 10월 14일로 알려졌다.[32]

기』(태학사, 1989), P.352. 참조.
전자(임헌영)에서는 1946년 3월에 북조선문학예술동맹 결성을 주도했다고 되어 있으나 본고에서는 후자(김외곤)의 견해를 따랐다.

27) 「조선 해방년표」(민전, 1946), 10. p.455.

28) 이정식, 「스칼라피노」(한국공산주의 운동사 2), p.454(서경석, 앞의 책, p.130 재인용)

29) 방인후, 「북한 조선노동당의 형성과 발전」(고대 아세아문제연구소, 1967), (송건호 외, 해방전후사의 인식 5, p.240. 참조)

30) 서경석, 위의 책에는 '51년', 임헌영 편, 위의 책에는 '53년' 발표로 되어 있다.

31) 임헌영 편, 위의 책, 작가연보 p.415 참조.

(32) 김윤식, 『한국현대 현실주의 소설 연구』(문학과지성사), 1990. p.51 참조, 임헌영 편, 위의 책, p.415에서는 숙청 연대를 1963년으로 보고 있으며, 정

다분히 정략적이고도 폐쇄적인 북한의 문예정책 때문에 월북후 한설야 행적은 정확한 자료를 구하기가 어려웠고, 더구나 숙청후 그나마의 기록마저 <조선문학사> 등에서 삭제시켜 버림으로서 통일후를 기다릴 수밖에 없게 되었다.

2. 문학적 변용 과정

한설야만큼 문제적인 인물임과 동시에 지속적으로 개성적인 측면을 지켜온 작가는 우리 근대 문학사에서 흔하지 않다.[33] 이런 특색을 간과하고서는 한설야 소설을 제대로 연구할 수 없을 것으로 본다. 왜냐하면 소설이 작가의 특색을 그대로 표현하는 것은 아니지만 결국에는 작가가 인식하고 있는 세계의 표현일 수밖에 없기에 소설에 반영된 현실 즉, 소재의 선택, 소재의 구성, 표현되는 주제 등이 어차피 작가의 특색을 매개로 하지 않을 수 없기 때문이다.[34]

그렇다면 한설야가 어떻게해서 문제적 인물이 되었으며 지속적으로 개성을 지켜왔는가를 알아내기 위해 그의 문학적 변용과정을 살펴볼 필요가 있다.

호웅외, 앞의 책에도 '1963년 출당 처분과 노동개조의 형을 받고 자강도 협동농장으로 추방 당함'으로 되어 있으나 신빙성이 약한 것으로 여겨진다.

33) 김윤식, 앞의 책, p.50. 참조.
"한설야가 지닌 개성적 측면, 곧 성격적 특징."으로 단정하고 있다. 김윤식, 같은 책, p.53.

34) 역사문제연구소 문학사연구모임, 『카프문학운동의 연구』(역사비평사, 1989), p.90 참조

2.1 KAPF 가입 이후

초기 낭만적 예술주의 습작 단계를 벗어나, 프로문학에 가담한 한설야는 자신의 소설에 일관된 개성을 유지해오면서 선택한 창작 방법은 프롤레타리아 리얼리즘이라고 볼 수 있다.[35]

한설야는 사실주의의 발전된 모습이 바로 이 프롤레타리아 리얼리즘이라고 본다. 그래서 프롤레타리아 리얼리즘을 "모순을 지양하면서 정·반·합으로 나아가는 변증적 역사적 사실을 인식하고 이 인식에 의거하여 현실을 해석 구명하고 작품을 또한 제작하는 것"으로 규정하고 이전의 리얼리즘과는 현실의 법칙에 대한 인식이라는 점에서 차이가 난다고 말한다. 또 작품과 창작 이론의 매개로써 대중 속에서의 작가의 조직적 실천을 설정했다는 점에서, 그리고 의식에서 독립한 객관적 실재와 그 내적 필연성을 인식했다는 점에서 일층 구체화된 리얼리즘론이라고[36] 말한다. 그러나 한설야가 주장한 프롤레타리아 리얼리즘론은 다른 사실주의론과 비슷하다. 다만 본질은 외면하고 현상에만 매달렸던 당대의 카프 문인들과 비교할 때, 그는 정확한 현실 인식으로 소설을 형상화하여, 미래에 대한 낙관주의를 이끌어 냄으로서 "문학이 이념이나 작가의 체험을 표백하거나 그대로 전달하는 것이 아니라 작가까지 포함되는 현실 자체의 반영임을 어느 정도 인식"[37]했다는 점이 다르다.

또 당시 우리 프로문학을 보면 신경향파 문학이 <신생활>[38], 조

---

35) 한설야, 「사실주의 비판」(동아일보, 31), 5. 17-5.25 참조
36) 역사문제연구소, 『문학사연구모임』, 위의 책, p.p.97-99. 참조.
37) 남민영, 「김남천과 한설야의 1930년대 소설 연구」(연세대 석사학위논문), 1990, p.10
38) "초기 공산주의 그룹인 상해파의 이동휘의 영향하에 있었음", 서대숙, 『한국 공산주의 운동사』(화다, 1985. p.57) 참조

선 공산당(제3차당), 신간회 결성 등의 연관 아래 전개되는 국제 프로문학운동의 보편성과 카프 조직 안의 다양한 계보로 인해 운동이 분열되는 우리 민족 운동의 특수성을 아울러 반영하는데,[39] 이런 와중에 정치적 활동은 물론 문예이론투쟁과 작품활동을 동시에 해낸 능력가는 한설야뿐이다.

그는 일찍이 북경이나 일본에서 사회과학 공부를 했기에 문학적인 차원에서 프로문학을 수용한 파스큘라보다는 높은 사회적 관심에서 프로문학을 수용한 염군사 체질임이 너무도 당연하다. 그럼에도 불구하고 그는 염군사와는 상관없이 1927년에 카프에 가입했다거나 박영희의 소개로 카프에 가입했으면서도 그들과는 달리 강경노선을 택했다는 점이 그의 초기적 성향이나 특색이 무엇인가를 시사해 준다. 다시말해 한설야는 초기의 지도부 파스큘라계도 아니고 방향전환후 지도부 제3 전선계도 아니며 단순히 카프 기관지 <문예운동>을 속간하는 실무자 정도의 위상이었음을 말해준다.[40] 그러나 한설야는 이론가로서의 좌절을 「과도기」라는 소설로써 극복하여 조명희, 이기영과 더불어 문단의 중심에 서게 된다.

한설야가 귀향한 때는 1928년 봄이고 다시 상경한 때는 1931년 봄이다. 그때 그는 이론으로는 느낄 수 없는 현실을 직접 체험하고자 경성을 떠나 함흥에 있었던 것 같다. 함흥에 있을 때 농촌과 공장에 관한 토착성 체험을 하였고 거기서 얻은 소재로 「한길」, 「씨름」, 「공장지대」 등의 소설을 썼음은 물론 다른 작가들의 작품에 대한 비평의 자(尺度)도 마련한 셈이다. 다시 말해 그간 쌓았던 이론을

---

39) 임화 등의 지도부는 제3 전선파인데 한설야는 비이론파 공산당 구룹의 논리에 가까운 것과 같은 심한 방향 차이를 말한다.

40) 서경석, 위의 책, P.12 참조

현장 체험 속에서 확인한 것이다.

그렇다면 신경향파 소설 작가로서의 한설야가 다른 신경향파 작가와 구별되는 점은 무엇일까. 동경의 공장을 배경으로 쓴 송영이나 주관적 경향주의자로서 관념적 해결방식을 택하는 회월, 간도에서의 극심한 빈곤과 지주의 학대를 살인과 방화로 끝내는 서해와는 다른, 사회에 대한 강한 목적의식을 일관되게 유지하면서 회월적인 경향과 서해적인 경향을 통일시킨 점이라고 할 수 있다. 이러한 점은 그에 일관된 목적의식이 작품세계에 "프로의식 · 계급의식 · 사회의식이 작가라는 개인을 통하여"[41] 드러나게 하려고 애썼던 흔적이다.

그러나 그는 방향전환기에 접어든 카프 내의 본질적인 문제를 파악하지 못하여 1년여가 지난 뒤에야 비로소 마르크스주의 문예가가 되었다. 이때 방향전환론의 핵심이자 유일한 공산당원인 이북만과 맞선 사람이 당대 최고의 논객인 박영희이나 김기진이 아니라 한설야라는 사실이야말로 이후 전개될 그의 작가적 삶을 규정하는 특색일 것이다.[42] 이 논쟁은 한설야의 일방적 패배로 끝나지만, 그 결과는 여러 의미를 남겼다. 즉, 전진회(비이론파 공산당계)의 방향전환을 비판하거나 일월회의 추수주의를 비판하여, 당대 방향전환의 중심이었던 ML계의 제3전선파에 대항하고 카프의 주류였던 임화, 김남천의 논리와는 다른 선명한 계급문학, 유물변증법의 원칙론을 폈

41) 한설야,「계급대립과 계급문학」(조선지광, 1927), 3. p.65 참조.

42) 김윤식, 앞의 책, p.55 참조,

"카프 동경 지부의 총책 이북만이 <예술운동> 창간호에서 거창하게 내세운 평론 <예술운동의 방향전환론은 과연 진정한 방향전환론이었던가>에 대한 반론을 편 것은 한설야밖에 없었다. 박영희는 이북만의 논지에 그대로 따랐을 뿐, 카프 동경 지부가 카프 서울본부를 집어 삼키는 마당에, 이에 대응하는 토착적 세력의 이론 분자로는 한설야뿐이었다. 이북만이 한설야를 집중적으로 겨냥한 것은 바로 이 때문이다." 김윤식, 위의 책, p.p.56-57.

다는 점 등이다. 그러나 전진회나 ML계에 의해 역으로 비판을 받고 이들의 중앙협의회가 해산되자 한설야는 카프 이론가로서의 역할을 포기했다.

한설야는 조명희, 이기영과 더불어 작품을 통해 카프의 일본 편향성을 비판하는 토착파 소설가라는 특색도 가지고 있다. 1936-38년 모두들 전향 작품을 내놓을 때도 「홍수」, 「부역」, 「산촌」 등의 신경향파 소설을 계속 쓴 점도 그의 일관성이나 토착성을 말해주는 좋은 예다. 다음의 조선일보 <공고>를 보면 그의 이러한 특색들이 확연히 드러난다.

> … 이는 조선의 현실이 구태여 작가를 져버린 것이 아니라면 조선의 작가가 확실히 현실을 져버리고 있는 것이다. 그 중에도 양심을 가지고 있는 그대로 조선을 보고 또 나아가야할 그대로 조선을 가르치는 작가는 과연 몇사람이나 되는가. 아주 없다고야 어찌 말하랴마는 새벽하늘의 별과 같이 극히 귀한 것은 사실 아닌가. 그런데 한설야씨는 그 귀한 분의 한 분이다.[43]

한설야에게 가장 중요한 문제는 일관되게 사상적 바탕을 견지하면서 그것을 현실의 객관적 반영과 결합하는 것이다. 따라서 한설야 소설을 평가할 때는 프로문학의 강한 주제 의식이 어느 정도 현실성을 획득하고 구체화 되는지를 눈여겨 봐야 할 것이다.[44] 아울러 한설야는 '그대로 조선을 보고 또 나아가야 할 그대로 조선을 가르치는 작가'이기도 하며, 나아가 '남들이 미래에 걸어야 할 길을 오

---

43) "한설야 장편소설 「황혼」(1936. 2. 5-10. 28) 연재 공고 중 작가 소개의 일부에서" (조선일보, 1936), 1. 28자 학예면

44) 남민영, 「김남천과 한설야의 1930년대 소설연구」,(연세대 석사학위논문, 1990), p.34와 p.36 참조

늘에 걷고 또한 그 길을 끝까지 버리지 않는다는 것, 이것이 미래를 <지향하는 열정>의 표현이었다'.[45]는 것을 아는 토착적 작가임도 유념해야 한다.

2.2 월북후

월북후의 문학이념은 일반적으로 당성, 계급성, 인민성이라는 개념으로 설명해 왔는데 한설야는 당파적 문학 건설을 주창한 프롤레타리아 예술동맹에 가담하고 주도했기에 단연 당성 입장이며, 이런 입장에서 김일성 유격대 활동을 다룬 「혈로」를 써서 정치적으로 김일성 노선을 걷기 시작했다. 또 이때 주목할 만한 것으로는 해방 후 그가 최초로 쓴 것으로 보이는 문학가동맹에 대한 비판문이 있다.

한설야는 해방이 되자 문학활동보다 정치활동에 치중하다 보니, 김일성 생가를 방문하거나 김일성 전적지를 순례하여 얻은 자료로 장편 『역사』(1951)를 쓸 때까지 작품이라고는 단편 몇 편과 수필이 고작이다.

> … 해방의 벅찬 감격과 해방후의 수 많은 일들이 나를 가만히 앉아서 창작에 전념할 수 없게 하였다. 인민정권 수립과 민주개혁 실시 등 사업에도 참가해야 하였고 또 외국으로 다니는 일과 평화를 위한 사업에도 한 몫 끼우지 않으면 안되었다.
>
> 그리하여 자연 이런 사업이 나의 문필 생활에 반영되게 되었다. 이것이 이번에 출판하는 수필집에 수록된 글이다.[46]

해방 직후에 한설야가 주로 수필을 썼던 이유가 바로 여기에 있

45) 서경석, 앞의 책, p.106
46) 한설야, 『선집』14권(작가동맹출판사, 1960), p.9.

다.

월북 후 정치활동에 치중하던 중에 쓴 단편들을 유형별로 나누어 보면 다음과 같은 특색이 있다.

앞에서 언급한 「혈로」를 시작으로 김일성을 영웅화한 「개선」과 조선과 소련의 친선 관계를 형상화한 「모자」등이 있는데 이들은 모두 정치소설로써, 정치·문학 일원론과 리얼리즘이라는 갈등을 일으켰다. 그리하여 단편 소설의 구성원리 중, 기능적 측면과 반영적 측면의 충돌을 낳게 했다. 이는 그의 주관적이고도 완고한 당파성 때문으로 보인다. 그밖에도 그가 즐겨 그려내던 농촌이나 공장 현장의 소재에 사회주의 건설이라는 당대의 정책적 입장을 더한 절충적 형태의 「자라는 마을」등과 우화를 통하여 문학의 정치적 전술을 전달하는 반미 소설 「승냥이」등이 있다.

이상의 단편들은 한설야가 선택한 정치노선, 즉 사회주의 건설의 한 방법인 정치·문학의 일원론에서 나온 것으로, 창작방법론상 인간적 리얼리즘과 정치적 정책이 섞여 있다. 이 기법은 나름의 성과가 있어 마침내 장편 『설봉산』에 "낙관주의적 비극의 미학"[47]으로 나타났다. 이렇듯 창작 전범을 제시하여, 북한문학을 주도하였음[48]에도 불구하고 이 시기의 한설야 소설들은 당정책의 선전 선동에 불과한 것들이라는 약점을 갖는다. 그래서 그는 그 한계를 다음 네 가지 방향에서 극복해보려 노력한다. 첫째, 염군사를 파스큘라 위에 놓고 제3전선 그룹을 배신자로 규정하며 강령을 손수 만든 카프 지도자로 자신을 내세우는 식의 카프문학사 재서술이다.(이 문학사 재서술에서 특기할 만한 것은 임화, 김남천 등을 빼버린 것이다.) 둘째

47) 김외곤, 『한국 근대 리얼리즘 문학비판』(태학사,1995), p.264.
48) 사회과학원 문학연구소, 『조선문학통사』(인동, 1988). 참조.

자신의 대표작 『황혼』의 일부를 고쳐 '주인공의 한 사람인 준식이가 뛰어난 혁명가의 지도를 받은 것으로 만들고 김일성의 항일 투쟁의 영향 아래서 창작된 것으로 꾸민다. 셋째 전향기의 장편소설 『초향』을 "속물적인 인간 궁상과 초향 및 그의 애인-지하운동자와의 대조로써 생활의 리상을 체현하는 사람들의 생활을 천명하면서 진정한 사랑의 윤리의 문제를 제기 해결하였으며 혁명적 투쟁의 길에로의 인간의 장성을 보여"(통사, p.139)준 것으로 높이 평가하며, 가족사 소설 『탑』 내용 중 마지막 부분을 "주인공 우길이 누이가 가출하는 장면을 3·1운동에 참가하여 체포되는 장면으로 바꾼다"(통사. p.141)든지 그 속편을 쓴 일이다. 넷째 적색농조 사건과 소년 레포대의 활약을 그린 『설봉산』을 창작한 일이다.[49]

이상에서 한설야의 문학적 변용과정을 정리하면 다음과 같다

① 초기작의 특색은 춘원의 영향력 아래 쓰여진 연애담들이다.

② 사상서클이나 사회운동단체와 무관하게 홀로 사회과학을 공부했기에 이론가로서 관점이 대단히 원칙적이다.

③ 카프에 개인적으로 가입하고 뚜렷한 계보 없는 작가로 활동했다.

④ 카프 가입 직후, 비평가나 이론가로서는 상당히 좌절하나 소설 창작을 통해 이를 극복했다.

⑤ 카프내 다른 문인에 비해 북경, 무순, 동경 등의 국외 체험이 풍부하다.

⑥ 자연발생적인 신경향파 문학론이 목적의식의 문학론으로 변화하는 방향전환론의 역할 분담을 했다.

---

49) 서경석, 위의 책. p.p.149-155. 참조.

⑦ 카프 조직 개편 이후의 방향전환 논의가 동경지부의 영향을 받고 있는 것에 대한 불만의 표시로 이북만과 박영희의 이론을 현실추수주의, 절충주의라고 공격한 토착주의자다.
⑧ 방향전환에 관한 이론투쟁의 과정을 거치면서 제기된 한설야의 실천 문제는 박영희 · 이북만에 비해 훨씬 구체성을 지닌 논의이다.
⑨ 그가 공부했던 이론들을 농촌과 공장 등의 현장 체험 속에서 확인하여 이를 소재로 소설을 쓰고, 다른 작품을 비평하는 잣대로 삼았다.
⑩ 사회에 대한 강한 목적의식을 일관되게 유지하면서, 살인과 방화로 끝내는 서해적 경향과 관념적 해결 방식을 택하는 회월식 경향을 통일시킨 신경향파 작가다.
⑪ 전향기에도 조선 소작인의 참담한 모습을 담은 진보적 소설을 씀으로서 토착성을 지켰다.
⑫ 식민지라는 특수성 속에서도 정치적 활동은 물론 문예이론투쟁과 작품활동을 동시에 한 능력가다.
⑬ 해방공간에서 정치적으로 김일성 노선을 굳힘과 동시에 문학의 당파성 입장을 취했다.
⑭ 월북후 문학의 중요 임무가 당정책의 선전선동에 있다고 보고 1950년대 북한문학의 창작전범을 제시하는 정치 소설을 썼다.
⑮ 카프문학사 재서술, 대표작 개작, 『설봉산』 창작 등을 통해 정치적 입장 표명에 불과한 창작전범들의 한계를 극복하려 시도했다.

결론적으로 말하자면 한설야는 객관적 현실의 내재적 필연성을 파악하는 토착성 계급문학의 옹호자다. 그러기에 카프의 볼셰비키화 논의, 해방 직후의 노선 선택, 임화 그룹과의 재대립 등에서 독특한 원칙론적 관점을 유지해 나갈 수 있었던 것이다. 또 월북후에는 김일성주의에 앞장서 북한 정치문학을 주도하나 북한의 일반 문학성과는 다른 주체적, 토착적 공산주의 옹호자가 되었다.

Ⅲ. 해방전 단편 소설의 세계

현대인은 흔히 일상적 자아와 본래적 자아가 통일되지 못하고 분열되어 갈등한다고 한다. 그와 마찬가지로 우리 프로문학의 현실주의 작가에게도 분열이 나타나는 것을 볼 수 있다. 이 분열은 다름아닌 작가의 예술적 세계관과 정치적 세계관 사이의 분열을 의미하는 것이다. 그리하여 작품 세계에는 관념성이 과다 노출되거나 현실의 자연 현상만이 표출되는 양극화가 나타나는 일이 많다.

신경향파 문학에 이러한 편향이 나타난 예을 들면, "하나는 김기진 박영희로부터 송영, 金永八 등에 이르는 주관의식의 강렬한 경향이고 다른 하나는 자연주의의 압도한 영향으로 주관의 표현보다는 대상의 묘사가 작품의 주된 모티브를 이루는 경향이다."[1] 전자는 두말할 것도 없이 '백조'파의 시나 羅彬의 초기 소설에 나타나는 낭만적 주관주의[2]의 영향이고 반대로 주로 소설의 경향이었던 자연주의나 사실주의 영향을 받은 것이 후자라고 할 수 있다.[3] "임화는 이

---

1) 임화, "소설문학의 20년", (동아일보, 1940), 4. 12-20.
2) 낭만적 주관주의 소설은 작가의 의도가 항상 작품의 전면에 나타나 있다.

두 가지 조류의 통일이야말로 조선의 프롤레타리아 문학이 달성해야 할 과제로 규정한다."[4]

현실주의란 현실을 예술적으로 형상화하는 예술적 방법뿐만 아니라 그러한 예술을 창작하려는 작가의 현실파악의 태도까지 포함해야 한다면 위의 두 조류 즉, 관념과 현실의 통일을 이룰 수 있는 작가로는, 이미 임화가 신경향파를 극복할 작가로 뽑은 바 있는 한설야라 하겠다.

1. 2차 카프 검거 이전의 단편

여기서는 한설야가 2차 카프 검거 사건으로 감옥살이를 하기 전까지 쓴 단편 18편을 대상으로 어떤 식으로 현실주의 방법을 사용하여 신경향파를 극복했는지를 알아보겠다.

1.1 초기 낭만적 예술주의 경향

부친의 사망, 경제적 궁핍, 만주 체험 등으로 사회적 가치나 의미를 깨닫기 전에 쓴 한설야의 소설 「그날 밤」, 「동경」, 「주림」등은 낭만적 예술주의적 경향이었다. 이는 李光洙류의 모방 단계라고 할 수 있다. 이 중 「그날 밤」이 춘원의 추천으로 1925년 1월 <조선문단>에 실림으로서 등단하지만, 그의 회고담[5]을 보면 이미 그 이

---

3) 조연현, 『한국현대문학사』(성문각, 1973), p.278. 참조.
4) 김외곤, 『과도기』(태학사, 1989), p.353.
5) "……그러나 사실 나의 최초의 장편은 『황혼』이 아니라 『선구자』라는 미발표의 작품이다…… 이 처녀 장편을 쓴 것은 분명 내가 대학을 다니던 어느

전부터 춘원의 영향 아래 문학적 출발을 하였음을 알 수 있다.

> 작품을 처음 발표한 지도 어언 15년인가 된다. 「그날 밤」이란 창작이 춘원 이광수씨의 추천으로 <조선문단>지에 발표되자 비로소 기운을 얻어 부지런히 작품을 썼다. 그야말로 문자 그대로 불면불휴였다. 그리하여 수많은 작품을 써서 역시 <조선문단>지에 보냈는데 전언으로 들은 말이지만 모두 추천에 値라는 것이라 하여 딴에 번쩍 신이 났다. 斷續的으로 발표될 까닭이 없었다. 그래서 겨우 3편이 발표된 다음 동지는 휴간되었다. 그러나 그때는 발표를 염두에 두는 것보다 우선 쓰는 것이 급하였다. 비상한 열의로서 일일일작이라도 넉넉히 쓸 자신이 있었다.[6)]

위에서 알 수 있듯이 문학창작에 왕성한 의욕의 기폭제로써 「그날 밤」이 추천된 그해 8월, 프로문학 단체인 카프가 결성됨에도 불구하고 그가 <조선문단>에 투고한 「그날 밤」, 「동경」, 「주림」 3편은 전적으로 부르조아측 미메시스 단계[7)]였던 것이다. 이는 단지 한설야의 개인의 의지에 의한 문학적 출발 방식이 아니고 당시를 지배

때 하계휴가 때라고 생각한다. 그 당시 나는 주로 해외 명작의 번역물을 읽었다. 그런데 그때 한창 드소문하던 춘원 이광수의 『무정』을 나도 평판의 물결에 쌔여 읽었고 그것이 나의 눈뜨기 시작한 창작욕을 자극한 큰 계기가 되었다. 나는 물론 『무정』을 애독하고 또 감탄하였다. 그러나 동시에 나도 쓰면 그만 못지 않으리라는 엉뚱한 충동이 쉬지않고 보채는 것은 어찌할 수 없었다. 그래서 마음으로 처녀장편 준비에 시작하였는데 내용도 『무정』보다 나은 것을 쓰려니와 길이로도 그보다 훨씬 긴 것을 쓰리라 하였다." 한설야, "처녀장편 쓰던 시절" (조광 50, 1939), 10.

6) 한설야, "이제부터-작가생활의 회고" (박문, 1939), 10.

7) 장상길, 「한설야 소설연구」(서울대 석사학위논문, 1990), p.14. 참조.
이후에 나오는 한설야 소설 분석 중에 특별히 그 출처를 밝히지 않은 것은,
장상길, 「한설야 소설연구」(서울대 석사학위논문, 1990)
송호숙, 「한설야 연구」(연세대 석사학위논문, 1989)
김외곤 편, 「한설야단편선집 I II III」(태학사, 1989)을 참고했음을 밝혀둔다.

하는 문학 예술의 일반적 경향, 즉 춘원류의 계몽주의와 20년대를 대표하는 동인지 창조, 폐허, 백조의 사조가 지배한 시대적 조류를 따랐던 것으로 보인다. 그러나 한쪽에서는 이러한 문예 전통을 거부하고 문학의 대사회적 기능을 내세우는 신경향파 문학이 시작되고 있어, 한설야의 기질로 보아 이미 그의 내면적 창작세계에 영향을 받었을 듯하다.

이상과 같은 시대 조건을 감안하면서 「그날 밤」, 「동경」, 「주림」을 분석해 보기로 한다.

「그날 밤」은 자유연애관을 가지고 있는 S와 아직도 봉건적 인습을 간직하려는 H, 그리고 바람끼 많은 여자 R 사이의 삼각 연애관계가 주된 내용이다.(이 작품은 1941년에 「流轉」으로 개작되고 있다.) 신식 자유연애관을 갖고 있는 S와 아직도 고전적 사랑관을 지키려는 H와의 성격 대비로 전개되나 지조 없이 남자를 바꾸려 하는 R 때문에 갈등하는 H의 고민이 작품의 중심이다. 이런 '박래품' 연애사상[8)]은 「그날 밤」외에도 한설야의 초기 습작을 일관하는 모티브다. 이 초기 습작은 그가 신경향 작품을 쓸 때까지 계속된다.

「동경(憧憬)」은 1925년 5월 <조선문단> 8호에 발표되었다. 이 작품은 한 화가가 좋은 그림감을 찾기에 고민하고 드디어 완성된 그림에 흠뻑 빠지는 내용의 예술주의적 경향이 뚜렷히 드러난다. 따라서 「동경」도 사회적 가치나 의미와는 거리가 먼 초기 습작품으로 보인다.

「주림」은 1926년 3월 <조선문단>에 발표되었지만 낭만적 예술주의 경향이라는 내용으로 보나 작자 자신의 회고로 보아 「평범」보다 먼저 집필한 것으로 여겨진다. 따라서 이 작품은 만주 이주 직전에

---

8) 임종국, "이광수의 사랑인가", 『한국문학의 민중사』(실천문학사, 1986), P.29.

쓰여진 초기 낭만적 예술주의 소설의 마지막 작품이라 할 것이다.

아내를 잃고 혼자 사는 노동자 경일이는 밤중에 남편이 출타하여 혼자 있는 옆집 여자를 몰래 훔쳐보며 자기에게 잘 해주던 죽은 아내를 그린다. 그러다가 옆집 여자를 안고 싶은 충동 때문에 고민하고 있을 즈음 뒤늦게 그녀의 남편이 돌아오고 만다. 그리하여 실망이 큰 경일이는 잠 못 이루고 뒤척인다.

이 작품은 「그날 밤」이나 「동경」에서 보듯 춘원류의 연애담이나 예술가 이야기의 범주를 벗어나지 못하고 있다. 초기의 한결같은 습작들이라고 봐야 할 것이다. 이는 한설야가 경제적 궁핍 때문에 만주로 이주하여 자기 나름의 삶과 사회의 가치나 의미에 눈 뜨기 전의 작품들이다.

1.2 신경향파로의 경도

「평범」은 1926년 2월 16일부터 27일까지 동아일보에 연재될 만큼 상당히 긴 분량이다.

주인공 Y는 함흥 태생의 보기드문 미녀인데도 부모가 정해준 배필을 얻다 보니 중학을 낙제할 정도의 무능한 남편을 만난다. 결국 남편은 일본으로 도망가고 다시 직장에서 M을 사귀나 그 역시 일본으로 떠나는 기구한 여인이다. Y는 이런 기구한 현실 운명에서 탈출하고자 러시아로 가려 하나 도중에 소학교 선생으로 눌러 앉고 만다.

이 작품에 나타난 주인공 Y의 이국적 동경이나 현실 도피는 필연성이 전혀 없는 관념적 표현에 불과하다. 허나 "응—발서 …… 또 아침을 지어야지" 하며 지금까지 살아온 자신의 생활을 부정하며 새로운 현실을 발견하게 되는 것은 「평범」이 다음에 언급되는 「그릇된 동경」과 더불어 같은 남녀 간의 이야기를 작품구성의 매개로 삼은 이전의 작품들과는 다른 점을 보여주고 있다. 즉 이 작품에 등장하는 여주인공들이 이제까지 굴욕적으로 살아왔던 삶의 방식을 부정하고 사회적 각성을 꾀해 나가는 과정을 그리고 있는 점이다. 이는 한설야 소설이 현실로 돌려지는 하나의 실마리로써 장차 신경향파 소설로 나아갈 소지로 보인다.

「그릇된 동경(憧憬)」은 만주로 이주한 이후 두번째 쓴 작품이다. 관념적인 「평범」에 비해 보다 절제된 형식으로 사회현실을 비판한 초기의 수작이다. 동아일보 현상에 2등으로 당선되어 이 신문에 1927년 2월 1일부터 10일까지 연재되었다. 이 작품은 주인공인 여교사가 오빠에게 보내는 편지 속에서 과거생활에 대한 비판과 앞날의 다짐을 드러내고 있다.

상해 임시정부 소속 민족지사로서 사회운동을 하다가 감옥에 갇혀 있는 오빠의 충고를 무시한 채 외모에만 이끌려 일본인 Y와 결혼한다. 그러나 남편이 자기를 얕잡아보고 욕하며 일본인 하녀보다 더 천하게 대접하고 심지어 자신의 아버지, 오빠 나아가 조선민족에게까지 욕을 하자 그녀는 더 이상 참지 못하고 집을 뛰쳐 나온다. 남편의 행동에서 세상은 강자 논리임을 깨닫고 그 논리를 깨부수려고 조선인들이 많이 사는 만주로 떠나와 오빠의 옛 충고대로 교사가 된다. 그리고 고국 땅에서 쫓겨온 조선인의 삶을 목도하며 만주의 비참성을 깨닫고 그의 극복 의지를 불태운다.

이 줄거리는 일제 강점기에 만연해 있는 지배와 피지배 관계를 반영하는 우열의식(優劣意識)[9]을 매개로 형상화되었으면서도 이의 탈출구를 만주와 시베리아로만 한정했거나 아직도 조선인의 삶을

---

9) 강재언, 『일제하 40년』(풀빛, 1984), p.182.

관념적으로 처리한 흠이 있다. 하지만 주인공이 만주 벌판의 많은 조선인을 소재로 삼은 것은 현실주의 방법에의 상당한 접근이다. 왜냐하면 단지 현실을 사실적으로 그려낸 최서해에 비해 현실의 극복을 시도하는 의식적인 면을 함께 그리려했기 때문이다. 다시 말해 초기의 연애담이나 예술주의에서 벗어나 현실 상황에 맞는 타개책을 찾으려는 사회적 가치를 의식했기 때문이다.

「그 전후」는 1927년 3월 탈고, 5월 <조선지광> 67호에 실린 작품으로 주인공 B의 남편인 경식의 설정이 구체성이 없는 데다가 배경 설정마저 의도성이 드러나 아직 본격적인 프롤레타리아 소설이라고 보기 어렵다. 이 작품에 설정된 인물들을 분석해 보면 이 점이 더욱 뚜렷해진다.

사업 실패로 시댁이 몰락하자 평범한 여성에서 갑자기 공장 노동자로 전락한 주인공 B는 예전에 남편이 했던 말들이 새삼 실감나기 시작하면서 차츰 의식화되어 가는 인물이다. 남자 주인공으로는 B의 남편인 경식이가 작품의 배후에 배치되는데 그는 작품 속에서 구체적으로 묘사되지는 않으면서도 B가 사회의식을 깨치는 데 결정적인 역할을 하는 주요 인물로 설정되어 있다. 작품 전체로 볼 때는 주인공의 삶을 이야기해가는 단순 구조이나 남편 경식이 했던 말 또는 아내인 B가 남편을 그리워하는 모습 등이 단순 구조의 단조로움을 반감시켜 주는 역할을 한다.

이 소설에서 주목해야 할 점은 "수탈정책에 토지를 빼앗기고 몰락해 가는 농촌의 현실을 보여주면서 동시에 몰락 농민을 중심으로 새로이 형성되고 있는 노동자 계층의 확대를 그려보이고 있는 것이다."[10] 즉 부자집 아녀자를 공장 노동자로 변신하게 하는 현실 구상

10) 권영민, 『소설과 운명의 언어』(현대소설사, 1992), p.245.

화 능력이다. 주인공이 노동자로의 변신과정에서 스스로 계급의식이나 사회의식을 깨치게 함으로서 작품이 생생하게 살아났다는 것이다. 하지만 경식을 어떠한 필연성도 깔아놓지 않고 그냥 뛰어난 의식의 소유자로 불쑥 등장시켰다든지 막연히 사회운동을 위해 가출했다고 형상화한 것은 아직도 관념적이다. 그러나 현실 체험의 형상화 능력이라는 면에서 초기 관념 소설과 비교해 볼 때, 이 작품은 장차 관념과 현실의 통일이라는 현실주의 소설로 나아가는 단초가 된다. 다시말해 신경향파 작가의 출발점이 된 것이다.

「뒤ㅅ 걸음질」은 노동운동을 하던 한 여성 노동자의 전향을 다룬 작품으로 1927년 7월 15일 탈고, 좌익 잡지인 <조선지광> 8월호에 실었다.

주인공 단발랑 C는 동경에 있을 때 동무 S의 영향으로 계급주의자로서 활동하다가 S와 함께 투옥되었으나 C만 풀려나왔다. 감옥에서 석방된 C는 겉으로는 의식에 변함이 없다고 하면서도 속으로는 부르조아와의 행복한 생활이라는 뒷길의 유혹에 빠져 동무들과의 독서 모임에도 나가지 않고 부르조아의 표상인 긴 머리를 한다. 또 친구들의 충고도 듣지 않고 부협의원에 당선된 부르조아와 교제까지 한다. 하지만 결국에는 그들에게 버림받고 자신의 잘못을 뉘우치며 이를 청산하려 한다는 '사상 전향자의 비참한 결말'을 말해주는 내용이다. 주의나 사상을 버리고 부르조아에 빠지면 자신을 파멸시키는 결과를 가져 올 수밖에 다른 길이 없음을 보여준 작품이다. 카프 가입 이후에도 아직 관념의 세계에서 벗어나지 못했음을 확인시켜준 작품이다.

이 소설의 주인공의 의식을 보면 계급주의자가 되는 일이나 전향하는 일 들이 납득이 안간다. 전향이 참으로 많은 번민과 갈등을 불러일으키는 것이라고 볼 때, 사상운동 경력자가 단순히 부르조아 생활을 동경한 나머지 전향했다는 것은 설득력이 부족하다. 여기서 크게 경계해야 할 것은 사상이나 이념 문제를 한낱 연애 감정과 같은 차원의 일상적인 것으로 격하하려는 시각이다. 그럼에도 불구하고 이 작품은 앞서 발표된 「그 전후」와 더불어 한설야 문학을 계급문학의 이념에 대한 실천이라는 단계까지 끌어 올린 셈이다.

1.3 만주 체험의 형상화

「합숙소(合宿所)의 밤」은 1928년 1월에 <조선지광>에 발표하였다. 고향에서 밀려난 조선 유민들이 만주에서 광산 노동자로 힘겹게 살아가는 모습을 그렸는데, 이 작품에 나타난 만주의 탄광촌은 일제의 토지 조사 사업 등으로 또다시 노동자를 착취하는 복마전이 된다.

주요 등장인물로는 화자인 나와 늙은 노동자 둘이다. 주인공인 나는 의식이 있는 선진 노동자이고 늙은이는 자식들까지 잃고 혼자서 정처 없이 떠돌아 다니는 부랑 노동자다. 사건 전개는 간단하다. 늙은 노동자는 감독을 속여 고향으로 도망가려다가 들키는가 하면 항상 작업량을 채우지 못해 감독에게 학대를 받고, 나는 이 사건을 계기로 다른 사람들의 투쟁 의지를 북돋우려고 한다는 내용이다.

이 작품의 단점은 등장 인물 중 어느 누구도 작품의 중심 사건을 전개시키지 못하게 구성되었다는 점이다. 나는 늙은이나 탄광촌의 사정을 설명하고 있지만 사건의 주변에 위치하다 보니 결국은 방관자 입장이 되어 버린다. 또 늙은이도 마지막에는 나에게 합숙소 동료들을 선동하게 하는 매개 역할을 하지만 너무 수동적이다. 또 나의 선동은 체험에서 비롯된 의식적 행동이라기보다 그냥 일시적으로 해보는 선동에 불과하다. 그래서 만주에서도 착취 당하는 조선

광산 노동자라는 소재와 그들의 궁핍상을 폭로하고 그들의 저항성을 내세울 수 있는 주제를 살리지 못한 아쉬움이 있다. 그럼에도 불구하고 노동 현실의 서툰 묘사는 현실주의 노동소설의 모태가 되었다.

「인조폭포(人造瀑布)」는 일제 폭압을 견디지 못하고 살길을 찾아 간도나 만주로 떠나는 조선 농민들의 모습인데, C촌 이야기, 철교 공사장 이야기, 은순의 이야기 등 세가지 이야기가 섞여 있다. 하지만 이 세 이야기를 장편적 구조로 통합하지 못해 구성이 느슨한 감이 있다. 주제는 다른 만주 체험 소설과 마찬가지로 이민들의 궁핍상이라고 볼 수 있는데, 형상화 능력이 부족한 데다가 세부 이야기들마저 유기적이지 못해 주제를 부각시키지 못했다. 이러한 결점에도 불구하고 자신의 구체적인 만주 체험을 바탕으로 당대의 모순을 그려낸 점에서는 최서해의 소재주의를 이어 받았다고 할 수 있다.

만주에서 수돌이 겪은 밑바닥 삶은 서해의 소설들에 그려진 만주 유민들의 궁핍상 바로 그것이다. 그런데 서해는 이러한 삶을 방화나 살인으로 대응 했지만, 이 「인조폭포」와 뒤에 발표한 「과도기」는 이 모두를 극복하고자 하는 적극적인 현실 대응을 한다. 아마도 「인조폭포」에 나오는 수돌이의 귀향이 「과도기」 작품 구성의 중심적 모티브[11]로서 작용하였을 것으로 보여진다. 그런 의미에서 「인조폭포」는 한설야의 문학세계가 신경향파적인 한계를 벗어나려고 애쓴 흔적이며, 그 무대를 만주에서 조선의 현실로 되돌려 놓으려는 다리 역할을 한 작품이다.

---

11) 서경석, "한설야론" 『한국근대리얼리즘작가 연구』(문학과 지성사, 1988), 참조.

1.4 노동 소설

한설야가 신경향파 작가로 출발한 작품은 앞서 언급한 대로 소설 「그 전후(前後)」이다. 그후 「뒤ㅅ 걸음질」에 이어 자신의 만주 체험을 형상화한 「홍수」, 「합숙소의 밤」, 「인조폭포」를 발표한 끝에 「과도기」가 나왔다. 「합숙소의 밤」이나 「인조폭포」등에서 삶에 찌들었던 만주 유민들이 더 이상 그곳에서 버티지 못하고 「과도기」에서 귀향하여 공장 노동자로 변신하게 된다. 여기서 한설야는 몰락 농민의 노동자화 과정을 전형적으로 보여 줌으로서 그동안의 가능성, 즉 관념과 현실의 통일을 이루게 된다.

우선 임화가 말하는 「과도기」발표 전 한설야 문학의 특징을 알아보자.

> 소설 "과도기"를 쓸 때까지 설야는 아직 자기의 세계를 갖지 않었다. 자기의 세계란 것은 작가가 독창적 가치를 창조하는 유일의 원천이다.
>
> …설야는 아직도 회월, 송영 이후에 신경향파가 固持하고 있는 주관적 경향주의의 전통을 飜覆하고 있는 한 사람에 지나지 않았다.
>
> 이것은 이미 "홍염" 일편으로 파기된 물건이었다.
>
> 왜 그러냐 하면 "홍염" 등에서 서해는 초기 신경향파 작가들이 머리 가운데서 생각해내든 갈등을 현실 가운데서 발견한 때문이다.
>
> 그러나 불행히 설야는 "과도기"를 쓸 때까지 "사냥개"에 비해서도, "홍염"이나 "기아와 살육"에 비해서도 일단 높아진 자기의 사상이 서식할 곳을 현실 가운데서 발견하지 못하였다.[12)]

---

12) 임화, "작가 한설야론" 김외곤 편, 『숙명』(태학사, 1989), p.p.233-234.

「과도기」를 쓰기 전에도 한설야는 분명 신경향파 작가였지만 회월류의 관념주의 경향이나 서해류의 단편적 현실주의 경향을 극복하지는 못했다. 그러면 여기서 다시 「과도기」를 발표함으로서 서해의 신경향파 시대를 마감했다는 임화의 말을 들어보자.

> 이 시기에 "에폭"[13]을 지은 작품은 역시 한설야의 "과도기"이다.
>
> 이 작품은 현실에서 분열된 관념과 관념에서 떨어진 묘사의 세계를 단일한 '메카니즘' 가운데 형성하려고 한 최초의 작품이다. 그것을 가능케 한 것은 신경향파 시대와 근본에서는 같으나 그러나 그것보다는 일층 명백한 경향적인 정신이다. 그러므로 "과도기"는 그 양식에 있어서 뿐만 아니라 실로 그 정신에 있어서도 분명히 새시대의 문학이다.[14]

임화에게서 관념과 현실의 변증법적 통일을 이룸으로서 진정한 경향성을 띠고 있다고 평가를 받은 「과도기」(부제: 일명 '새벽')는 1929년 1월 22일에 탈고하여 동년 4월에 만년설(萬年雪)이라는 필명으로 <조선지광>에 발표하였다.

주인공 창선은 살 길이 막막하여 방황하다가 노동자로 변신하는 조선 농민의 전형으로 형상화되는데, 작가의 주관이 많이 개입되어 관념성이 전면에 훤히 나타나 보이던 이전 신경향파 소설의 주인공과는 구별되는 인물이다. 그는 현실주의 소설의 주인공이 지니는 기본 성격을 갖춘 것이다. 창선과 창선의 처가 귀향하면서 느끼는 감

---

13) 에폭(epoch)이란 시대, 특색 있는 획기적인 시대, 새시대, 신기원 이라는 뜻으로 쓰인다.

14) 임화, "한설야론" 『문학의 논리』(학예사, 1940), p.557.

정이나 이 궁리 저 궁리로 잠을 못 이루는 창선의 형, 창룡의 모습은 바로 현실 그대로였던 것이다. 다른 농민의 변화된 삶의 모습 또한 전형성과 필연성을 띠고 있음을 예로 들 수 있다. 거만스럽게 서 있는 고래같은 공장과 파도가 당장이라도 삼켜버릴 것 같이 바닷가에 물러가 있는 게딱지 같은 동네 사람들의 집이 보여주는 대조적 풍경은 일제 식민 정책에 의해 수탈 당하는 당대 조선의 전형이요 현실이라 할 것이다. 아울러 평화롭던 농촌 모습을 내심 못 잊어하는 토착적 본능이라 할 것이다.

여기서 다시 임화의 말을 들어보자.

> … 서해는, 만주의 황무지에다 씨를 뿌려 보고, 송영은 동경 가두에서 새 곡조를 연습해 보았다.
>
> 26년대의 주린 문단은 서해가 만주에서 실어온 좁쌀일망정 맛있게 먹었고, 송영이 동경서 건너온 어색한 창가일망정 흥겨웁게 들었다. 이 시대는 조선문학의 정신적 방랑기라 할 수도 있을 것이다.
>
> 우리는 때로 서해를 따라, 때론 송영을 따라, 만주와 동경으로 유리해야 피로했을 때, 비로소 설야의 손으로 다시 조선 땅에 돌아 온 것이다. 정든 고향, 이 땅(이런 고향에서 한 편의 가작이 "고향"이란 이름으로 창조됨이 어찌 필연이 아니랴?)에서 우리의 문학은 다시 재출발하지 않을 수 없는 것이었다.15)

이 글에서도 「과도기」는 관념의 회월, 동경의 송영, 만주의 서해로 대표되거나 개인적인 원한이나 복수로 요약되었던 신경향파 소설의 한계를 말끔히 극복한 문학사적 의의가 있음을 언급한 것이다. 말하자면 「과도기」는 당대 농민들의 궁핍상, 유랑민이나 이민의 실

15) 김외곤 편, 『숙명』, 앞의 글 p.236

태, 노동자로의 변신 등의 현실을 작위성의 개입 없이 형상화함으로서 관념과 현실의 통일이라는 문학적 성과를 이룬 것이다.

「한길」은 1929년 5월 15일 아침에 탈고하여 1929년 6월 <문예공론>지에 발표한 일종의 콩트인데, 실화임을 밝히는 다음과 같은 기록이 작품 끝에 나타나 있다. "이것은 만주 있을 때 들은 실화에다 역선(力線)을 집어넣은 것이다. 그리고 단편 「명암」의 일부분으로 썼던 것을 다시 좀 늘여서 만든 것임을 부기하여 둔다."

주인공 C는 조선에서 논밭을 모두 빼앗기고 어떻게든 살 길을 찾아 보려고 만주로 이민 온 많은 유랑인 가운데 한 사람이다. 어느 날 공장일을 마치고 집에 돌아와 보니 아내가 보이지 않았다. 품팔이해서 양식을 구해 돌아 오는 길에 아이를 업은 채 길거리에서 얼어 죽은 것이다. 아내의 시체를 찾은 C는 새삼 가진 자와 못가진 자의 계급차이를 깨닫고 끝까지 믿을 사람은 노동자 자신들 뿐임을 자각한다.

이 작품에 등장하는 C는 농민으로는 살아갈 길이 막히자 어쩔 수 없이 노동자로 전업하는 당대 조선 농민의 계급적 운명을 보여주는 전형적인 인물이다. 자신의 궁핍을 숙명적 가난으로만 치부하지 않고 노동자라는 동지의식으로 승화시키려는 새로운 현실 모색이 바로 한설야 문학의 가능성을 열어준 것이다.

「씨름」은 1929년 5월 12일에 탈고하여 만년설이라는 필명으로 그 해 8월 <조선지광> 86호에 발표했는데, 주인공 명호가 씨름대회를 매개로 하여 분열된 노동자 조직을 하나로 통합해 나가는 과정을 그리고 있다.

… 「과도기」에 있어서 필자는 농촌의 몰락과 공업도시의 발흥

> 따라서 농민의 노동자화의 과정을 그리려 하였으나 <모델>소설이란 데 잡혀서 필연한 중점은 구현하지 못하였고 표현에 있어서도 두찬(杜撰)이 적지않다. 그래서 예술적 양심이라고 할가 곧 그 속편될 「새벽」(<문예공론>1929. 5)을 썼으나 그만 삭제를 당하고 말었다. 누구보다도 애석히 생각하는 사람은 작자일 것이다. 그러나 그렇다고 그저 있을 수도 없고 해서 실로 형극의 로(路)를 헤치고 나가는 맘으로 머리를 썩여가며 태반에서 말살된 「새벽」을 대신하고 중도 반비(半肥)의 「과도기」를 연장(필연한 방향으로)하자는 의미에서 이 2부작 「씨름」을 쓰게 되었다.

위에 인용한 작품의 서두에 실린 작가의 말에서도 짐작할 수 있듯이 「씨름」은 「과도기」의 속편이다. 즉 이 작품 속에서의 주인공 명호는 「과도기」의 창선이가 공장 노동자화한 모습이다. 그는 완전한 사상과 실천력을 겸비한 완결된 인물[16]로 등장한다. 공장노동자의 지도자로서 노동조합을 결성하여 창리(원래 자기 고향) 농조 활동을 지원하는 한편 반대파 노동자 두목 요시다(조선 사람으로 '화춘'이라는 본명이 있다.)를 씨름판에서 뉘워 감동케 함으로서 마침내 자기 편으로 끌어들이는 데 성공하는 등 농조의 단결된 힘을 과시하는 전위적 인물로 공장노동자들의 선망과 추종을 한몸에 받는 노동운동가로 그려지고 있다. 하지만 노동자의 일상생활과 동떨어진 씨름판을 소설의 배경으로 설정하였다든지 노동자들을 부추기고 단

16) "완결된 인물fertige Gestalt이란 소비에트 하에서 혹은 이미 사회주의가 대세로 작용 했던 시기의 러시아 소설을 분석하면서 루카치가 사용한 개념이다. 이 인물들은 대개 민중혁명가, 공산당원의 형태를 띠고 등장하고 소설의 총체적 형상화 작업에 긍정적 역할을 수행한다. 그러나 자본주의하에서 만들어지는 소설에서는 이런한 인물이 등장하는 경우는 작가가 현실 모색을 포기하고 당위론적 차원에서 창작했을 경우에 해당되고 오히려 어떻게 하여 이러한 인물로 되어 가는가가 중요하게된다." 백성우, 「초기경향소설에 나타난 인물유형과 전망의 양상」(조선대 인문과학연구 15집, 1993), p.77.

합시키는 힘이 이념적 실천력이 아닌 육체적 힘의 과시였다든지 명호가 지나치게 '완결된 인물'로 묘사된 점 등은 작품의 현실감을 떨어뜨리는 부정적 역할을 하고 있다. 현실에 대한 탐색이 현실주의 작가의 생명이라고 볼 때, 이점에서 「씨름」은 「과도기」의 전통을 잇지 못했다. 창선이 명호로 되어가는 과정에서 명호는 1930년대 초 카프에서 볼세비키화를 주장했을 당시 소설들에 흔히 등장하는 인물 유형과 같이 작가의 의도가 과다하게 노출되고 인물 설정에 작위성이 보임으로서 그 자신이 현실 속에서 생활하고 싸워 나가는 인물이 아니라 작가의 관념을 그대로 표출하거나 작가의 조정을 받는 인물로 드러나고 만다. 이로써 「씨름」의 현실성이나 필연성을 현격히 떨어뜨렸다는데 문제가 있다.[17]

그래서 한설야는 이 작품 이후에도 「공장지대」, 「삼백 육십 오일」, 「교차선」 등의 공장 노동자의 세계를 그렸지만 생활 터전으로서 공장만이 아니라 그 속에 들어 있는 모순을 주인공의 성격을 통해 자연스럽게 드러내지 못하고 의식적 비약을 꾀함으로서 수준 높은 신경향파 소설이 되지 못했다.

「공장지대」는 1931년 5월 만년설이라는 필명으로 <조선지광> 96

17) "『과도기』는 자본가 계급의 매장자인 로동계급의 출현을 보여 주는 데 국한하고 그의 조직적 및 대중적 려망에로의 장성 과정을 보여 주지 않았으며 따라서 농민으로부터 로동자로 전변된 주인공 창선의 앞길을 구체적으로 묘사하지 못하였다. 작가는 이러한 과업을 『과도기』에서는 제기하지 않았으며 그 과업은 『과도기』의 속편인 『씨름』에서 해결되었다.(중략) 단편소설 『씨름』에서는 『과도기』에서보다 사상-예술적으로 훨씬 전진하여 자연발생적인 로동운동이 농민들과의 동맹을 결성하면서 조직적 및 대중적 혁명 투쟁에로 장성하는 과정을 진실하게 묘사하였으며 명호의 형상에서 민족해방의 련민, 사회주의적 리상을 체현하고 대중의 적극적인 지지를 받으면서 로동 계급의 혁명 투쟁을 조직 지도하는 로동가-혁명가의 전형을 창조하였다." 리효윤 외, 『≪고향≫과 ≪황혼≫에 대하여』(조선작가동맹출판사, 1958), p.p.167-168.

호에 발표하였다.

「과도기」에서 만주로부터 귀향한 창선이가 「씨름」에서 농조의 영웅적인 지도자로 변신하나, 다시 이 「공장지대」에서는 직장인 공장과 보금자리인 셋방에서까지 쫓겨나는 극단적인 빈민으로 몰락하기에 이른다. 그런 와중에도 농촌에서는 더 이상 살 수가 없어서 공장으로 몰려오는 농민들과 공사가 끝남으로서 다른 공사판을 찾아 나서는 노동자와 기왕에 일하고 있던 노동자들 사이에서 벌어지는 치열한 일자리 다툼을 보고 개인적인 삶을 앞세워 싸우다가는 공멸할 수밖에 없다는 것을 깨닫고 이에서 노동조합의 필요성을 절감한다.

이러한 「공장지대」의 주제는 한마디로 말해 노동자의 도시 집중과 조합 결성의 필요성 정도이다.

질소비료공장에서 쫓겨난 주인공이 집에 돌아오자 셋방을 비워달라는 소식이 기다리고 있다. 집주인은 공장이 들어서면서 부동산 투기로 돈을 번 졸부인데, 버틴다고 사정을 봐줄 위인이 아니다. 갑자기 갈 곳이 없어진 주인공 가족은 친구의 곁방에 얹혀 살면서 동지들을 규합하여 마침내 조합을 결성해낸다.

이 「공장지대」에서 비교적 생생히 그려진 대목은, 일제에 의해 군수산업 중심의 공업화가 진행되던 시기에 수력발전소 공사가 끝나 일자리를 잃고 공장지대로 몰려오는 노동자들이나 농촌에서는 더 이상 살 수 없어 공장지대로 나오는 농민들의 모습이다. 이와 같이 이 작품은 힘 없는 서민대중들의 삶을 지키기 위해서 조합결성을 일구어 낸다거나 그토록 비참한 노동자의 모습을 있는 그대로 그렸다는 점에서는 작품의 현실성을 담보해 냈지만, 살던 집에서 쫓겨나는 것이 중심 이야기가 되어, 조합을 결성함으로서 조합 설립의 필요성이 생산현장에서 나오지 못한 점에서 필연성이 떨어진다. 다시

말해 노동자 권익을 위한 노조 결성이나 공장지대의 비참한 모습을 있는 그대로 그렸음에도 조합 결성의 필요성이 노동 현장을 통해서 제기되지 않고 엉뚱하게 셋방에서 내몰리는 이야기에서 비롯된다는 점에서 설득력이 약하다.

「삼백 육십 오일」은 1932년 12월 <문학건설> 창간호에 발표하였다.

회사가 산업합리화 방침을 내걸고 노동 착취를 하려 하자 노동자들이 이에 맞설 궁리를 한다는 줄거리인데, 내용이 질소비료공장의 생산과정에 이르면 이북명의 노동소설을 방불케 한다. 쌘틀(분리기) 정지 없이 질소비료를 긁어내라는 무리한 작업 주문 때문에 노동자가 다쳤으나 부상자에 대한 아무런 조치도 없이 다른 노동자로 바꾸어 일을 시키는가 하면, 한 술 더 떠 되려 작업량이 뒤진 노동자를 골라 해고시켜버린다. 이에 노동자들은 xx초하루(메이데이)에 봉기 하려고 기다리나 미리 정보가 새어나가 많은 노동자들이 감옥에 가게 된다. 그나마 남은 노동자들은 회사가 그들도 차례로 해고시킬 것을 생각하고 이에 맞서 투쟁할 필요가 있음을 알게 된다.

이 작품은 인건비 절약을 위한 인원 감축이나 일인당 노동량의 확대라는 산업합리화의 방침에 맞서려면 365일 계속 투쟁해야 함을 묘사하려는 듯하다. 그러나 노동량의 확대에 따라 부상이 속출할 수 밖에 없는 현실은 어느 정도 그려냈으면서도 노동자들의 투쟁 의지를 작가가 설명함으로서 작가의 관념이 전면에 노출된 감이 있다.

초기 작품인 「뒤ㅅ 걸음질」의 주제와 비슷한, 노동운동을 할 것인가 아니면 자본가 편에 설 것인가 교차선에 선 노동자의 변절을 소재로 한 소설 「교차선(交叉線)」은 1933년 4월 27일부터 5월 2일 사이에 조선일보에 발표되었다. 이 작품은 앞에서 언급한 「공장지대」,

「삼백 육십 오 일」등 노동자들의 생활을 다룬 소위 노동소설과 맥을 같이한다.

경수는 주인공이면서도 은순의 옛 애인, 재선과 오히려 동지적 연대감을 느낀다거나 은순이가 감독과 함께 사는 것을 보고도 분함을 못느껴 아무런 행동도 드러내지 못하는 등 나약한 주변 인물의 역할밖에 하지 못한다.

여주인공 은순은 「뒤ㅅ 걸음질」에서의 단발랑 C와 같이, 노동운동을 탈퇴한 것에 대한 갈등도 없이 털부엉이 일본 감독의 성적 대상으로 전락한다든지, 작가의 설명에 의해 재선이 지도자로 설정되는 것은 경수, 은순, 재선 등의 주요인물들이 사건을 끌어나가지 못하고 있음을 말해주고 있다. 결국 허술한 구성으로 노동운동을 배반한 이들의 말로가 어떤 것인가를 효과적으로 보여주지 못하는 한편 사상적 문제를 남녀 간의 성적 차원에서 형상화함으로서 전향의 본질을 훼손하고 말았다. 이렇게 볼 때 작중 인물들을 수동적으로 그린 「교차선」은 치밀한 인물묘사, 긴밀한 구성, 뚜렷한 주제 이 모두에서 실패한 것으로 보인다.

1.5 농촌 소설

농촌을 배경으로 쓴 「홍수(洪水)」는 한형종(韓炯宗)이란 필명으로 동아일보 현상에 입선하여 1928년 1월 2일부터 6일까지 이 신문에 연재하였다.

이 작품에서는 아내를 병으로 잃은 이서방, 앓아 누운 아내에게 약 한첩 사먹이지 못하고 세 자식까지 굶기고 있는 박서방 등 한결같이 궁핍한 인물들만 등장한다. 이들은 그나마의 생명 줄인 자기 소작지가 홍수로 물에 잠기지 않게 하기 위해 온갖 노력을 기울이지만 지주가 쌓아놓은 반대쪽의 둑 때문에 아무 소용이 없음을 안다. 소작농들은 이리저리 궁리를 해 봐도 특별한 해결책이 없자 징역을 갈 각오로 아래쪽 둑을 트고 만 것이다. 둑을 터뜨리고 나서 집에 돌아온 박서방은 굶주리고 있는 아이들을 보며 눈물을 흘리나 여전히 앞일을 예측하지 못한 채이다.

여기서 눈여겨 볼 만한 것은 이들의 해결책과 그 마련 과정이다. 회월이나 서해와는 달리 관념적이거나 극단적이지 않을 뿐 아니라 그 해결 과정에서도 해결사(영웅적인 지도자)의 제시가 아닌 소작인 모두가 함께 고민하는 모습을 그린 점이다. 아직은 자기의 처지에 대한 확고부동한 의식이 서 있는 것은 아니지만, 이러한 해결책을 모색했다는 것은 카프 가입 이전의 연애담이나 예술주의적 관념성 작품에 비교가 안되는 현실성과 토착성을 짙게 띠고 있는 작품으로 평가할 만하다.

「사방공사(砂防工事)」는 1932년 11월 <신계단> 2호에 발표된 중편 「태양이 업는 거리」의 기 일(基一) 작품이다.[18)]

함경도 K평야 제4지구 치수공사장에는 농사만으로 생계가 어려운 농민들이 농한기인 겨울철을 이용하여 하루 38전을 벌기 위해, 밭을 논으로 만드는 일제 산미증산계획에 참여하고 있는데, 일자리가 많지 않아 일감을 얻지 못한 사람이 많다. 주인공 홍번쾌는 일을 하면서도 형제끼리 교대로 일하는 다른 사람을 보며 지난 여름 xx사건으로 도망친 형을 생각한다. 번쾌뿐 아니라 그곳 사람들은 모두가

---

18) 작가 부기에는 이 중편이 전부 십여장 될 것이며 한 장 한 장이 하나의 구상이 될 수 있도록 쓰려고 한다고 되어 있지만 두 번째 작품인 「추수후」에서 미완으로 끝나고 만다.

지도자인 번쾌 형이 있었으면 좋겠다는 생각을 하지만 어쩔 수 없는 일이었다. 그러던 중 동료인 육국통사가 다치는 사고가 벌어지자 그들은 번쾌 형 없이도 번쾌를 중심으로 모금운동을 벌이고 나아가 치수공사장 의무 저금이 잘못된 것까지 밝혀낸다. 그들은 지도자 없이 자신들의 처지와 사회 모순을 알고 깨우친 것이다. 「사방공사(砂防工事)」를 성공작이라고 할 수 있는 이유가 바로 여기에 있다. 그것은 번쾌의 형같이 목적의식이 뚜렷한 선진적 인물 없이도 스스로의 필요에 의해서 갖은 자의 횡포에 대처할 수 있는 가능성을 보인 점이다.

투옥 전 마지막으로 쓴 소설 「추수 후(秋收後)」는 1933년 6월 <신계단> 9호에 중편 「태양이 업는 거리」의 기 이(基二)[19]로 발표하였다.

수리조합이 지주들의 반대를 무릅쓰고 강제로 밭을 논으로 만들 것을 결정하자 지주들은 그 부담을 소작인에게 전가한다. 이의 부당성을 지적하고 반대한 소작인은 모두 검거되다시피 하고 그나마 남은 소작인들은 어쩔 수 없이 개답(開畓)에 참여해야만 한다. 주인공 번쾌와 그의 아버지도 이토록 억압적인 농촌 현실에 불만을 가지나 불만으로 삭히일 뿐이다. 지주의 보행꾼이 부당한 돈을 요구할 때에야 불끈해서 적극적인 행동을 보이나 그것도 금방 끝나고마는 정도로 주체적인 저항 의식이 부족하다. 그래서 수리조합의 개답에 대한 농민들의 반대라는 이 소설의 주제를 제대로 살리지 못했다. 물론 이 작품이 완성될 경우 번쾌의 저항의식이 점점 자라나서 선진 농민으로 변신할 소지가 엿보이지만, 미완 상태인 「추수 후(秋收後)」

19) 중편 『태양이 업는 거리』는 『추수 후』가 완결되지 못함으로써 중단되고 만다.

만 놓고 볼 때 번쾌의 저항의식은 미미하기 짝이 없어 현실화할 가망성이 없어 보인다.

이상에서 한설야가 2차 카프 검거 사건으로 감옥살이를 하기 전까지 쓴 단편 18편을 대상으로 어떤 식으로 현실주의 방법을 사용하여 신경향파를 극복했는지를 분석해 보았다. 이를 다음과 같이 간추릴 수 있다.

만주 생활에서 조선 이농민들의 밑바닥 삶을 목격하고 습작기의 연애담을 뛰어넘어 신경향파 소설로 탈바꿈했던 한설야가 끝내는 「과도기」에서 관념과 현실을 통일할 수 있었던 것은 작가가 의식을 갖고 현실을 본질적이고도 총체적인 면에서 파악하려는 일관된 노력을 함으로서 가능했다. 그러나 이 신경향파적 의식이 무디어가고 작가의 신념이 전면에 나타나는 비현실성을 띠기 시작하면서 「씨름」같은 실패작을 낳았음은 물론 그 이후 작품들도 일단 「과도기」로 도달한 현실주의의 성과를 따라가지 못했던 것이다. 다시말해 「과도기」에서 보였던 토착적 농민들의 고통, 두려움 등의 과도기적 망설임을 다시 재현하지 못하고 선진 노동자를 그리기에 급급한 나머지 그 각성 과정의 묘사를 생략했던 것이다. 이 시기 한설야 소설의 특색을 한 마디로 말해, 작가 자신의 이상을 지나치게 강조함으로서 현실 반영의 생생함을 놓친 것이다. 그래서 한설야는 더 이상 작품의 질을 높이지 못한 채 카프 2차 검거사건(전주사건, 1934)으로 작품활동을 중단하고 만다. 이로 미루어보면 현실주의 소설은 "사회적 운동 그 자체가 스스로 문제를 제기하고 또 이를 풀 수 있는 한에서만"[20] 작가가 있는 그대로의 현실을 자기 작품에 결합시켜, 소기의 성과를 거둘 수 있음을 알 수 있다.

---

20) 김외곤, 『한국근대리얼리즘비판』(태학사, 1995), p.243.

2. 카프 해산 이후의 단편

한설야가 출옥했을 때는 카프가 이미 해산된 뒤였다. 카프 해산에 대한 대응방식은 작가에 따라 각기 공통점과 상이점이 있기는 했지만, 카프 해산 당시 대부분의 카프 구성원들은 구속된 상태였기에 그들의 의견과는 상관이 없었다. 하지만 전향선언을 한 대가로 석방된 이상, 이들은 카프 해산을 인정하지 않을 수 없었고 더 이상 계급성이나 당파성을 내세울 명분도 힘도 없게 되었다. 그래서 카프 구성원들은 신변문학 쪽으로 방향을 돌릴 수밖에 없었는데, 유독 한설야만은 달랐다. 카프를 통해 현실성과 당파성을 확보했기 때문에 그랬는지는 몰라도, 그는 전향 후에도 다른 작가에 비해 일관된 사상적 바탕을 견지하면서 그것을 현실의 객관적 반영과 결합하려 애를 썼다.

그가 감옥에서 나와 맨 먼저 해야 할 일은 가족과 더불어 먹고 사는 일이었다. 다시말해 일상생활에 복귀하는 일이다. 그래서 출옥 후 작품들 「태양」, 「임금」, 「철로교차점」의 주인공은 한결같이 일생활에의 적응을 꾀하는 인물들로 그려졌다. 한편 한설야는 여느 작가와는 달리 자신을 둘러싼 현실의 세계, 즉 산간지대 농민들이 겪은 수탈을 비판하는 토착적인 소설도 썼다. 그 대표작이 중편 「탁류」이다. 이 「탁류」는 「홍수」, 「부역」, 「산촌」의 삼부작으로 되어 있는데, 그 줄거리는 다음과 같다.

산미증산계획을 달성하기 위해 밭을 논으로 만드는 일을 시작했는데 그 비용과 노력은 소작인에게 부담시키고 개간지가 만들어지자 생산 능률을 높인다는 이유로 경작권을 일본 내지인에게 줘버린다. 결국 조선 농민들은 화전을 찾아 떠나거나 감옥에 갈 수밖에 도리가 없게 된다. 이 소설의 주인공 기술이는 조합 일로 도피 중인 그의 형처럼 의식이 있었던 인물이 아니었는데도 자신의 삶의 터전을 지키려다 감옥에 들어가고 만다.

이러한 작품들이 지니는 의미는 현실주의적 성과를 올린 내용에 있기는 하지만, 보다 더 중요한 의미는 작가 의식에 있다. 카프 해산 무렵, 프로 작가들이 모두들 전향할 때 한설야도 예외는 아니었다. 하지만 한설야는 전향의 다른 쪽에서 여전히 「탁류」와 같은 현실주의 소설을 씀으로서 어느 정도 일관된 사상적 바탕과 토착적 기질을 견지했다고 볼 수 있다.

여기서는 출옥 후부터 해방 전까지 쓴 단편 21편을 대상으로 전향 후 한설야 소설이 어떠한 양상으로 나타났는가를 살펴보기로 한다.

2.1 전향 소설

「태양」은 감옥에서 풀려나 처음 쓴 단편으로 1936년 2월 <조광> 4호에 발표한 한국 전향소설의 대표적 유형이다. 주인공은 감옥문을 나와 태양을 보면서 자유의 몸이 되었음을 실감하나 고향으로 돌아가는 기차에서 맡은 역겨운 사람 냄새며, 고향에 돌아와서 자신 앞에 모인 빚장이라는 현실에 부대끼면서 자신의 사상 문제는 생각도 못하고 닭장에 갇혀 있는 닭을 풀어주는 순간에 억눌렸던 자의식이 해방되는 것을 발견할 뿐이다. 이렇듯 사회 현실의 모순을 의식하는 이념 문제 등은 접어둔 채 신변소설을 쓴 것이다. 「태양」은 아직 본격적인 신변 묘사라고까지는 할 수 없지만, 이후 작품에서 차츰 세태변화에 따른 신변 묘사에 급급하게 된다. 하지만 한설야에게는 여느 작가들과 다른 자의식의 방어라는 전향소설의 한 특징이 있다.

주제도 결말 없는 일상 생활 속에서 흔히 일어날 수 있는 일화의 한 토막에 불과한 「딸」은 1936년 4월 <조광> 6호에 발표한 단편이다.

「태양」에서 가까스로 회복된 자의식은 「딸」에 오면 흔적도 없어지고 오직 생활만 남게된다. 주인공은 아내가 딸을 낳자, 애들에 관심이 없던 감옥살이 이전과는 달리 그 딸의 생년일시를 알아두려고 밤중에 우체국까지 다녀오는 등 평소에 하지 않던 일을 한다. 또 딸이 커가면서 성격이 사나워지는 데도 오히려 그에게서 어떤 혼이 커감을 느낀다. 현실에 대한 모색 없이 일상생활의 이야기만을 늘어놓을 때, 의식은 간데 없고 소시민적 애환만 남는다. 전향한 당대 프로 작가들의 주류를 이루었던 이런 신변 문학은 현실 탐구가 아닌 생활 그 자체나 시류에 편승했음을 말해주고 있다.

「강아지」는 1938년 6월에 탈고하여 그해 9월 <여성> 30호에 발표한 단편이다.

딸이 친구집에서 다 죽어가는 강아지 한 마리를 얻어온 데서 이야기가 시작되는데, 엄마는 살 것 같지가 않으니 도로 갖다주라고 타이르지만 딸은 자기가 키우겠다고 고집을 부린다. 그러던 중 강아지가 없어지고 딸이 찾아내라고 울부짖는 판에 강아지가 스스로 돌아온다. 아이들은 이내 좋아하며 강아지 집을 지어준다. 눈길을 끌만한 내용도, 의식 있는 주제도, 극적인 결말도 없어 「딸」에서와 마찬가지로 일상 생활의 한 토막에 불과하다. 이렇듯 아무런 작가의식이 없이 서술해놓은 작품들은 작가 자신의 자포자기는 물론 현실사회에 대한 무력감, 예술적 조화까지도 상실할 수 있는 작법임을 알 수 있다. 따라서 「강아지」는 「딸」과 함께 한설야가 다른 전향작가에 비해 사상의 일관성을 견지해 온 맥을 스스로 끊어놓은 작품이다.

「귀향(歸鄕)」은 1939년 2월에서 7월 사이 <야담> 38호부터 43호에 발표된 중편에 가까운 분량인데, 출옥 후 「태양」을 시작으로 쭉 써온 자신이나 주변에 대한 적응, 다시 말해 현실 적응 작품 계열이다.

30년대 말에 오면 대부분의 작가들은 현실을 뚫고나갈 여망이 없어 그냥 신변 소설을 쓸 수밖에 없었는데, 한설야도 예외는 아니었다. 「귀향」도 그런 범주를 벗어나지 못한다. 게다가 그가 자신이 가장 잘 아는 고향을 소재로 썼다고 말하는 「귀향」 계열의 소설들도 고향이 농경지이면서도 근대공업의 중심지인 특징을 묘사하지 못하고 있다. 이 소설도 마찬가지여서 기껏 한다는 고향 이야기가 장편 『탑』에 잘 나타나 있는, 함경도 노론 집안의 후손으로서 군수까지 지냈던 아버지의 흥망성쇠다. 이러한 가족사 이야기는 한설야가 더 이상 신경향파 작가이기를 포기하고 신변 소설 작가로 변신하는 것을 의미한다. 물론 여기서 한설야가 여느 전향 작가와는 달리 과거 자신의 이념에로 돌아가려는 노력을 지속하고 있음은 인정한다. 하지만 그런 노력에도 불구하고 그가 실제로 내놓은 소설들은 자기 주위 환경의 이야기들 뿐이다. 이때 문제는 자신의 이념과 자신의 주위 환경을 통일하지 못하는데에 있다.

2.2 진보적 소설

출감 후 신변의 이야기만을 썼던 전향소설과는 다른 경향의 작품인 「홍수(洪水)」는 1936년 5월 <조선문학> 속간 1호에 발표하였다.

함경도 H읍 부근에 일제 산미증산정책에 따른 개답작업으로 동(垌)이 많이 건설되었다. 기술이네나 금순이네가 소작으로 붙여먹고 있는 김갑산의 동은 그 중에서도 가장 오래되고 이름 있는 동이었다. 어느 해 여름 홍수 때문에 둑이 터져 소작인들이 논을 유실할 위기에 처했는데, 그 이유는 일본인 교장 사사키가 김갑동 동의 아랫 동을 사서 새 둑을 쌓음으로서 물길을 막아버렸기 때문이다. 사사키는 김갑산의 동을 사들이려다 여의치 않자 새 둑을 쌓은 것이다. 사사키는 기어코 김갑동의 동을 인수하여 자기 고향 사람들을 불러 그 논을 경작하게 할 요량이었다.

이 작품에서는 앞서 분석한 생활의 한 토막이나 자의식 방어류 소설과 비교해 보면 투옥 이전 작품의 경향인 현실세계와의 대결 자세가 다시 살아나고 있음을 알 수 있다. 이는 출옥 후 신변소설로만 일관하여온 여느 전향작가와는 다른 한설야 문학의 특징을 드러낸 셈이다. 그리하여 조선 농민의 생명 줄인 농토에 일본인을 불러들여 경작하게 하려는 일제 정책을 소설화한 한설야는 당대에 유일한 현실주의 작가인 것이다. 그래서 그는 전향 후에도 일제로부터 우리의 농토를 지키려는 이런 토착적 작품을 계속 쓸 수 있었다. 또 여느 작가와는 달리 예전에 가졌던 사상이나 원리를 내밀히 지켜왔음은 물론 미래를 향한 자신의 믿음도 버리지 않았음을 엿볼 수 있다.

「부역」은 1937년 2월 15일에 탈고하여 동년 6월 <조선문학> 속간 11호에 발표하였다. 작품 끝에 부기된 “이것은 중편 「탁류」의 제 2부이다. 이것으로도 떨어진 한 개의 단편이 될 줄 아나 제 1부 「홍수」와 다음 편을 아울러 보기 바란다.”로 미루어 「홍수」, 「부역」, 「산촌」은 각각 단편으로 독립됨과 동시에 하나의 중편인 삼부작임을 알 수 있다.

홍수가 나자 김삽산 동(垌)에서 붙여먹고 사는 늙은 소작인들은 기술이네와 같은 젊은이들의 반대에도 불구하고 무턱대고 홍수를 막는 일에 앞장서는 바람에 김갑산에게서 품삯을 한 푼도 못 받고 다시 둑을 쌓는 부역을 하게 되었다. 기술이는 부역을 마치고 소 발목에 생긴 벌레를 죽일 기름을 얻으러 갔다가 돌아오는 길에 우연히 학교 동창생 문근이를 만났다. 거기서 문근이로부터 김갑산 동이 곧 일본인 교장 사사키 소유로 넘어갈 거라는 소식과 사사키는 인품이 훌륭하며 조선인들은 인품이 모자란다는 소리를 듣는다.

전편 「홍수」분석에서 이미 지적한 '사사키는 기어코 김갑동의 동을 인수하여 장차 자기 고향 사람들을 불러 그 논을 경작하게 할 요량이었다.'는 것과 똑같이 「부역」에서도 조선인 소작인 들이 일제의 산미증산정책 때문에 일본인 모범 경작인에게 곧 경작권을 물려주고 쫓겨나야 함을 암시하고 있다. 그 암시가 연상작용을 일으켜 얼굴보다 더 큰 사사키의 왕눈이 자기의 눈에 선해지고 이어 박영감도 범영감도 금순이도 심지어 자기까지도 홍수에 휩쓸려 솜털까지 오싹해지는 연상으로 이어진다. 이 기술이의 연상된 모습이야말로 생명 줄인 땅을 떠나야 하는 소작인들의 모습이 아닐 수 없다. 여기서 우리는 조선인 소작인 계층의 참담한 모습을 연상하면서 그들의 속마음에 도사리고 있을 토착적 기질, 즉 사사키나 일본인 모범 경작인으로부터 수대에 걸쳐 경작해온 농토를 지키고자 하는 가녀린 소망을 떠올릴 수 있다.

「홍수」, 「부역」에 의해 중편 「탁류」의 제 3부작에 해당하는 「산촌(山村)」은 1938년 11월 <조광> 37호에 발표하였다. 바로 앞에서 언급한 「강아지」가 전형적인 신변소설의 졸작이라면 이 작품은 신경향파 작가의 수작인 셈이다. 작가 자신의 소개[21]에 의하면 이 작품은 산간 개간지를 배경으로 했다는 점과 어제의 개간이 아닌 오늘의 개간으로 그리려한 점의 두가지 특징을 갖고 있다. 이 특징은 소작인들이 자기가 벌던 논을 빼앗기는 것은 지주간의 토지매매에 의해서라기보다 조선인을 탄압코자 하는 오늘의 시류가 더 큰 작용이었음을 설명하고 있다. 그리하여 조선의 소작인들이 겪는 고초는 전적으로 일제의 탄압 때문이며, 한설야는 이러한 탄압 속에서도 농토를 지키고자 하는 농민들의 토착적 기질을 그리고자 했던 것이다.

작가 한설야는 KAPF 제 2차 검거 후 다른 전향작가와 더불어 전향하였지만 그리고 출옥 직후 실제로 현실 적응을 위한 신변 소설을 썼지만 여느 전향작가와는 달리 자기가 전에 지녔던 의식을 회복하려는 노력을 계속한다. 그러한 노력이 자의식의 회복을 주제로 다룬 출옥 후의 단편들과 중편「탁류」에 잘 나타난다. 그 중에서도「탁류」를 높이 사는 것은 자의식 회복을 주제로 한 단편들이 대부분 작가 자신의 신념에 대한 회복이나 확인의 과정을 그렸다면,「탁류」는 개인적인 문제를 뛰어넘어 식민지 정책의 일환인 개간사업을 둘러싼 농민계급들의 토착적 기질을 그렸기 때문이다.

「산촌」을 포함한 중편「탁류」에서는 이렇듯 농민계급들의 토착적 기질을 그릴 뿐 아니라 작가가 지녔던 진보성이나 신념을 되찾으려는 노력도 함께 한다. 강한 신념이 드러났는데도 신념회복을 위한 고뇌의 과정이 생략됨으로서 구체성이나 필연성이 결여된「임금」에 비해「탁류」는 농민들의 갈등을 통하여 억압받고 있는 현실을 생생하게 보여주면서 신념을 회복하려 했기에 어느 정도 성공한 것이다. 그러나「탁류」이후에는 다시 신변 소설을 쓰는데, 이는 당대의 탄압에서 살아 남자면 부득이 생활 속이나 과거 회상으로 도피할 방

21) 한설야, "자화자찬"『조광』45호,(작가동맹, 1939), 7.

법밖에 없었기 때문으로 보인다.

「임금(林檎)」은 타락한 전향자의 생활을 그린 단편으로 1936년 3월 <신동아> 53호에 발표하였다.

주인공 경수는 출옥 후 끼니가 간데 없는 처자식을 돌볼 생각은 않고 매일같이 매춘부 복순이만 찾아다니며 술타령으로 세월을 보내는 건달이다. 그에게는 삶의 목표나 의욕이 없는 무기력 그 자체였다. 그러다가 넷째 아들 길호가 건널목(후미끼리)에서 배고파 사과를 주워 먹었는데, 훔쳐 먹었다는 혐의를 씌워 기차역에 끌고 간 사건이 생겼다. 경수는 이 일을 계기로 건널목방 설치 문제를 강력히 들고나오면서 그동안의 무기력에서 벗어나 사회의 부조리나 부정을 직시했던 과거의 모습을 되찾을 뿐 아니라 동료들이 일하고 있는 치수공장에 나가 일할 결심까지 하게 된다. 경수는 여기서 삶의 목표와 의욕을 동시에 찾은 것이다.

그러나 이 작품은 주인공이 다시 적극적으로 현실에 대처하는 인물이 되기까지의 과정에 문제가 있다. 구체적 묘사를 통해 필연성을 얻었어야 할텐데, 작가의 주관에 의한 관념의 표백이나 작가의 의도대로 조정했기 때문이다.

> 요컨데 자기가 『사랏노라』는 것에 대한 자신을 상실하는 데로부터 오는 데키단한 심정이 잇을 뿐이다.
>
> 그러나 작자는 경수의 루-즈한 생활을 표면적으로 이야기햇을 따름으로 그러한 생활심리에 이르기까지의 심각한 고민 또는 탐구의 정신이 한 번은 봉착되엇을 터인 회의의 과정이 없었기 때문에 경수의 그러한 타성은 보람만이 일종의 선천성을 가지고 잇는 거와 같은 환상을 준다. 작자는 좀 더 주인공으로 하여금 오만한 자조와 치열한 부정의 정신에로 잇끌고 들어갓서야 할

> 게다. 이러한 정신적 세계를 창조하지 아니하고 그저 경수의 하향성에로의 결의만을 급속히 내세우려한 곳에 이 작품의 부자연성은 배태되어 잇다.
>
> 말하자면 작자의 주관이 너무 성급히 막 앞으로 나타나는 인상을 전하는 때문이다. 이러한 약점은 주인공 경수로 하여금 실생활에 잇어서는 극히 무력한 존재이면서도 오직 개념의 세계에 잇어서만 훌륭해질 수 잇는 그러한 인물을 만들고 말었다.[22)]

삶의 일차적 수단인 처자식의 끼니조차 해결을 못하는 현실 앞에서 당연히 있어야할 자기자신에 대한 고민이나 회의의 과정이 생략되고 '작자의 주관이 너무 성급히 막 앞으로 나타나는 인상을 전하는 때문'에 이후 변화된 모습의 제시는 단지 작가의 의도 속에 있는 이념적 진실만 전달할 뿐 현실이라는 변화 과정은 온전히 전달되지 못한 아쉬움이 남는다.

후미끼리(건널목)라는 부제를 단「철로교차점(鐵路交叉點)」은 1936년 2월 19일에 탈고하여 1936년 6월 <조광>에 발표하였다.

「임금」에서는 주인공 경수의 넷째 아들 길호가 건널목에서 사과를 주워먹다 도둑으로 몰려 건널목방 설치 문제가 제기되었는데「철로교차점」에서는 박서방의 아들이 건널목에서 치어 죽음으로서 건널목방 설치문제가 부각되어 회사와 담판을 짓게 되는 내용으로 보아「철로교차점」은「임금」의 속편임을 알 수 있다.

주인공 경수는「임금」에서 치수공사장에 나갈 결심을 했는데,「철로교차점」에서는 그 결심대로 치수공사장에서 일하는 노동자가 되었다. 그리고 건널목에서 박서방 아들이 기차에 치여 죽는 사건이

---

22) 안함광, "지향하는 정열의 호곡(號哭) -작가, 설야의 노정을 말함-",(동아일보, 1939), 10. 7-15.

일어나자 이의 해결을 위해 마을 사람의 대표로 철도회사에 찾아간다. 그러나 회사측의 대표인 과장이 회사의 자금 사정 등을 들어 딴전을 피우고 종래는 다른 이야기로 말머리를 돌리려는 미온적 태도로 나옴에 더 강력한 항의를 못하고 경수를 비롯한 마을 대표들은 되돌아오고 만다. 하지만 그들은 그대로 주저 앉을 수만은 없어 주민총회를 열 것을 생각해 낸다. 이 대목에서 잘못된 사회현실에 저항할 줄 아는 경수의 옛 모습을 되찾게해 준다. 아울러 박서방의 환영이 경수의 꿈 속에 종종 나타난 것도 묻혀 있던 경수의 잠재의식이 회복되는 과정이라고 볼 수 있다. 그러나 이런 자의식은 「임금」에서 살펴봤듯이 주인공이 자신의 삶에 대한 통찰이나 고뇌라는 구체적 묘사도 없이 작가의 주관에 의해 다시 적극적으로 현실에 대처하는 인물이 되어버린 것이 문제이다. 말하자면 문제를 해결해 주지 못한 것에 대한 경수의 괴로움은 현재의 문제라기보다는 과거 이념에 대한 것이다. 여기서 우리는 소설의 리얼리티를 맛보기보다는 작가의 관념의 표백만을 만난 느낌이 든다.

'민우는 날이 밝기를 고대하였다. 밤만 얼뜬 밝으면 돋을 사다가 밤을 기다려 쪽제비를 잡고 말리라.'이 구절은 「이녕」의 주인공 민우가 족제비를 잡는 과정에서 자신의 강한 성격을 되찾아 자존심을 회복하고 생활 전선에 다시 뛰어들게 되는 결심을 다지는 소설 끝부분의 지문이다. 이렇듯 한설야의 대표적 전향소설로 꼽히는 「이녕」은 1939년 5월 <문장> 4호에 발표되는데, 갓 출옥한 주인공이 현실생활이라는 벽에 어떻게 반응하는지를 그린 내용으로 「임금」, 「철로교차점」 계열의 작품이다.

주인공 민우는 출옥한 후 현실생활에 적응하지 못하여 보호관찰소에서 소개해 주는 직장에도 나가지 않는다. 그저 집에 놀러오는 동네 여편네들의 잡담이나 들으며 소일하고 있다. 그는 사소한 일에까지 자신감을 표하지 못하는 본인의 성격에 대해 잘 알고 있으며 이에 대한 불만이 여간이 아니다. 그러다가 자신감을 일깨워주는 족제비 사건이 생기고 그때 민우는 비로소 생활전선에 뛰어드는 용기와 적극성을 되찾게 되는 것이다. 다른 전향작가들이 이념과 주체성을 버리고 신변 소설에 묻혀 헤어날 생각을 못하고 있을 때, 유독 한설야만은 자기를 압박해오는 환경들을 과감히 물리치고 「이녕」과 같은 자의식 회복을 주제로 한 소설을 계속 내놓음으로서 전향 후에도 일관되게 신경향파 작가로서의 자부심을 견지해왔던 것이다.

2.3 신변 소설

작가 자신이 '부모가 자식을 얼마나 사랑하는지에 대한 대답이며, 주인공이 자식을 사랑하기 때문에 그가 여태 깨닫지 못한 세상을 보게 되었고 그 모순된 세계에로 스스로 뛰어들어감을 보여준다'고 해설한 「보복(報復)」은 1939년 5월 <조광> 43호에 발표하였다. 위의 해설에서 보았듯이 주인공이 딸 순이에 대한 사랑을 행동으로 강하게 표현한 것을 소설에서 역역히 볼 수 있다. 주인공이 '울기보다 범같이 영악해져라, 악마가 되어라. 난 순이에게 이것밖에 바라지 않는다.'고 아내를 향해 외치는 모습이 그 좋은 예가 될 것이다. 하지만 주인공 종태는 자신과 주변 사람들의 나약함 때문에 오히려 그와 같이 세상을 증오한 것이기에 결코 새로운 세상을 발견하거나 현실의 문제를 올바르게 파악해내지는 못했다. 여기서 작가는 단지 인간들이 지닌 성격의 한 측면만을 파악할 게 아니라 세속적인 것과 어떤 관련이 있는가를 찾아내고 나아가 현실의 복잡미묘함까지도 파악하여 형상화했어야 할 것이다.

> 그렇기 때문에 「보복」에 나타난 증오의 대상은 비단 「계층」에 잇는 것이 아니라 세상의 온갖 속물에로 뻐치어 나갈 뿐만 아니라 그 증오가 가장 투철히 향하여지는 곳은 오즉 나약이란 일점에 잇다. 강인한 열과 생명력을 저버린 비겁과 타협의 세계에 잇다.
>
> 실로 주인공의 참상된 정열의 몸부림 가운데서 우러나오는 「강해라!」라는 부르짖음은 이상한 성격적인 힘을 가지고, 우리에게 전달됨을 느낀다.
>
> 하나 이러한 부르짖음은 외계에 대한 방만불손의 태도인지도 모른다. 동시에 저주이자 하나의 무모한 발악인지도 모른다.[23]

이상과 같은 안함광의 지적은 매우 적절한 분석이다.

「보복」처럼 자식을 매개로 하여 현실의 속물적 성격을 드러내려고 한 「술집」은 1939년 7월 <문장> 임시증간 7호 '기획 창작 32인집'에 발표하였다.

주인공 한민은 자식이 아픈 데도 치료비를 댈 수 없을 만큼 가난한 생활을 하고 있다. 허나 그것보다 더 불만인 것은 일상생활이다. 다시말해 무기력한 현실 생활보다 현실을 극복해내지 못하는 나약한 자기 자신에 대한 분노가 더 큰 것이다. 그래서 타락한 현실 세계임을 알면서도 그 속에서 술로 달랠 수밖에 없었다. 그러나 그런 괴로움 중에도 마음 속에서 만은 정열이 식지 않아 현실과의 거리감이 컸다. 이 주인공의 거리감은 곧 작가 한설야의 고민이기도하며 타락한 현실을 벗어나고 싶은 의식과 벗어나지 못해 좌절하는 30년대 말 지식인들의 모습이기도 하다.

---

23) 안함광, 앞의 논문 (동아일보, 1939),. 10. 7-15.

전향 작가들의 전형적인 소재인 일상생활의 평범한 이야기를 써내려간 작품 「종두(種痘)」는 1939년 8월 <문장> 7호에 발표하였다.

작가의 일상생활이란 가족에 관한 것이 주며 「보복」이나 「술집」에서 이미 자식을 매개로 무기력에서 벗어나보려 했던 것처럼, 자식들의 일이 중심에 서는 것이다. 이런 작품의 경향은 「종두」외에도 30년대 후반의 한설야 소설의 공통적인 특징이다.

주인공 경구에게는 쌍둥이 남아가 있는데 그 중 하나가 애꾸눈이다. 하지만 애꾸눈은 똑똑하고 야무진 데가 있어 동리에서 저보다 큰 아이들과 맞붙어 싸울 정도다. 아버지인 경구는 이 애를 보면 가엾으면서도 한편으로는 대견스럽다. 그러던 중 이 아이들이 학교에 보내달라고 막무가내로 조른다. 아내는 이를 달래려고 종두 맞히려 학교에 데려가면서 입학시키려 데려간 것처럼 속인다. 그 속도 모르는 아이들은 학교에 간다며 무척 좋아한다. 이를 본 경구는 어쩌면 아이들이 학교에 못다닐지도 모른다는 생각에 서운한 마음을 가누지 못한다. 평소에는 아내가 아이들 싸움에 끼어 자식편을 들어주곤 하는 것을 나무라던 경구가 막상 애꾼눈 아들이 다른 애 어머니에게 맞고 들어오자, 그때서야 동네가 떠들썩하게 소리지르며 우리 아이 편을 들던 아내의 모습이야말로 사람이 살아가는 참모습임을 느낀다. 이처럼 강한 아내야말로 작가가 추구하고 싶은 인간상인지도 모른다. 아무튼 「종두」는 신변소설이면서도 강한 자기 주관이 있기에 여느 전향작가의 신변 묘사와는 차별화 된다. 이점이 바로 한설야의 장점이자 「종두」의 장점이기도 하다.

한설야는 초기부터 갖고 있었던 사회에 대한 의식을 전향 후에도 은밀히 지켜왔다. 그러한 증거로 우리는 1936부터 38년 사이에 발표된 중편 삼부작 「탁류」를 든다. 앞에서 분석한대로 이 중편에서는 일제 산미증산정책으로 개답만 해놓고 쫓겨나는 농민의 삶을 보여준다. 죽도록 일해서 농토를 넓혀놓으면 살기가 더 편해져야 할터인데 오히려 생명 줄인 농토를 새로 이주해 오는 일본인에게 고스란히 넘겨주고 농촌을 떠나야 했던 것이 조선 농민의 실태였다. 그러나 한설야는 이런 작품을 계속 쓰지 못하고 「탁류」이후 「보복」, 「술집」, 「종두」와 같은 가족 중심의 일상생활을 소재로한 단편들을 많이 썼는데, 이에서 약간 벗어나 있어 주목을 받는 작품이 「태양은 병들다」이다. 이 「태양은 병들다」는 1940년 1월과 2월 사이 <조광> 39호와 40호에 발표하였다.

어느 노부부의 외아들 명우는 양주 칵테일 잘하기로 이름 난 식당 종업원이다. 그 솜씨 때문에 장사가 잘된다는 사실을 안 다나까라는 사람이 더 좋은 조건을 제시하며 그를 자기네 식당으로 스카웃하려하자 악덕 식당 주인은 옮기지 못하게 달래고 윽박지르다 뜻대로 되지 않자 끝내 뭇매를 가한다. 귀를 많이 다친 명우는 병원치료를 받으나 병세 악화로 마침내 죽고 만다. 아무 힘이 없는 명우 어머니는 다나까의 도움으로 겨우 진단서를 발급 받아 주인을 고발해보지만 주인의 증거 인멸과 매수 등의 간교한 수법 때문에 증거불충분이라는 이유로 패배하고 만다. 이에 노부부는 인생의 허무함을 느낀다. 이러한 내용에서 우리는 세상사의 힘의 논리와 이에서 오는 허무감 정도 외의 의미를 찾기는 어렵다. 중요한 것은 주인공이나 작가가 일상생활 속에 갇혀 있는 자기자신을 바깥세계로 탈출시키려 시도 했다는 점이다. 이때 자신이 직접 바깥세계의 탈출을 이야기하지 않고 아내로 하여금 이야기하게 하는 방식이 이전 소설과 다른 새로운 기법인 것이다. 결국 이 작품의 특징은 자아가 작품의 중심을 이루고 있는 현실세계에 적극적으로 뛰어들거나 투철한 자기 주관을 내세우지는 못했을지라도 맘 속으로라도 강하게 머금고 있었다는 점이다. 이는 자기 자신의 신변만을 그리던 작품들과는 분명 다르다.

「모색(摸索)」은 1940년 3월 <인문평론> 6호에 발표되었다. 이 작품 역시 바깥세계나 현실의 모순 등을 묘사한 게 아니라, 주인공 자신의 생활과 성격, 이에 대비되는 아내의 대찬 성격이 중심 이야기를 이룬다. 이는 같은 시기에 쓰여진 소설의 범주를 벗어나지 못한 것이다.

작가 자신의 분신으로 보여지는 주인공 남식이는 결단력이 없는 나약한 성격 때문에 고민하며 벼라별 공상을 다해보다가 심지어는 미치광이처럼 생각해 보지만 여전히 남 앞에서 떳떳하게 자기 주장을 펴지 못하는 어리숙한 자임을 깨닫을 뿐이다. 그래서 항상 무시당하거나 따돌림 당할 때마다 자책을 하거나 힘만 통하는 속세에 분노해 한다. 그러나 세상은 아무 반응도 없고 자신은 여전히 혼자였다. 자기 자식마저도 아비의 무능을 비웃는 판국이니 더 말해 무엇하겠는가. 그래서 그는 모진 아내의 성격이 부러웠는지 모른다.

> 남식이가 안해에게서 제일 부럽게 여기는 것은 그 말수 좋은 것과 또 비위만 틀리면 누구든지 닥아세는 그 뱃심이다. 뱃심이 아니라 가령 히스테리라고 이름하는 것이라 하더라도 상관 없다. 좌우간 그런 기꼴이 있기만 하면 좀 더 사는 것같이 살아볼 것 같았다.[24]

작가인 주인공은 원고료를 가지고 아내와 함께 '물가가 싸고 물

24) 김외곤 편, 「귀향」(태학사, 1989), p.272

건이 구비하기로 유명한' H부 공급소에 갔으나 홀대가 심하여 아내가 '너이한테 이런 수모를 당한 사람이 나 한 사람뿐이 아닐게다. 앞으로도 그런 버르쟁이를 고치지 않을거니 소장한테로 가자, 너이 같은 점원은 그대로 둘 수 없다.'고 싸울 때에도 한마디 거들지 못하고 귀가하면서 사람이 산다는 게 얼마나 어려운 일인가를 생각한다.

이렇듯 현실세계에 대한 경멸과 조소를 자기 자신으로 돌릴 때 현실세계를 극복하고자하는 힘은 약해질 수밖에 없다. 다시말해 개인의 성격 때문에 현실에 대한 비판을 포기한다면 작품의 현실성은 외면 당하고 만다. 개인의 성격문제가 올바로 그려지기 위해서는 반드시 사회의식이 바탕에 깔려 있어야 한다. 곧 사회의식이 한 개인의 성격을 어떠한 영향력을 발휘했는가를 밝힐 때, 작품이 현실적 설득력을 얻을 것이다. 이런 의미에서 「모색(摸索)」은 실패작이다.

「보복」, 「술집」, 「모색」 등과 마찬가지로 자기 가족들을 중심으로 서술한 소설 「숙명(宿命)」은 1940년 11월 <조광> 61호에 발표하였다. 가족사나 가족 중심의 이야기를 포함한 일상생활을 서술한 소설들은 작가가 사회현실에서 아무 것도 찾아내지 못하고 이상과 현실 사이의 틈만 벌어져, 이에서 필연적으로 나타나는 사상성의 빈곤이 소설에 반영되는데, 그 대표적인 것이 자신의 내면세계로 파고 들어가, 거기서 자기만의 세계를 찾거나 찾지 못하여 절망하고 마는 냉소주의와 자기의 감정이나 생각은 묻어두고 주위 환경이나 세상사를 이야기하는 신변 소설이다. 이런한 '이상과 현실의 괴리'는 한설야가 카프 해산으로 강제 전향한 때부터 시작된 것이다. 그리하여 그후 작품에서는 현실을 비판하거나 그의 이상을 반영하는 이야기는 「탁류」를 빼면 거의 없다. 그 대신 가족사나 자기 내면세계를 그리는 소위 자의식 회복만이 있을 따름이다.

그런데 「숙명」에 오면 그 제목이 암시하듯 자신의 나약함을 경멸하거나 조소하는 것마저 사라져 간다. 이는 자기자신의 내면세계를 파고드는 열정마저도 식어가는 징조다. 실제로 「숙명」이 쓰여진 1940년은 제2차 세계대전이 한창인 때였고, 조선에서도 강제 징병이 시행되던 때여서 모두에게 끝이 안보이는 절망의 시기였음을 감안하면 한설야도 예외일 수만은 없다. 하지만 한설야는 다른 전향작가에 비해 식민지 상황에서도 사상적 일관성을 견지해온 작가로 평가되고 있으며, 개인적으로도 고집이 센 토착적 작가라는 이미지를 갖고 있음을 고려할 때 그다지 않은 작품이다.

「파도(波濤)」는 1940년 11월 <신세기>에 발표하는데 한설야의 의식이 끝났음을 말해주는 소설이다.

주인공 박명수는 한 치의 앞이 안 보이는 지하실에서도 내일에의 희망만은 저버릴 수 없는 의식의 막다른 골목에 이르른 인물이다. 그는 세상 사람들을 피해 변두리에 숨어 살면서 작품만 쓰며 지내고 있다. 그의 눈에는 세상만사에 대한 불신감 뿐이며 그 불신감은 가까운 친구마저도 믿지 못하게 하여 그들이 자기집을 알고 찾아올까 조바심나게 한다. 더 나아가 재혼한 아내의 정절마저 의심하여 이를 추궁하다 부부싸움을 한다. 그리하여 자신의 자패증같은 응어리를 풀기 위함인지 아내의 머리카락을 잡아당기는 추태까지 부린다. 이런 행동은 자의식이 의처증으로 비화되며 그 비화의 심화는 마침내 자포자기로 나타난다. 이처럼 한설야는 「파도」를 정점으로 가족사, 내면세계, 일상생활 등의 무의식적 묘사에 수렁처럼 빠져들고 만다.

「아들」은 1941년 1월 <삼천리> 140호에 발표하였다.

기수는 아버지가 못다한 공부를 아들인 자기에게 시켜 대리 만족하고자하는 아버지 학선의 간절한 소망을 저버리고 중학교 입학시험에 두 번이나 떨어진다. 그리고 아예 공부는 포기하고 동무들과 어울려 노름이나 하는 타락한 모습을 보인다. 그러다가 언뜻 정신이 들었던지 어느 가게에 취직하여 월급을 타오지만 이번에는 아버지인 학선이가 아들 기수가 번 돈으로 술을 마셔버린다.

자기자신이 이루지 못한 삶을 아들에게 바라기도 하며 잘못된 세상에 분통을 터트리기도 하는 그의 행동은 무엇을 의미하는지, 작가는 대답하지 않는다. 하지만 세상에 대한 무조건적 반항이나 소신 없는 반항은 아무 것도 전할 수 없음을 암시하고 있다. "술 사먹었어. 술……" "잘 했오. 잘 했어…… 어린애가 빼빠지게 벌은 돈을 진탕 처족였으니, 장하오." 이런 마지막 부분의 행동은 진지한 삶의 고뇌가 아니기에 어떤 식으로 듣지 이해하기 어렵다. 따라서 소설 「아들」은 주제의식이 없는 평범한 일상생활의 모습을 차례대로 기술해간 것에 불과하다.

「유전(流轉)」은 1941년 4월 <문장> 25호에 발표하였다. 그 내용을 한 마디로 요약하면 어떤 남녀가 사귀다가 헤어지게 되는 과정이다. 이런 작품에서는 어떤 사회적 가치를 찾을 수 없다.

주인공 명준이는 처음 정식과 혜선을 만났을 때 그들이 부부인줄 알았으나 그게 아니라는 사실을 알고난 뒤부터 그 둘의 관계에 깊숙히 관여한다. 하루는 혜선이가 자살 소동을 벌렸는데 이를 안 명준이가 혜선이를 보현암으로 보낸다. 그런 후로 명준이는 혜선이가 자신을 몹씨 그리워하고 있다는 것을 알면서도 다시 만나려 들지 않고, 오히려 그녀를 서울로 떠나 보낸다. 그리고 정식에게서 혜선이가 자기의 부인이 아니라 자기 친구를 사모하던 여인이었음을 알게된다. 그때 명준이는 돈을 주어 정식을 서울로 떠나게 한다. 그러니까 이 소설이 시도하는 주제는 인생유전, 즉 회자정리(會者定離)요, 거자필반(去者必反)이라는 불경 말처럼 인생은 만남과 헤어짐의 연속이라는 것이다. 한설야의 데뷔작 「그날밤」의 주제도 이와 비슷하다. 「유전」과 「그날밤」을 비교해보면, 인물과 배경이 다를 뿐 주제, 구조, 줄거리가 모두 비슷하다. 즉 「유전」은 「그날밤」을 개작한 것이라고 볼 수 있다.

지금까지의 자신이나 가족 중심의 이야기와는 사뭇 다른 작품인 「두견(杜鵑)」은 1941년 4월 <문장> 25호에 발표되었다. 이미 「태양은 병들다」에서 시도한 바처럼 작가는 내부세계에 머물러 있기에는 너무도 열정이 강해 그를 바깥 세상으로 드러내놓은 것이다. 그러나 의욕만 앞섰지 바깥 세상을 총체적으로 파악할 만큼 성숙하지는 못했다. 이때 한설야의 작가의식은 앞에서 분석한 소설 「숙명」, 「파도」 등에서 삶에 대한 패배를 토해낸 후였기에 바깥 세계를 묘사함에 있어 본질을 추구하지 못하고 현상만을 기술할 수밖에 없었다. 본질추구란 죽음에 이르는 필연적 과정의 묘사를 말하는데, 이 소설에서는 단지 그 죽은 사람이 살아온 이야기나 장례식 때 일어난 작은 일들만 기록하고 있는 것이다.

주인공 세형은 안민씨가 죽은 이유를 모르면서도 알 일 같다는 생각에 기분이 언짢은 듯하다가 바로 다음 날에 언짢은 생각이 말끔히 사라지고, 문상 온 안민씨 S학교 제자가 오히려 소설의 중심에 놓이게 된다. 이와 같이 이야기가 왔다갔다하는 것은 작가가 일관된 자의식과 뚜렷한 이상이 없이 현상적인 삶의 파편들만 바라보고 있음을 의미한다. 결국 「두견」은 비록 바깥 세상으로 눈을 돌리기는 했어도, 신경향파 성향이 시들하던 때의 작품 중의 하나로 평범한 일상사를 그대로 기술한 것에 지나지 않는다.

「세로(世路)」는 1941년 4월 <춘추> 3호에 발표하였다. 한설야는 「세로」발표 후에도 해방이 될 때까지 「피(血)」, 「그림자(影)」, 「젖(乳)」등 세편의 소설을 발표하였으나 이는 모두 일본어로 쓴 것이기에 「세로」가 한글로 쓴 해방전 마지막 소설이다.

이 작품은 주인공 형식이 다니던 신문사에서 일어난 사건들이 주류를 이룬다. 형식이 다니던 신문사 사장은 신문사에 자기 심복을 심어 자기 마음대로 신문사를 요리할 요량으로 그동안 경영에 많은 도움을 준 편집국장을 내쫓는다. 이에 대해 형식은 심한 분노를 느껴, 편집국장 송별회에서까지 사장을 두둔하며 아첨을 떠는 R을 두들겨 패준다. R은 편집국장을 쫓아내는데 앞장선 댓가로 편집부장 자리에 오른 인물로 원래는 형식의 동지였다. 오직 출세에 눈이 어두워 동지마저도 버리고 변신한 R을 보고 분노를 느끼던 참에 술이 들어가자 더 이상 참지 못하고 두들겨 팼던 것이다. 일이 그 지경에 이르자 형식은 서울에서 더 이상 살지 못하고 시골로 향하는 기차에 몸을 실었는데, 공교롭게도 그 기차 안에서 R를 만나게된다. 둘은 그 동안의 앙금 때문에 서로 모른 척하지만, 그때 형식은 R과 자신과의 관계를 요모조모로 생각해보고 또 입장을 바꾸어서도 생각해본다. 그러나 자신에 대한 성찰은 해보지 못하고 지금의 자신에 희망을 느끼면서 자족하고 만다. 대국적인 견지에서 보면 분명 형식의 생각과 행동이 옳다 하겠지만 술의 힘을 빌어 폭력을 구사한 것까지 합리화한 것은 자신에 대한 지나친 믿음이다. 그렇다면 형식은 자기 주관에 사로잡힌 인물로 분류될 수 있다. 따라서 형식은 객관적 현실을 모색 하지 못하고 관념화된 자기 주관에 함몰되기 마련이다. 즉 주인공 형식은 작가 한설야가 떨구지 못하는 관념성을 대변한 인물인 셈이다.

이상에서 전향 후 쓰기 시작한 전향 소설, 진보적 소설, 신변 소설 등 단편 21편을 대상으로 한설야 소설이 어떠한 양식으로 나타났는가를 살펴보았다. 이를 요약하면 다음과 같다. 출옥 직후에는 전향소설을 쓰면서도 자신을 둘러싼 현실세계 즉, 농민들이 겪는 고통에 대한 관심을 갖고 있었다. 다른 전향작가들은 감히 엄두도 못 내는 일이라할 수 있다. 그 중에서도 가장 특이한 것은 다들 좌절하는 어려운 시기였음에도 그만은 미래에 대한 낙관과 이상추구를 형상화한 것이다. 그러나 한설야는 일상적 극복을 통해 새로운 생활을 시작한 「이녕」이후, 주인공의 생활을 작가의식으로 이끌어내지 못하고 점차 일상적인 데나 가족사 중심으로 빠져들고 만다. 즉 전향후 단편은 신변 소설에서 진보적 소설을 거쳐 다시 자포 자기에 이르는 극단적인 신변 소설로 되돌아 오고 말았다.

Ⅳ. 처녀 장편 『황혼』의 작품세계

흔히 1930년대 후반기의 가장 문제적인 작가로 한설야를 든다. 또 한국 프로 문학의 역사적 전개과정에서 가장 문제적인 소설로 『황혼』을 들기를 주저하지 않는다.[1)]

『황혼』은 1936년 2월 5일부터 10월 28일까지 205회에 걸쳐 조선일보에 연재된 한설야의 처녀 장편이다. 1925년 1월 <조선문단>에 발표한 데뷔작 「그날밤」이래 20여 편의 단편을 창작한 가운데 「과

---

1) 이상갑, 「1930년대 후반기 창작방법론 연구」(고려대 박사학위논문, 1994), 참조.
특별히 주를 달지 않은 『황혼』의 작품세계는 한설야 자신이 쓴 글은 물론 다음의 글들을 참조했다.
정은희 편, 『황혼』(동광출판사, 1989).
백성우, 「한설야의 『황혼』에 나타난 갈등 구조의 고찰」(조선대 석사학위논문, 1989).
장성수, 「1930년대 경향소설 연구」(고려대 박사학위논문, 1989).
이상갑, 「1930년대 후반기 창작방법론 연구」(고려대 박사학위논문, 1994).
장상길, 「한설야 소설 연구」(서울대 석사학위논문, 1990).
김재영, 「한설야 소설 연구」(연세대 석사학위논문, 1990).

도기」등에서 이루어온 현실 형상화 성과가 총체적으로 집약된 작품이 『황혼』이다.

이 작품의 줄거리는 다음과 같다.

여순(麗順)은 농촌 출신의 고아인데 향학열에 불타 고학으로 여자고보를 다니면서 자본가인 김재당 집에서 가정교사를 한다. 하지만 김재당의 딸 경옥이가 입학시험에 떨어져, 쫓겨날 지경에 이르자 김재당의 아들 경재는 그녀를 신흥 자본가인 안중서가 경영하는 Y방직회사에 여비서로 취직시켜 준다. 이를 계기로 두 사람 사이에는 사랑이 싹튼다. 경재는 한때 급진 사상에 빠졌던 적이 있는 청년이며 동경 유학까지 다녀온 지식인이다. 또 유학시절에 이념적 동지로 만난 안중서의 딸 현옥과는 이미 약혼까지 한 사이이다. 그러나 현옥이 천박할 정도로 물질적 향락에 빠져들자 그녀를 멀리하고 여순이와 가까워진다.

한편 파산지경에 이른 김재당은 안중서에게 회사를 넘기고 나서 재기의 수단으로 아들 경재와 현옥의 결합을 노린다. 그리하여 갖가지 방법으로 경재에게 압력을 가한다. 결단력이 부족한 경재는 이러지도 저러지도 못해 무기력과 자괴감에 빠져들고 그 사이에 있는 여순은 심각한 갈등을 겪는다. 더구나 음흉한 안중서의 유혹마저 겹쳐 그녀의 고통은 가중된다. 급기야 여순은 안중서에게서 강간당할 뻔하다 이를 간신히 피한다. 이 지경에 이른 여순은 자본가들에 대한 혐오감 때문에 사표를 내지 않을 수 없게 된다. 그 후 여순은 고향 친구인 준식의 영향으로 노동자의 길을 걷게 된다. 준식은 중학교 중퇴라는 학력밖에 없는 Y방직회사 직공에 불과한데도 동료들의 신망과 지지 속에 노동 운동을 선도하는 인물이다. 그는 회사가 새 기계 도입이라는 핑계로 감원을 획책하자 이에 맞서 싸울 계획을 세운다. 이를 눈치챈 안중서는 운동 노선의 차이로 준식과 갈등이 잦은 동필과 여성 노동자들에게 상당한 영향력이 있다고 보여지는 여순이를 회유해 보지만 실패하고 만다. 이럴 즈음 여순은 우유부단한 경재에 대한 미련을 버리고 차라리 충실한 노동자의 길로 나아갈 것을 다짐하며 선진적 노동자인 준식을 돕기 시작한다. 안중서와 직공 간의 대립은 '건강진단' 사건을 계기로 첨예화하고 직공들은 마침내 집단행동에 나선다.

경재는 여순과 헤어진 후 한낱 현실 순응주의자로 전락하고 만다. 그런 경재가 우연히 회사에 들렀다가 사장실로 쳐들어오는 노동자들과 공교롭게도 마주친다. 그는 순간 어두워가는 '황혼'에 선 자기 자신을 똑똑히 발견하게 된다.

이상의 줄거리에서 보듯이 『황혼』은 노동계급의 전위로 성장해 가는 여순의 삶을 주축으로 안중서와 김재당의 일가로 대표되는 자본가 계급과 선진 노동자 준식을 비롯한 여순의 공장 동료들로 대표되는 노동 계급에다, 김재당의 아들 경재와 그 친구들로 대표되는 방황하는 중간 계급으로 그려져 있다. 따라서 『황혼』은 단순한 노동자만을, 또는 노동자와 자본가의 대립만을 그린 소설이 아니다. 1930년대를 살아가는 세 계급 즉, 자본가, 노동자, 중간 계급[2)]의 삶을 총체적으로 형상화함으로서 타 계급과의 갈등 속에서 한껏 성장하는 노동자의 힘을 드러내주는 소설이다. 나아가 앞으로 다가올 시

2) "기존의 연구에서는 중간층이라는 말이 많이 사용되고 있는 듯한데 이 개념은 계급적 중간을 의미하는 듯한 오해를 낳을 수 있는 말이다. 이러한 개념으로 파악되고 있는 대표적 인물이라고 할 수 있는 여순과 경재는 경제적 의미의 중간층은 아니다. 굳이 경제적 기초를 따진다면 경재는 자본 집안의 자식이고 생활은 부모에 의존하고 있다. 여순은 무산 계층에 속한다고 할 수 있으며 소시민에의 가능성만을 가지고 있는 상태다." 김재영, 「한설야 소설연구」(연세대 석사학위논문, 1990). p.23.

대와 사회에 대한 사회주의적 전망을 확고히 하고자 한 문제적인 장편이다.

이 점을 근거로 하여 여기서는『황혼』에 등장하는 인물들의 계급적 성격을 분석하여 그 계급들 간의 갈등이 어떻게 작품 속에 그려져 있는가를 중점적으로 살펴보되, 방황하는 중간 계급의 위치와 역할, 갈등구조 속에 나타나는 노동자의 계급의식과 행동 양식도 더불어 살펴보고자 한다.

1. 인물의 유형과 갈등 구조

독자들은 소설에 표현된 인물들이 환경에 어떻게 대응하는가 혹은 작중 인물들끼리의 갈등이 어떻게 전개되고 해결되어가는가에 관심이 집중된다. 따라서 리얼리즘 소설 연구의 중심은 인물의 유형이나 인물이 보여주는 세계에 대한 전망, 나아가 인물의 갈등 구조일 수밖에 없다. 그 중 프로문학에 등장하는 인물의 경우는 필연적으로 계급의 전형화, 계급 간의 갈등 문제가 드러나게 되어 있다.

『황혼』도 이 범주를 벗어날 수가 없다고 본다. 따라서 갈등 구조를 분석하기에 앞서 작중인물들의 계급적 위치와 성격부터 따져보고자 한다.

1.1 인물 유형

『황혼』은 종래 단편양식의 노동자 소설에서 유형화된 자본가-노동자 관계의 이분적 인물 설정과는 달리 자본가계급[3], 노동자계급,

중간계급의 세 계급으로 나누어 설정하고 있다. 이러한 인물 설정은 당대 사회의 객관적 반영으로 보이는데, 여기서는 각각의 계급에 해당하는 인물은 누구이며 그들의 계급적 성격은 어떠한가를 밝혀보고자 한다.

1.1.1 자본가

『황혼』에 등장하는 자본가 계급으로는 몰락하는 구시대의 자본가 김재당과 시대 조류를 타고 새롭게 일어서는 예속자본가 안중서로 대표된다. 약삭빠른 안중서는 전쟁 통에 금광에서 떼돈을 벌어 김재당의 방직공장을 인수한다. 그는, 구시대 방식으로 공장을 경영하다가 파산한 김재당과는 달리 최신 설비 투자를 위한 인원 감축을 꾀하고 여름철 생산고를 높이기 위해 포상 제도를 만들어 유인하는 등 온갖 착취를 자행하며 심지어 숙련공까지 해고하기 위해 건강진단을 하는 등 소위 '산업합리화'를 감행한다. 아울러 노동자 조직을 파괴할 목적으로, 운동 노선의 차이로 준식과 자주 다투는 동필을

---

3) "학자에 따라서는 '계급'과 '계층'을 동의어로 사용하기도 하지만 일반적으로 엄격하게 구별해서 쓰는 경우가 많다. 예컨대 탈코트 파슨즈 같은 사회학자는 '계층'은 사회의 分化序列이고 '계급'은 同地位者의 총체라고 구분하고 있다." 김영모, 「현대사회계층론」(한국복지정책연구소, 1982. p.5) 참조. "마르크스는 계급의식을 갖지 않는 계급을 '계층' 또는 '대자적 계급'에 대비되는 '즉자적 계급'이라 규정하고, 그 성원들이 계급의 이익을 의식하고 유대를 느낄 때 '계급'이라는 개념이 성립할 수 있음을 강조하였다." S. 오소브스키, "개념의 역사와 다양성". 『계급이론과 계층이론』, 한상진 역 (문학과지성사, 1987) ,p.36 참조. " '계급'은 실체가 뚜렷한 성격의 개념이고 절대적 · 대립적계 를 전제하는 것임에 반하여 '계층'은 분류적 · 조작적 구성물에 불과하며 집합의식이 존재하지 않는다" 김채윤, "사회 계층 개념의 연구", (성곡논총 6, 1975), p.p.252-254, "사회계급의 개념도식" (사회학논총 1, 1964), p.24 참조.

매수하려고까지 한다. 이러한 안중서의 노동 착취행위는 모두가 일본 상공시찰단 여행에서 받은 영향이라고 볼 때, 이는 단순한 개인 차원이라기보다 일제 식민정책에 따른 주구 역할이었던 것이 명백하다. 그러니까 1930년대 산업 공황을 '산업합리화'라는 미명 아래 고스란히 노동자에게 부담지워, 조선인 자본가 대 조선인 노동자라는 계급 모순을 불러일으키게 한 고등정책의 앞잡이였던 것이다. 안중서는 사생활에서도 전형적인 천민 자본가로서의 타락상을 유감없이 내보인다. 예를 들면 기생 소실을 둘이나 두고도 비서인 여순이를 겁탈하려다 실패한다거나 정님을 농락하고 버리는 등이 바로 그것이다. 그래서 안중서는 자본가 계급의 전형적 인물로 표현되고 있다.

한편 김재당은 새 역직기 도입과 같은 최신설비투자 정보에 어두워 구태의연하게 방직공장을 경영하다가 파산한다. 그 결과 한평생 누려오던 부귀영화를 한꺼번에 잃게 됨은 당연하다 하겠다. 이 지경에 이른 김재당은 파산을 모면하려면 동경 유학시절부터 사귀고 있는 아들 경재와 안중서의 딸 현옥을 서둘러 결혼시켜야 한다고 생각한다. 그래서 결혼에 장애가 되는 여순에게 돈봉투를 내미는 추태까지도 서슴지 않는다.

이상과 같이 자본가 계급의 전형으로 분류되는 인물들을 정은희 편 『황혼』(동광출판사, 1989)을 텍스트로 삼아 구체적으로 살펴보고자 한다. 우선 안중서의 경영관이나 노동착취의 형태, 속물 근성 등을 고찰하고자 한다.

안중서는 '금광으로 졸부가 된 사람이니만치 통이 크다. 그래서 아직 구식인 이 공장의 면목을 일신하여 대뜸 근대식 공장을 만들려고 들었다.' 그러니까 현대 악덕 재벌이 갖고 있는 무리한 확장식 경영관을 그때 벌써 갖고 있었음을 엿볼 수 있다. 새 기계를 들여와 근대식 공장을 건설하고자 하는 저의는 '기계를 일신하는 동시에 사람까지를 일신해야' 한다는 노동자 탄압과 임금 착취에 있었던 것이다. 그리고 이 모든 수법을 '일찍 일본 상공시찰단에 끼어서 신호(고오베), 대판(오사카), 명고옥(나고야), 동경(도쿄) 등지를 시찰 갔을 때 어느 공장주임에게서' 배워 옴으로서 안중서는 일본 식민정책의 주구를 자처한 것이다.

> "여름 한철이 제일 작업 능률이 덜 나는 때고, 또 마음이 해태해지는 때니까, 이것을 방지하는 동시에 생산고를 올리기 위해서 하기경품제 같은 것을 채용했으면 어떨지요?"(중략)
> "그리구 이 방법은 또 한 가지 유리한 조건이 붙게 됩니다. 즉, 이 방법을 채용하는 동시에 능률 정도와 근태 상황과 건강 상태를 따로 조사해 두었다가 후에…… 새 기계를 들여 놓을 때 사람을 정리하는 데 참고로 쓰면 일거양득이 될 겁니다. 불평이 있다 하더라도 물적으로 증명하는 게 있는데 어찌합니까."(p.p. 132-133)[4)]

안중서는 거기에 머물지 않고 공장주임과 더불어 한동안 온 나라가 떠들썩하던 변형 근로제 등의 노동법 개정 파동과 맞먹을 만한 '하기경품제'를 구상하고 있다. 노동자의 입장은 아랑곳하지 않는 비정한 사장이다. 그것도 모자라서 정리해고를 염두에 둔 건강진단이라는 잔꾀를 곁들이려는 것이다. 한마디로 노동착취를 위해서라면 수단 방법을 가리지 않는 악덕 재벌이다. '대관절 이놈이 어떻게 해

---

4) 정은희 편, 『황혼』(동광출판사, 1989). 이하 자료로써의 인용문은 각주 없이 이 책의 페이지만 밝힐 것임.

주면 좋을까? 모조리 처치를 해버리기라도 할까? …… 그는 묵묵히 앉아서 이렇게 쓰린 가슴을 짜고 있었다. 그러나 자기 자신에게 미칠 손해를 불구하고라도 지금의 격노를 풀기 위해서 마지막 수단을 취하기에는 그의 욕심이 너무 강하다.' 이렇듯 안중서에게서 삶의 의의는 오직 이익추구에 있다 해도 과언이 아니다. 손해 날 성싶으면 끓어오르는 분노마저도 삼키며 자기 감정을 속여야 하니까. 이는 자신의 이익추구를 위해서라면 노동착취나 노동탄압 따위는 물론 권모술수도 식은 죽 먹기라는 식의 암시라고 볼 수 있다.

> 사장은 껄껄 웃으며,
> "말하자면 영업에는 아무 것도 없네. 그러니 내 회사 사람이라고 필요 불필요를 막론하고 언제까지든지 먹여 살린다는 의무는 없는걸세."
> 하고 결론을 지었다.(p.404)

회사 운영의 필수 계급인 노동자들을 한 인간으로 인정하지 않고 머슴이나 기계 부속품 정도로 여겨 아무 때나 필요에 따라 갈아 치울 수 있다는 생각이다. 인간과 기계 부속품을 구분하지 못하는 안중서의 인간관이 들어나 있다. 노동자를 만만하게 보는 안중서의 노동자관은 '자기가 일장의 웅변을 토함으로서 그들이 백기를 들고 물러가 버리는 장쾌한 장면도 연상하'는 대목에 오면 권위주의의 극치를 이룬다. 이는 조선조 때 양반과 상민 두 계급 간의 지배와 복종의 엄격함이나 서양사회에서 흔히 볼 수 있는 흑백 인종 차별에 비유된다. 노동자에게 보장해줘야 할 최소한의 법적, 윤리적 의무마저 내팽개치려는 얌체 자본가상이라 아니할 수 없다.

> 그는 첫째 여자의 몸을 본다. 더욱 그 가는 허리와 그 아래의 평퍼짐한 곡선을 …… 그래서 여기다 초점을 두어 가지고 그 다음으로 얼굴을 쳐다보고 종아리를 내려다본다.
>
> "됐어"
>
> 하고 그 다음에는 손으로 여자의 육체미를 감상하는 버릇이 있다. 자기의 체면이고 상대자의 감정 여하를 생각하지 않는다.
>
> 하나 사장의 자리에 앉아 있는 동안만은 그렇게 할 수 없다. 해서 여순에게는 퍽 점잖은 체를 빼고 말도 삼가한다.
>
> 그러나 날이 가고 달 바뀌는 사이에 그의 배냇버릇은 여순에게로 움직이게 되었다.(p.p.67-68)

안중서의 노욕은 거의 동물적이다. 소실을 둘씩이나 두고도 모자라서 까페나 빠에 들러 모던걸과 어울려 홍등녹주로 향락에 빠져들곤 한다. 그러다가 종래에는 여체에 빠져 허리와 그 아래 곡선, 종아리를 감상한 후 '그 다음에는 손으로 육체미를 감상하는 버릇이 있다. 자기의 체면이고 상대자의 감정여하를 생각하지 않는다.' 그것만으로 양이 안 찬 안중서는 마침내 여순이를 정복할 계획을 세우고 여순을 겁탈할 동물적 쾌락을 꿈꾸기에 이른다. 그러나 여순이 '문을 잠그라고도 하고 딴 데로 가자고도 해가면서 안락의자를 슬슬 밀어 가지고 가다가 그의 앞을 확 막아 버리고 부리나케 문을 밀고 뛰어나'오는 바람에 그만 실패하고 만다. 안중서는 이렇듯 자본가의 속물적 가치관을 대변해 주는 인물인 것이다. 이는 시대적 상황을 그대로 반영하기 위해 설정된 인물이기는 하지만, 한편으로 부르조아에 대한 반감의 표시요, 나아가 노동자를 긍정적 인물로 묘사하기 위한 상대적 결과라고 볼 수도 있다. 이런 식의 인물 설정에 나타난

도식성이나 몰개성적 성격창조라는 뻔한 약점에도 불구하고 안중서의 성격묘사는 자본가 계급을 전형적으로 표현하는 데는 일단 성공적이라고 보아진다.

이제 안중서 다음으로 자본가 계급을 대표할 인물인 김재당에 대해 살펴보고자 한다. 자본가 김재당은 구태의연한 경영을 하다가 파산지경에 이르러 안중서의 도움 없이는 재기가 어려운 형편이다. '경재와 안중서의 딸 현옥이와는 이미 약혼한 사이다. 물론 경재가 좋아서 약혼했던 것이지만 애초에는 그처럼 반대하던 아버지가 지금 와서 재촉하다시피 하는 것이라든지 또는 이번 회사일과 혼인문제를 연결시키려는 것이 경재에게는 저으기 불쾌하였다.' 이렇게 아들의 불쾌감까지 감수하면서 현옥이와 약혼한 사이라는 사실을 미끼로 안중서의 도움을 이끌어내려 한다. 이 과정에서 김재당의 사람됨이 쉽게 드러난다. 안중서의 환심을 사기 위해서는 과거의 자존심도 버리고 굽실거림은 물론 자식의 혼사문제까지 이용을 서슴지 않으며 나아가 그 혼사에 걸림돌이 되는 여순을 제거하기 위해 '여순이가 잠자코 있는 사이 호주머니를 들추더니', '두말 말고 내 말대루 하우…… 자아, 이거 많지는 못하오만 받아두우.' 하고 돈봉투를 내미는 속물근성을 내보이고 있다. 또 김재당은 방법을 달리하여 딴에는 부드러운 소리로 이제 늙어서 자식에게 의지할 수밖에 없다는 식의 회유를 해보는 것이다. '바루 그 사람(현옥)이 좀 뭣한 점이 있어서 낭중에 다른 사람을 따로 어찌할 법은 있다구 하더라두…… 그리구 남자란 출입하려면 자연 이런 수도 있고 저런 수도 있는 거니까……' '젊어서 외도께나 착실히 하고 또 그것을 별로 인도에 어그러진 일이라고 생각지 않는 아버지는' 아들의 마음을 돌이켜 세우기 위해 아들의 외도까지도 조장하려는 추태를 보이고 있다. 그만큼 김재당은 절박한 것이다.

평생을 풍족한 생활 속에서 지내다가 갑자기 파산하여 돈 많은 안중서에 동정을 받으려 애걸복걸하거나 자식의 혼사문제를 유일한 구제책으로 삼으려는 김재당의 묘사는 부루조아의 부정적인 이미지인 자본가계급이 망해가는 모습과 신흥자본가와 구식자본가를 대조시켜 보이려는 의도인 것 같다. 어찌되었던 김재당의 부정적인 인물묘사는 안중서의 경우처럼 작위성이 훤히 드러나 보임에도 불구하고 자본가 계급의 전형을 형상화하는 데는 성공한 것으로 보인다.

1.1.2 노동자

『황혼』에 등장하는 노동자 계급은 안중서가 경영하는 Y방직회사의 직공들이다. 이들 중 각각의 성향을 대변할 만한 인물들로는, 탄탄한 이론 무장에다 뚜렷한 계급의식을 갖고 노동운동을 선도하는 준식이와 가장 고참 노동자이면서도 현실 순응과 화합 또는 점진적인 복지증진이라는 미명을 앞세운 어설픈 개량주의자 동필이, 연애상대를 노동자인 학수에서 털보 공장주임으로 다시 사장으로 바꿔가다 농락만 당하는 무소신의 여학교 퇴학생 정님이 셋이다. 그 외의 노동자들 예컨대 학수, 녹샤쿠 낙범(키보), 말라깽이 기태, 옥남이, 복술이, 분이 등은 이 세 인물을 그리기 위한 보조인물들이다. 따라서 『황혼』에서의 노동자의 모습은 이 세 인물을 중심으로 전개된다고 볼 수 있다.

> 동필이는 이 공장 설립 당시부터 있는 맨 오랜 직공일 뿐 아니라 과거에는 여러 사람의 리더로 인기를 일신에 집중하고 있던 사람이다. 그러던 것이 몇 차례 곤욕을 겪고 나서 그런지 또

> 는 고급을 받게 되어서 그런지 차차 열이 식어져서 지금은 먼장에서 슬슬 배돌고만 있어서 신망이 적지않게 떨어져 버렸다.
>
> 그대신 준식은 그보다 연조가 짧고 나이도 어리나 얼마 전부터 동필이와는 반대로 인기가 올라가고 있다. 더욱이 새 사장이 취임한 이래 장차 올 혁신에 따른 여러 가지 문제를 간파한 그의 의견은 그 누구의 의견보다도 일반의 신임을 받게 되었다. 그리하여,
>
> "우리는 어찌하든지 현재의 경우를 잃어서는 안 된다. 그리기 때문에 늘 그 범위내에서 행동을 신중히 해야 한다."
>
> 하는 동필의 의견과,
>
> "앞길을 몸소 개척할 노력과 예비가 있어야 한다."
>
> 하는 준식의 의견은 정면으로 대립하기에 이르렀다.(p.138)

한 마디로 노선의 차이이다. 준식이와 동필이는 노동운동 입장에서는 어디까지나 동지이다. 단지 개인적인 의견이 다르거나 강경노선이냐, 온건노선이냐의 차이이다. 동필이는 현실과의 적절한 타협 속에 노동운동을 전개하려다 보니까 다소 의심 받을 만한 점이 있어, 준식이 중심의 선명한 깃발을 든 노동자들에게 따돌림을 받을 수밖에 없었다. 그러나 그 스스로는 '직공의 실질적 이익을 위해서 노력하는' 사람이라 믿으며 이를 인정해 주는 '분이' 같은 동지도 있는 것이다. 어디 그뿐인가 내심 '지금은 비록 침묵을 지키고 있다 하더라도 일단 유사시에는 그 누구보다도 과감히 일어나 보이리라'는 결의를 다지고 있다.

> "요새는 학수가 불쌍하드라. 동무들한테도 호감을 사지 못하다가 털보한테 밀려서 그리로 가 있게 되자 또 부상까지 당했으니……"
>
> "그래도 뭐니 뭐니 해도 동무들 힘이 많지. 동무들만 아니었어

봐라. 입원까지 했겠나……"

"그럼 그렇구말구. 털보가 가뜩이나 미워하던 판인데."

"그러지 않아도 집에서 다니며 치료 받으라는 것을 모두들 뻗대서 입원하게 되지 않았니. 이번에도 준식씨 힘이 참 많았다."

복술이는 그렇게 말하며 흘끔 분이의 눈치를 보았다.

"왜 이번 일에는 동필이 힘도 많다드라. 누구니 누구니 해도 털보는 여태 동필이를 제일 무서워하거든. 그전에 여러 번 겪어 본 일이 있어서."(p.147)

동필이는 실제로 사장측의 회유에 말려들지 않고 학수의 부상으로 똘똘 뭉친 노동자 투쟁 대열에 적극 동참함으로서 일단 유사시에는 노동자의 실질적인 이익을 위해 싸운다는 말을 실천에 옮기는 일면을 보여준다. 이는 동필이가 어느 면에서는 회사측에나 노동자측에 영향력을 발휘할 수 있는 준식이 버금가는 리더임를 말해주는 것이다.

결과적으로 작가는 노동운동에서 개인적인 의견 대립이나 노선의 차이쯤은 자본가와의 투쟁 대열 앞에서는 '대동단결'이라는 명제로 얼마든지 극복할 수 있음을 시사해준다. 그리하여 노동운동 내의 다양한 목소리도 인정함과 동시에 노동자들의 흔들림 없는 계급의식도 함께 그려낸 것이다. 결국 작가는 준식과 동필을 똑같이 긍정적인 인물인 선진 노동자로 그렸지만, 정님이 같은 부정적 인물도 그려 다양한 노동자상을 보여주고 있다.

……그러나 그도 결국 별사람은 아닌 듯하였다. 꺾지 못할 나무가 어디 있으랴. 여자에게 꺾이지 않을 남자가 어디 있으랴.

여자는 맨 밑바닥에서 맨 꼭대기로 올라가기에 훨씬 편한 사

> 닥다리를 지고 난 것이다. 남자는 밑천에서 몸을 일구어 부귀로 저어가기가 마치 낙타가 바늘 구멍을 나가는 것 만큼 어려운 것이지만 여자는 반드시 그런 것도 아니다.
>
> 춘향이는 기녀의 딸로 어사부인이 되었고, 심청이는 거지 장님의 딸로 심황후가 되었거든……그리고 클레오파트라는 그 조그만 품 하나로 천하호걸을 정복하였거든…… (p.250)

산업사회로 접어들면서 물질문명의 속성을 이기지 못하고, 출세주의나 배금주의에 매몰되어 땀 흘려 돈을 벌기보다 '훨씬 편한 사닥다리를' 이용하여 돈을 벌려들거나 미인계를 통한 출세를 꿈꾸는 정님이는 노동자로서 자신의 처지를 망각한 채, 수단 방법을 가리지 않고 스스로의 지위를 상승시켜 보려는 기회주의자이다. 그녀는 지위 상승을 위해 한때 사랑하던 동료 노동자 학수를 배신하고 공장주임 털보와 관계를 맺어 사장실 여비서로 승진하는가 하면 안사장에게 의도적으로 접근하여 그에게 몸을 바치기까지 하지만, 종내에는 버림을 받고 '이 편에도 저 편에도 닿을 곳 없는 조각배와 같은' 신세가 되고 만다. 정님의 허영심은 다른 노동자들이 찌든 생활에서 벗어나려면 그 수밖에 없다는 동기유발도 될 수 있지만, 수직상승은 고사하고 버림만 받는다는 부정적인 노동자상도 된다. 그리하여 투철한 계급의식과 성실한 복무자세로 노동운동을 이끄는 준식과는 대조적인 인물로 부상시키고 있는 것이다. 정님은 마침내 노골적으로 아니 '자유'라는 이름으로 몸을 팔려드는 데까지 타락하지만, 여기서 작가가 노린 것은 이데올로기에 함몰되어 지배계급과의 투쟁만을 내세우려는 노동운동의 지도자상 말고도, 때론 그들이 유혹의 대상일 수도 있다는 점을 함께 그렸다. 말하자면 그들도 양면성을 지닌 보편적인 인간임을 말하려 했다는 것이다.

이상에서 살펴본 노동자 계급은 어느 일면만을 그리려 하기보다 준식과 동필, 그리고 정님을 대표로 총체적인 노동자상을 다양하게 그리려 했다는 특색이 있다. 투쟁적이고 이론적인 준식과 현실적이며 개량주의적인 동필, 수단방법을 가리지 않고 수직상승하려 하는 정님의 경우가 바로 그것에 해당된다. 이는 노동자로서의 계급적 성격을 여러 각도[5]에서 형상화한 것으로 보아야 한다.

1.1.3 중간 계급

중간 계급은 궁극적으로 독자 세력으로 성장하지 못하고 자본가건 노동자건 양단 간에 어느 한 계급으로 연합하거나 귀속하기 마련이다.[6] 그러므로 중간 계급은 딱히 한 계급을 이루지 못한다는 불안정성 내지는 부동성(浮動性)을 지닌 모순적 위치에 놓일 때가 많다.

여순, 경재, 현옥은 이러한 특색을 잘 반영해주고 있는 인물들이다. 그들은 모두가 지식인이라는 점 외에도 세속적 욕망과 이데올로기적 계급의식 사이에서 방황하는 등 현실과 이상 사이에서 오는 괴리감에서 허우적거리는 모습으로서 노동자 계급과 분명히 구분된다. 그렇다고 경제적으로나 사회적으로 자본가 계급에 속할 만한 위치에 있지도 않다.

> 사실 준식은 최근의 여순에게 대해서 얕은 불만과 의혹을 가지게 되는 때가 많았다.

---

5) "계급의식으로 무장된 전위적 노동자, 의식 없는 노동자, 경제투쟁 단계에 머문 노동자, 어용간부 등으로 더욱 세밀하게 나누고 있는 것이다." 장성수, 「1930년대 경향소설 연구」(고려대 박사학위논문, 1989), p.130.

6) 정은희 편, 『황혼』(동광출판사, 1989), p.412, 참조.

같이 고학하던 옛날 같으면 직공이라도 되시우...... 하고 맘에 있는 대로 말해버릴 것이나 여순은 그 사이 중학을 마치고 크나큰 회사의 사무원 노릇을 하는 중에 저도 모르게 보다 좋은 자리를 구하려는 버릇이 배어서 덮어놓고 자기 생각대로 이렇게 해라 저렇게 해라 하고 권면할 수도 없는 터였다.

사람은 항상 위만 쳐다보기 쉬운 것이요 아래를 내려다보길 싫어하는 법이다. 더군다나 여순이 같이 사회상의 처지가 위로 올라가기도 힘들고 그렇다고 아래로 떨어지기도 싫은 중간에 선 인간은, 그리고 사회 전체가 커다란 이상을 잃어버린 음울한 세대에 처한 인간은 그저 중간에서 어름어름하다가 그 전도를 어둠에 던져 버리는 위험이 다분히 있는 것이다.(p.280)

선진 노동자인 준식의 눈으로 바라본 여순의 처지이다. 여순이는 확고부동한 계급의식이 없어 양갈래 길에서 언제든지 왔다 갔다 할 수 있는 '중간에 선 인간'이다. 여기서 준식이 우려하는 바는 여순이가 비록 고난의 길이 되더라도 노동자 계급과 더불어 자본가의 노동착취를 막아내는 등 진보적인 방향으로 나아가지 못하고, 자본가 계급과 타협해가면서 현실에 안주해 버림으로서 '그 전도를 어둠에 던져버리는 위험'에 빠뜨릴 수도 있다는 점이다.

'중간에 선 인간'이라는 점에서는 경재와 현옥이도 마찬가지다. 한 때 '이념'을 가진 지식인으로서 '두사람은 남녀 문제를 떠나서 친근하게 되었다. 서로 '동무' 또는 '동지'라고 불렀고 네것 내것을 가리지 않았다.'는 이들 입장 역시 자본가계급인 안중서와 불가분의 관계를 맺었다는 점, 특히 경재는 '이념'만 있을 뿐 행동이 없는 나약한 지식인으로 그려짐으로서 양계급 간에서 갈등하다 스러져가는 무소신의 소시민인 것이다. '그는 제 맘을 제 뜻대로 하지 못하는 가장 전형적인 인간 — 소시민의 그림자를 다시금 저 자신 중에서 발견하며 세 번째 몸서리를 쳤다.' 이것도 아니고 저것도 아닌, 경재의 방황과 갈등의 일면을 고스란히 드러낸 이 대목에서 그의 나약성을 다시 한번 확인할 수 있다.

하지만 작품이 진행됨에 따라 이들은 고난의 길을 걷기보다 안일을 택하는 행동양식을 보인다. 환락의 세계로 빠져들기 시작한 '현옥은 때를 만났다는 듯이 오도깨비같이 갖은 치장을 다 하고 제법 제로라고 호기 좋게 뽐내고 다닌다.'는 것을 볼 수 있는데, 그녀는 '이념'이고 '지식인'이고를 다 내팽개치고 오직 사치와 허영에 매몰되어 세속화되기 시작한다. 이를 여순과 대비시켜보면 확연히 드러난다. 여순은 '봄바람에 두 볼이 불그레해진 자연 그대로의' 토착적인 얼굴인 데 비해 현옥은 '분 바르고 연지 찍은 인형 같은 얼굴'이다. 외모로만 보아도 두여자 간의 거리는 아주 먼 것이다. 한창 멋을 낼 나이임에도 여순은 현옥과는 달리 사치와 허영 대신 '이상을 잃어버린 음울한 세대에 처한 인간'의 한계를 뛰어넘어 '새로운 삶을 개척하는 깨어 있는 지식층'[7]이고자 한다. 그래서 그녀는 스스로 노동자계급에 가담한다. 그러나 경재는 현옥이와 같이 세속화에 이르지도 못하고 그렇다고 여순이를 따라 노동자의 세계로 뛰어들지도 못하는 거들충이 같은 방황만 하고 있다.

이상에서 살펴본 바, 자본가계급이나 노동자계급에 속한 인물들의 성격과 행동이 대체로 뚜렷하고도 흔들림이 없다면 중간계급은 확고부동한 신념이 없어 양계급 간을 오가거나 아니면 그 사이에서 무력하게 방황하는 모습 등을 보임으로서 항상 복합성과 가변성을 지니게 마련이다. 이와 같은 중간 계급의 성격은 항상 자본가 또는 노동자계급과의 갈등관계를 예고하고 있는 셈이다.

---

7) 장성수, 「1930년대 경향소설 연구」(고려대 박사학위논문) 1989), p.130. 참조.

1.2 인물의 갈등 구조

이 작품에 등장하는 주요인물들의 갈등 구조로 주목할 만한 것은 삼각관계이다. 한 마디로 이 삼각관계가 빚어낸 갈등과 해소 또는 그 갈등의 해결과정이 바로 『황혼』의 뼈대 구성이라고 해도 과언이 아니다. 이 작품에는 전반부의 중심 사건인 '여순 – 경재 – 현옥'의 삼각관계와 후반부의 중심 사건이 되는 '여순 – 경재 – 안중서'의 삼각관계 외에도 '여순 – 경재 – 준식', '정님 – 공장주임 – 학수', '정님 – 안중서 – 공장주임' 등의 여러 삼각관계가 있다. 이를 애정갈등, 자본가와 노동자 간의 갈등, 노동자 간의 갈등, 중간 계급의 내적 갈등 등으로 구분하여[8] 등장인물들의 갈등 구조를 분석하고자 한다.

1.2.1 애정갈등

이 작품에서 가장 뚜렷이 드러나는 갈등구조는 여느 소설에서도 흔히 볼 수 있는, 특히 춘원의 소설[9]에 많은 애정의 삼각관계이다. 그러나 『황혼』의 경우는 삼각관계를 이루는 주요 등장인물들을 통하여 각 계급 간의 갈등과 의식의 차이를 표현한다는 점에서 기왕의 소설들과는 구별된다.[10]

---

8) 백성우, 「한설야의 『황혼』에 나타난 갈등구조 고찰」(조선대 석사학위논문, 1989), p.18 참조.

9) 춘원 이광수의 장편소설은 대개가 '주인공 - 구여성 - 신여성'의 애정 삼각관계로 구성되어 있다. (「무정」, 「사랑」, 「흙」등)

10) "카프의 해산과 군국주의 파시즘의 전면적 강화라는 객관적 정세의 악화 속에서 예속자본가에 맞서 투쟁하는 노동자계급의 삶을 그린 이 작품은 식민지시대 씌어진 노동자소설 중 최대의 성과로 평가될 수 있을 것이다."

우선 '여순 – 경재 – 현옥'의 관계부터 살펴보고자 한다.

이 작품의 주인공인 여순은 함경도 출신으로 어려서 부모를 잃었는데, 당숙이 재산만 가로채고 학대하자 서울로 올라와 고학으로 S여고 졸업반이 된다. 그녀는 김재당 집 가정교사에서 쫓겨날 형편이 되었는데 그 집 아들 경재가 주선하여 Y방직회사 여비서로 취직시켜 준다. 이를 계기로 '여순 – 경재 – 현옥'의 애정갈등은 시작된다.

경재는 학교 다닐 때 급진적 이념을 가진 적이 있는 일본 조도전대 출신의 지식인이다. 그는 여순을 알기 전에 동경 유학시절 사귄 안중서의 딸 현옥과 약혼한 사이이다. 그러나 현옥은 자기 아버지가 광산으로 떼돈을 벌어 졸부가 되는 것을 계기로 물질적 향락에 빠져 사치와 허영을 일삼는다. 이에 경재는 현옥에게서 싫증을 느끼고 여순을 사모하기 시작한다.

한편 현옥은 신흥자본가 안중서의 딸로 동경 유학을 다녀온 지식인이다. 하지만 그녀는 아버지의 재력만 믿고 세속적 삶에 파묻침으로서 경재의 눈밖에 나나 경재를 잊지 못하고 방황한다.

> 경재의 마음은 확실히 여순에게로 기울어지고 있다. 기쁘면서도 괴롭고 괴로우면서도 기쁜 – 이러한 알 수 없는 심경에 그는 지금 사로잡혀 있다. 동시에 그는 나날이 현옥에게서 멀어지고 있다. 현옥에게서 멀어지는 길은, 말하자면 여순에게로 가까워지는 길이다.
>
> 그러나 그는 결코 여순이 때문에 현옥이와 멀어지는 것은 아니었다. 또는 이와 반대로 현옥이가 싫어지기 때문에 여순이와 가까워지는 것도 아니었다.(p.105)

장성수, 「1930년대 경향 소설 연구」(고려대 박사학위논문, 1989), p.133.

경재의 마음은 확실히 여순에게로 기울었음에도 현옥을 뿌리치지도 못한다. 그렇다고 여순이 때문에 현옥이 멀어지거나 현옥이가 싫어서 여순이와 가까워진 것도 아니라는 우유부단한 경재 때문에 '여순 – 경재 – 현옥'은 얽히고 설키며 이런한 갈등이 빚어지면 빚어질수록 삼각구도는 더욱 굳어만간다.

> 물론 현옥을 만나는 그것은 나와 관계를 계속하려는 것을 의미하는 것은 아니지만, 그래도 현옥을 만나게 되면 아주 여남은 사람을 대하는 것같이 담담하지는 못한다. 혹은 증오까지를 느끼는 때도 있지만 때로는 들뜬 기분에 흔들리기도 한다. 말하자면 그도 남 가지는 약점을 가지고 있는 것이며 또는 여자에게 대한 예사로운 남자의 비루한 야심도 가지고 있는 것이다.(p.109)

이 부분에서, 경재의 상반된 심리가 드러난다. 또 세속에 어울려 편안하게 살고 싶은 속물근성이 발동한다. 어느 쪽도 선택하지 못하는 그의 무기력증은 이념과 현실의 괴리를 벗어나지 못하는 '소시민의 가엾은 그림자'[11]인 것이다.

경재가 이렇듯 양 손에 떡을 쥐고 어느 것을 먹을 줄 모르는 이유는 이렇게 볼 수 있다. 첫째 자기 자신의 성격과 이념의 한계이다. 실천적 결단력 또는 행동력과 확고부동한 계급의식 또는 미래에 대한 전망이 있었다면 과감히 여순을 택하였을 것인데, 우유부단한 성격과 어쭙잖은 이념 때문에 애정의 갈등만 더 깊게 하였다. 둘째 현실적인 압력이다. 아들의 혼사를 빌려 파산을 모면하려는 아버지의 압력, 약혼녀 현옥과 그의 아버지인 신흥자본가 안중서의 압력,

11) 장성수, 앞의 논문, p.129 참조

그리고 자꾸 안락한 세속적 삶에 이끌려가는 속물근성의 압력이 현실적 질곡에서 그를 벗어날 수 없게 하였다.

> "너도 번연히 집 형편을 알지 않니. 지금 뉘 때문에 살아가는 거냐. 만일 네가 파혼을한다면 나도 안사장과의 관계를 끊게 될 거고 안사장과 관계를 끊게 되면 회사도 그날이 마지막일 거니 그리되면 이 집은 어떻게 되겠나 좀 깊이 생각해 봐라. 내 걱정이 곧 네 걱정이요, 네 걱정이 곧 내 걱정이니 나만 홀로 걱정할 게 아니라 너도 좀 생각해 보란 말이다."(p.185)

'여순 — 경재 — 현옥'의 삼각관계에서 경재의 마음은 이미 여순 쪽에 기울었지만, 현옥을 택하지 않으면 안락한 삶은 물론 가족의 생계까지 위협받게 된다는 아버지 김재당의 끈질긴 회유에다 현옥과 그의 아버지 안중서의 압력, 그리고 경재 자신의 우유부단하고도 무기력한 성격까지 합쳐져 갈등이 최고조에 달하게 된다. 여기서 정작 결단을 내리는 인물은 경재가 아니고 준식의 영향을 받은 여순인 것이다.

> 마지막으로 저는 바랍니다. 앞으로 만나지 못한다 하더라도 만난 것 같은 우리들이 되는 동시에 만나도 만나지 못한 것 같은 이러한 먼 거리의 사람이 되지 않기를 그윽히 기원하고 있습니다. 떠날 시간이 촉급해서 난필이 되옵고 말의 두서가 서지 못하여사오니 눌러 보아 주십시오.
>
> 서울을 떠나며
>
> R · S(p.225)

'지금의 형편으로는 자기들의 사이를 일단 해소해버리는 외에 딴

길이 없으리라'고 판단한 여순은 스스로 잠적했다가 노동자로 변신하여 다시 돌아옴으로서 '여순 – 경재 – 현옥'의 삼각관계 중 '여순 – 경재'의 관계는 해체되고 '경재 – 현옥'의 관계만 남게 된다. 여기서, 안중서에게서 겁탈당할 뻔했던 사건을 계기로 소시민적인 안락함을 버리고 고난의 노동자의 길을 택한 여순과 결단력과 계급의식이 미미한 세속인 경재와의 결합은 어차피 이 작품의 주제에 걸맞지 않다는 점을 감안하드라도 여순이 잠적한 후 노동자로 변신한 것만으로 여순과 경제를 결별하게 한 것은 아무래도 필연성이 부족해 보인다.

다음으로 '경재 – 여순 – 안중서'의 삼각관계와 '경재 – 여순 – 준식'의 삼각관계를 상정할 수 있다.

안중서는 전쟁 통에 광산으로 떼돈을 번 신흥자본가로 경재의 약혼녀 현옥의 아버지이다. 그는 '산업합리화'를 내걸고 건강진단 등 악랄한 수법으로 노동착취를 감행하며, 사생활에서도 비서인 여순이를 겁탈하려다 실패한다거나 정님이를 농락하고 버리는 등 천민 자본가로서의 타락상을 유감 없이 내보인다.

한편 한준식은 여순과 동향으로 서울서 고학하다 중3 때 제적되어, 안중서가 경영하는 Y방직회사 노동자로 있는 인물이다. 그를 연모하는 여공 분이가 있으나 그는 오히려 여순에게 연애 감정을 가진다. 그러나 끝내 표출하지는 않는다.

이미 분석 해본 '여순 – 경재 – 현옥'의 삼각관계와 위의 '경재 – 여순 – 안중서' 또는 '경재 – 여순 – 준식'의 삼각관계는 순차적으로 이루어진다기보다는 상당부분 겹쳐지기 때문에 복잡미묘한 양상을 띤다. 그리고 이 세 삼각관계는 작품 분량의 거의 반을 차지한데다 모두가 주인공 여순과 경재를 고리로 하고 있다는 점에서 중요하다.

그런데 앞서 분석한 '여순 – 경재 – 현옥'의 삼각관계에서 여순과 경재가 애정갈등을 청산했다면 이 삼각관계는 '경재 – 현옥'의 관계로 단순화되고, 나머지 두 삼각관계도 더 이상 존속할 수 없게 된다. 그래서 자동으로 '여순 – 안중서', '여순 – 준식'의 관계만 남게 된다.

그러면 여기서 '경재 – 현옥', '여순 – 안중서', '여순 – 준식'의 애정갈등을 분석해보자.

'경재 – 현옥'의 관계는 우여곡절 끝에 재결합된다. 이들의 재결합이 시사하는 바는 두 가지 의미로 분석된다. 첫째 경재의 여순에 대한 사랑은 춘향전에서 이몽룡이 춘향을 사랑하듯 계급을 초월한 사랑으로 승화되지 못했다는 점이다. 말하자면 경재의 여순에 대한 사랑조건은 지식인 여순이지 노동자 여순은 아니라는 논리가 성립된다. 그래서 경재는 다시 현옥을 택하게 된 것이다. 둘째 경재의 연애관은 순수한 여순에 대한 사랑보다는 세속적 이해타산으로 얽혀진 현옥에 대한 사랑을 더 높이 샀다는 점이다. 이는 지금의 황금만능주의와 진배 없는 속물근성인데, 청춘남녀의 애정문제까지도 이해타산으로 결정된다는 부정적 의미를 시사하고 있다. 결국 이 작품에서 그린 경재의 애정관계는 부동(浮動)의 지식인답게 자본가에 야합하고 기생할 수밖에 없음을 보여주고 있다.

다음으로 '여순 – 안중서'의 관계는 정상적인 이성 간의 애정관계라기보다는 안중서의 끈진길 유혹과 무자비한 겁탈행위 등 일방적인 괴롭힘을 막아 내려는 여순의 곤혹스러움으로 이루어진다. 따라서 이 관계는 자본가 계급의 전형인 안중서의 비도덕성을 그려내고 있다고 볼 수 있다. 특히 사위감인 경재와 애정관계가 있는 줄 알면서도 여순을 겁탈하려 한 장면에 이르면 그의 비도덕성은 극치를 이룬다. 그러나 여순이 안중서 비서 자리를 사직하고 그 회사 직공으로 나아 앉음으로 안중서의 일방적 횡포는 사라지지만, 그들의 갈등은 새로운 국면을 맞게된다. 즉 애정관계는 종지부를 찍었다손 치더라도 노동자 대 자본가의 새로운 대립과 갈등이 기다리고 있기 때문이다.

마지막으로 '여순 – 준식'의 관계는 순수한 이성 간의 사랑을 머금고 있으나 노사대립의 투쟁 대열 속에서 절제된 행동으로 말미암아 표출되지 못하고 양자의 가슴 속에 고히 간직하면서 동지애로 발전적 승화를 한다.

이들의 애정갈등은, 결국 여순과 경재는 성적 결합으로, 여순과 안중서는 계급 간의 대립으로, 여순과 준식은 이념적 화합으로 각기 다른 형태로 나타나고 있음을 알 수 있다.

이 작품에서는 주인공 여순을 중심으로 펼쳐지는 삼각 애정관계 말고도 주변인물인 정님을 중심으로 펼쳐지는 또 다른 삼각관계를 상정할 수 있다. 즉 '공장주임 – 정님 – 학수' 관계와 '안사장 – 정님 – 공장주임'의 애정 관계이다.

정님은 노동자로서의 처지에 만족하지 못하고 수단 방법을 가리지 않고, 심지어 몸을 팔아서까지 수직상승을 실현하고자 하는 욕구에 가득 찬 인물이다. 정님의 이러한 뒤틀린 욕망이 위의 삼각관계를 만드는 결정적인 요인이 된다.

정님과 학수는 같은 회사의 직공이자 애인 사이이다. 그런데 정님이 학수를 배반하고 공장 주임의 유혹을 받아들여 그 대가로 사장실 여비서로 승진한다. 그러고 나서 여비서 위치에서 학수를 일개 직공으로 무시하기 시작한다.

"그럼 깨끗하단 말이여....... 남의 고기를 파는 인육 장사보다도 제 고기를 파는......."

"흐홍 아무렇게나 말하구 싶은 대로 말해 보구려...... 하지만 내게는 학수씨 같은 깨끗한 사람이라도 척척 쓰레기통에 내던지는 자유가 있다오. 농 속에 든 자유 없는 새로 생각한다면 그야말로 인식부족이지요. 온 세계가 통째로 조롱이라면 모르거니와 그렇지 않다면 나는 자유를 가지고 있으니까..... 아니 온 세계가 비록 조롱이라 하더라도 그래도 맘대로 나를 자유가 있으니까 어떠한 사람에게 매다리는 그런 따위 인간과는 철저히 다르지요!......."

"그거 놀라운 자유다 – 제 고기를 파는 자유!......"

하다가 학수는 마른침이 혀 끝에서 도는 것을 삼켜버리고 한참 정님이를 노려보고 있다.(p.p.251-252)

이 대목은 정님과 학수의 갈등이 최고조에 이른 부분이다. 정님이 자기를 배반하고 공장주임과 육체적 관계까지 가진 것을 번연히 알면서도 '여태 가슴의 한구석에 타다 남은 불꽃이 숨어' 있는 학수는 끝까지 그녀의 마음을 돌이켜 보려 하지만 정님의 허영심은 이미 돌아오지 못하는 강을 거너간 터라, 결국 '마른 침이 혀 끝에서 도는 것을 삼켜버리고' 돌아서지 않을 수 없게 된다.

학수와 정님이 결별함으로서 '공장주임 – 정님 – 학수'의 관계는 자연스럽게 '안중서 – 정님 – 공장주임'의 관계로 옮아간다. 이는 출세에 눈이 먼 정님이 공장주임과의 관계를 계속하면서 동시에 안중서에게 자발적으로 몸을 바치는 등 소위 이중 플레이에서 오는 삼각 갈등이다. 따지고보면 안중서와 공장주임에게서 정님은 애인이라기보다 차라리 성적 대상물일 뿐이다. 그러나 정님은 그 나름대로 계산이 있다. 즉 그들에게 성적 만족을 주는 대신 '맨 밑바닥에서 맨 꼭대기로 올라가기에 훨씬 편한 사닥다리'라는 출세욕을 만족시킬 손쉬운 수단을 얻은 것이다. 즉 이들의 삼각관계는 엄밀하게 말하면 애정갈등이 아닌 단순 거래에 불과하다. 하지만 그 거래는 통례대로 그리 오래가지 못한다. 안중서가 단물을 다 빨았다 싶으니까 무참히 버린 것이다.

> "그날 밤에 하던 소릴 한 번 더 외어 봐라, 이 악마야!"
>
> 하고 정님은 부지중에 낮게 외쳤다. 뛰는 가슴과 함께 불끈 쥐어진 두 주먹이 감전된 것같이 바르르 떨렸다. 원한에 타는 창자가 다 식어지도록 그 비기 찬 배허복을 악물어 오리가리 찢어주고 싶은 무지한 충동에 정님은 허덕거리고 있었다. 여태 제 손아귀에 든 남자란 남자는 모조리 제가 먼저 따버리던 정님이었다. 그러니만치 남자를 손에 넣은 동시에 말경에는 어떻게 보기 좋게 동댕이를 쳐버릴까 하는 것까지 함께 생각하던 정님이기도 하다.
>
> 그런데 그는 지금 바로 남자의 발길 아래 볼꼴 없이 나뒹굴어 떨어진 그 자신을 발견하지 않으면 안되었다. 그것은 일찍 예상하지 못하던 일이다. 그러니만치 그녀는 지금 첨으로 저도 모르던 샘에 사로잡혀 버렸던 것이다. 그는 누구에게든지 손에 닿는 대로 이마에서부터 발뒤꿈치까지 가루를 내주고 싶도록 치가 떨렸다.(p.356)

정님의 출세욕은 예상대로 파국으로 치달았고 그녀의 가슴 속에는 '누구에게든지 손에 닿는 대로 이마에서부터 발뒤꿈치까지 가루를 내주고 싶도록 치가 떨'릴 만큼 안중서에 대한 원한과 복수심으로 가득 찼다. 정님의 그러한 원한은 회사 중요 서류를 빼내어 준식에게 넘겨주는 행동으로 나타난다. 그런 행동을 한 정님이는 계급의식이 전혀 없이 단순한 복수심에서 나온 것이기는 하지만 결과적으로 노동자를 도운 셈이 된다.

그외 에도 '여순 – 준식 – 분이', '분이 – 준식 – 복순', '분이 – 동필 – 복순', '준식 – 복술 – 동필'의 삼각관계를 상정할 수 있으나 이는 애정갈등이 미미하여 속맘으로 삭히는 정도이거나, 애정갈등 쪽보다 운동 노선의 차이를 드러내는 쪽이 더 강하다.

이상의 논의에서 애정갈등의 축을 이루고 있는 인물은 여순, 경재, 정님이라고 볼 수 있다. 그리고 이들이 처한 계급적 위치나 성격에 따라 지금까지 제시한 다양한 갈등 양상이 생겨났음을 알 수 있다. 말하자면 부동(浮動)의 중간계급에 속하는 지식인 중 여순이처럼 방황과 갈등을 겪으면서도 과감히 노동자계급에 합류하느냐, 아니면 경재처럼 안락과 무기력에 빠져 자본가계급에 기생하게 되느냐 하는 데 애정갈등의 초점이 맞추어 진 것이다. 그러니까 결국은 주인공 여순과 경재는 이제까지의 갈등구조 속에서 서로 반대쪽으로 갈라서서 노동자계급 대 자본가계급이라는 계급대립으로 귀착된 셈이다. 여기에 하나 덧붙일 것은 어떤 이념이나 확고부동한 계급의식에서 행한 것은 아니지만 정님의 경우도 결과적으로는 자본가계급의 전형인 안중서와 대립했다는 점에서 똑같은 계급대립이라고 볼 수 있다.

결론적으로 이 작품에 나타난 애정갈등은 삼각관계로 얽혀진 주요한 등장인물의 갈등으로, 단순한 남녀간의 사랑이 아니라 반드시 계급 간의 대립과 연관된다는 말이다.

1.2.2 자본가와 노동자

근래 우리사회의 노동법 개정 파동 과정을 가만히 들여다보면 노·사 간의 첨예한 이해관계의 대립 또는 적대적 모순이 원인이었음을 쉽게 찾아 볼 수 있다. 이는 한 계급의 이익은 상대 계급에 불이익으로 작용하는 사회적 모순 때문에 필연적으로 오는 계급갈등이다. 이 작품에 나타난 자본가와 노동자 간의 갈등도 이런 맥락에서 파악할 수 있다.

Y방직회사 사장인 안중서와 그 하수인들로 구성된 자본가 집단과 Y방직회사 직공인 준식과 그를 따르는 노동자 집단 사이의 대립에서 오는 갈등은 안중서 대 한준식의 개인적 갈등이 아니라 집단 대 집단의 갈등으로 발전한다. 이 갈등은 자본가 집단의 노동착취와 이에 맞서 싸우는 노동자 집단의 대응으로 구체화 된다.

> "하지만 규칙이란 한 번 딱 세우면 절대 그대로 해야 하는 거 아닌가."
>
> 하고 주임은 이어 학수에게,
>
> "그렇게 회사 규칙을 지키기 싫거든…… 어데구 제맘대루 할 데를 찾는 게 좋단 말야."
>
> 하고 몇 장 안 되는 탁자 위의 서류를 뒤적뒤적한다.(중략)
>
> "남의 일이 아니라 사리가 그렇지 않소? 작업상 할 수 없이 한두 마디 말했다기로 나가라 말라, 시말서 써라……"
>
> "준식인 가만 있어."
>
> "가만 있을 게 없이 기왕 말이 났으니 과장께든지 사장께까지라도 죄다 털어놓고 얘기해 봅시다. 누가 공장 규칙을 위반했나……"
>
> "준식인 나가 있어. 왜 함부로 덤비는 거야."
>
> "아니죠. 인제 참말 공장을 위해서 밝혀야 할 일이 많은 줄 알

우...... 자아 학수, 나가세."

준식은 학수의 소매를 끌고 공장으로 나왔다.(p.p.126-127)

주임은 학수를 탄압할 목적으로 작업 중에 잡담 몇 마디 한 것을 트집 잡아 시말서를 쓰라고 강요한다. 하지만 학수는 이에 대항하지 못하고 일방적으로 당하고 있다. 그때 준식이 끼어들어 '우리는 일개 주임한테 채용된 사람이 아니우' '기왕 말이 났으니 과장께든지 사장께까지라도 죄다 털어놓고 애기해 봅시다. 누가 공장 규칙을 위반했나......' 하고 따지면서 학수를 궁지에서 구해낸다. 그래서 그는 준식에게 '일찍 가져 보지 못한 좋은 감정'을 가지게 된다. 여기서 안중서는 회사 규칙을 내세워 작업 중인 직공들의 일거수 일투족을 통제하려 한다는 것과 노동자를 탄압할 때는 공장주임과 같은 하수인을 시키고 자신은 뒤에 숨어 있다는 것을 알 수 있다. 또 '그것은 다만 감사하다는 그 정도의 감정이 아니고 좀더 높은 감정인 것을 느끼며 학수는 새삼스럽게 준식의 손을 꼭 잡았다.'는 대목에 이르면 준식이 학수의 억울함을 씻어 줌으로서 노동자들 간의 화합의 구심점이 될 자질이 있음을 알 수 있다. 그러나 아직까지는 집단화나 조직화를 이루지 못하고 아직 개인 감정의 차원일 뿐이다.

"칠월은 다 갔으니까 말할 거 없습니다만, 앞으로 팔구 양월에 한해서 직공의 제품고에 따라서 상여로 경품을 주도록 하면 어떨는지요?"

"경품?"

"네, 다시 말씀하면 매일 얼마씩이라는 분량을 정해 주고 한 주일 동안 그 분량대로 짠 사람에게 경품권 한 장씩을 주거든요. 해서 두 달 동안 한 번도 빠지지 않고 경품권을 탄 사람에게 마지막 추첨권을 주기로 하고, 그걸로 추첨해서 1·2·3·4·5 등

> 쯤까지 시상을 하기로 하면 좋을 줄 압니다. 제품고에 비기면 경품액은 손곱에 지나지 않을 겁니다. 그리고 상품은 회사 제품으로 주는 게 경제상으로든지 선전상으로든지 좋을 줄 압니다." (p.p.132-133)

이렇듯 노동자를 옭죄는 방안으로 하기경품제를 만들어 그들 간의 경쟁의식을 심고 아울러 그들의 분열을 꾀하여 아주 무력화하려 한 것이다. 이러한 노동 착취 외에도 최신 기계 도입으로 인한 인원 감축의 예비 작업으로 이 경품제를 착안한 것이다. 여기서 안중서는 과잉 충성하는 하수인들을 교묘하게 조종하여 계획적이고도 조직적인 노동 탄압을 자행하고 있음을 알 수 있다. 그러나 준식은 그런 의도를 재빨리 간파하여 직공들에게 알려준다. '보구 못 먹는 떡은 애초에 없는 게 낫너니…… 그리구 떡을 쥐면 뭘하나. 준식이 말마따나 떡 쥐고 쓰레기통에 들어가면 속을 놈이 뉘 아들이겠나.' 그래서 직공들은 '상 타겠다는 욕심이 없어지고' 그런 '사탕발림을 무시할 용기'가 생긴다. 그러나 직공들은 자기네들끼리 빈정거리거나 무관심으로 대항할 뿐 학수가 작업 중 말을 했다고 공장주임에게 시말서를 강요받을 때처럼 이 경우도 적극적인 대항을 하지 못한다.

> "아닙니다. 직공의 심리는 사무원과는 다를 줄 압니다. 웃사람에게 붙어 살려는 것보다는 차라리 제 몸과 동료를 더 믿지 않는가 생각합니다. 그러니까 제가 웃사무실에 있어다는 것은 하등 유리한 조건이 되지 못합니다. 도리어 제가 그런 티를 내면 의심과 미움을 받게 될 겁니다. 그래서 직공들이 혹시 오해나 하지 않나 하고 오히려 저는 필요 이상으로 근신하고 있는 터입니다. 그리고 또 대체로 저 자신이 남의 지도를 받아야 할 자리에 있는 사람인데 남을 지도하다니요. 뿐 아니라 직공들은 모다 성실

히 일하고 있으니까 뭐 동정을 살필 필요도 없고 또 따로 파당을 만들 이유도 없습니다. 그것은 첫째 남의 의심을 사는 장본이 될 거고 따라서 이편에 의혹을 가지는 사람으로 하여금 별개의 파당을 형성하게 할는지 모르는 일입니다. 그러면 공연히 평지에 파란을 일구게 될는지도 모르는 것이 아닙니까."(p.p.357- 358)

안중서는 여순을 직공으로 받아들일 때 '미리 회사 심복이 될만한 사람을 직공 사이에 심어' 두자는 계산이 있었다. 그래서 여순을 따로 불러 물적 보상을 조건으로 회사 방침에 협조해 줄 것을 요청한다. 즉 사무실에서 근무한 경력을 활용하여 직공들의 동태를 파악하는 등 파당을 조성할 것을 은근히 종용한다. 하지만 여순은 그렇게 하면 '남의 의심을 사는 장본이 될 거'니 '오히려 필요 이상으로 근신한 터'라며 이 이간책을 단호히 거절한다.

"아니 동필에게 대해서는 나도 이미 생각한 바가 있소. 남을 지도하고 단속하자면 그만한 자리와 대우를 먼저 가져야 할 것은 물론이지. 어쨌던 그건 내게 일임해 주우."

"아닙니다. 결코 그런 의미가 아니라 나는 그저 일개 직공으로 아무 데도 상관하지 않겠다는 말입니다. 지금도 그렇지만 금후도 물론 그럴 생각입니다"

"그건 겸손하는 말일 테지만…… 사실 누구니 누구니 해도 동필이를 신임하는 사람이 대부분이거든. 제일 오래된 사람 즉 이 공장의 맨 중요한 직공들은 누구보다 동필이 말을 제일 어렵게 알지 않소. 그러니 그 사람들을 생각해서라도 그렇게만 있을 수 없는 거란 말요. 남의 위 되는 사람은 혹여 싫은 일도 하는 수 있는 거고 따라서 그만치 이쁨(勞)도 많은 법이거든."

"아닙니다. 저 같은 건 벌써 테 밖에 돌려난 지가 오랩니다."(p.350)

직공의 최고참인 동필은 유순한 성격 때문에 공장주임에게 회유하기 좋은 대상으로 물색되었고 그래서 안중서와 공장주임은 여순에 앞서 불러내어 물적 보상을 조건으로 회사 방침에 협조해 줄 것을 요청한다. 동필은 성격상 여순이와는 달리 단호한 거절은 못하지만 '아무 데도 상관하지 않겠다'는 완곡한 어투로 나름대로의 소신을 피력한다. 이러한 여순과 동필의 대응은 강·온의 차이는 있을지언정 다같이 개인적 범주를 벗어나지 못한다.

> "그리구 또 가령 두 달을 계속한다구 합시다. 그러노라면 몸이 지칠 겁니다. 한데 두 달을 그렇게 해낼 사람은 대개 숙련공, 즉 고급공일 건데 이런 축은 새 기계만 놓으면 별로 필요 없을 거니까 겨울 쯤 가서 건강진단을 해보면 정해 놓고 불합격이 될 겁니다.(p.133)

이 작품 속에서 가장 핵심적인 사건은 자본가와 노동자 간의 갈등이다. 그 이유는 두 가지로 요약된다. 첫째, 앞의 세 사건 즉, 학수가 회사 규칙을 위반했다는 사건, 하기경품제 실시 사건, 동필과 여순의 회유 사건 등은 아무 대항도 하지 못했거나 무반응 또는 거절 정도로 대응함으로서 집단적이거나 조직적이지 못했는 데 비해 '건강진단' 사건에서는 집단적 저항이 표출되었다는 점이다. 둘째, 무반응이거나 소극적이던 자본가와 노동자 간의 대립이 이 사건에 와서 상호 극명한 대립과 갈등으로 드러났다는 점이다.

안중서는 신흥자본가답게 취임하자마자 '산업합리화'를 들고 나와 최신 기계 도입을 추진한다. 그렇게 되면 적은 노임으로 생산고를 높이는 일거양득을 하겠지만 많은 노동자들은 바로 생업을 잃게 되고 특히 이 공장에 생애를 바치다시피 한 숙련공의 해고가 불가피해질 터이다. 이렇게 노동자의 생존권이 걸린 양 집단 간의 상반된 이해 대립은 궁극에는 집단적 대응으로 나타날 수밖에 없다.

그래서 자본가와 노동자 양측의 갈등은 '건강진단' 사건을 발단으로 첨예하게 대립되기 시작한다. '건강진단'은 계획 단계에서부터 '새 기계를 들여놓을 때 사람을 정리하는 데 참고로 쓰면 일거양득이 될' 거라는 음모가 도사리고 있었던 것이다. '불평이 있다 하더라도 물적으로 증명하는 게 있는데 어찌합니까.' 하는 식으로 감원의 경우까지도 미리 대비한 철저한 음모였던 것이다. 이에 대해 노동자들은 처음에는 신문사에 투서하거나 변소 등에 비방 낙서를 하는 게 고작인 소극적 반발만을 보인다. 그러나 이런 방식으로는 대응하기 어렵다는 것을 안 직공들은 곧이어 준식을 구심점으로 한 집단적 저항에 나서게 된다.

> 그러나 이렇게 웃고 떠드는 중에서도 다른 날과 달라서 오늘은 무슨 일이 다가오는 것 같은 심리를 그들은 느꼈다. 동시에 무슨 비장한 장면까지를 그들은 한편 생각하였다.
>
> 몇 사람만 모여서도 무엇이든지 해낼 것 같은 엄청난 생각도 나고, 무엇이든지 번쩍 들여다가 제 놓고 싶은 자리에 놓아 보고 싶은 충동도 났다.
>
> 그러다가 어쩐 사람은 누가 한턱 한다면 저 높은 굴뚝으로 올라가느니 동대문 지붕에라도 올라가느니 하고 왕청한 소리까지 꺼냈다.(p.313)

이와 같이 노동자들은 집단심리로 '몇 사람만 모여서도 무엇이든지 해낼 것 같은 엄청난' 투쟁대열로 나서게 된다. 그들은 먼저 치료비 보상이나 야업수당 지급 같은 실질적이고도 구체적인 경제적 요구부터 시작한다. 하지만 안중서는 '자기의 입장을 굳게 지키고 자기의 이익을 끝까지 옹호'하면 했지 이들의 요구를 호락호락 들어줄 위인이 아니다. 그래서 양측의 대립은 치열해질 수밖에 없다.

> '천만놈이 뭐라고 하든지 이것은 내 회사다!'
> 하는 뿌리 깊은 소유의식이 함께 왔다.
> "이놈들! 대체 누가 하는 회산데 이래라 마래라 해!"(p.400)

안중서의 이런 태도는 그의 의식 수준으로 보아 이미 예견된 바여서 노동자와의 심각한 대립은 불가피해졌다. 그래서 이 작품은 안중서와 노동자들 간의 팽팽한 대립으로 끝맺는다. 하지만 이들의 대립은 '누가 하는 회산데 이래라 마래라 해!'라는 경직된 생각을 벗어날 수 없는 안중서와 당장 굶어 죽을지도 모르는 생존 조건이 걸려 있는 노동자들 간의 대립이라서 쉽게 해결될 문제가 아니다.

이상과 같이 이 작품에 나타난 자본가와 노동자 간의 갈등은 2원적 계급대립이라는 대치관계 속에서 갈등이 빚어지고 증폭되어진다. 그리고 그 모든 과정이 정연하게 연결되어 있다. 더구나 이런 갈등이 이념을 전면에 내세우는 일 없이 노동자들의 실질적이고도 구체적인 생존 조건을 복선으로 깔고 표현함으로서 보다 필연적이 되었다.

그러나 이 소설이 '농민소설의 최고봉 이기영의 「고향」과 짝을 이루는 노동 소설'이라고 볼 때, 주제의식이 함축된 노동자에 관한 묘사의 분량이 너무 적고 묘사 자체도 엉성한 반면에 여순, 경재, 현옥, 안중서 등이 벌이는 애정갈등은 지나치게 분량이 많을 뿐만 아니라 치밀한 묘사 또한 많다는 것이다. 또 노동자들의 갈등이 최고조에 달하는 대목을 여러 곳에서 가볍게 다룸으로서 작품의 긴장

감도 떨어뜨렸고 노동자의 투쟁정신도 왜곡시킨 감이 없지 않다.

그럼에도 불구하고 이 작품의 장점은 "성장하는 노동계급을 이제까지의 단편적 취제가 아니라 여러 계급과의 관계하에서 총체적으로 형상화했다는 점이다. 또한 그 안에서 살아 움직이는 다양한 노동자의 삶과 전위의 결합을 풍부하게 묘사하고 있다. 아울러 지식인이 노동자로 투신하는 전화과정을 보여주고 있다는 점"12)이다. 그밖에도 노·사 간의 갈등을 작위적으로 비약하거나 관념적으로 나열함이 없이 구체적인 현실을 토대로 보다 실감나게 묘사했다는 점이다.

결론적으로 말해 이 갈등은 적대적 모순에서 출발한 것이기에 그 대립구조는 평행선을 긋고 있다. 즉 자본가는 노동착취라도 해서 기어코 실리를 추구하려하고 노동자는 집단행동을 해서라도 기어코 생존권을 보장 받으려하는 해결될 수 없는 대립구조라는 말이다.

1.2.3 노동자 상호 간의 대립

위에서 논의한 자본가와 노동자 사이의 갈등이 화해하기 어려운 갈등이었다면 여기서 논의하고자 하는 노동자 상호 간의 갈등은 화합을 전제로 한 잠정적 갈등이라 할 수 있다.

이런 종류의 갈등은 그리 많지 않아 대부분이 준식과 동필의 대립과 화해의 반복으로 나타난다.

> 직공들은 준식이 외 몇 사람을 에워싸고 그들의 말을 듣고 있다. 아닌게 아니라 그들의 말을 듣고 보니 그럴 듯도 하다. 상 타겠다는 욕심이 없어지고, 사탕발림을 무시할 용기도 났다. 분이

12) 정은희 편, 『황혼』(동광출판사, 1989), p.416.

와 복술이도 얌전히 듣고 있다.
그럴 때에 동필이가 지나가다가 복술이를 흘끔 보고 멈칫 발을 멈춘다. 그러나 준식이가 떠벌리는 것이 듣기 싫다는 듯이 입을 비쭉하고 곧 지나쳐 버린다.(p.138)

준식이는 직공들에게 하기경품제의 함정에 대해 역설하고 있는데, 동필이는 '준식이가 떠벌리는 것이 듣기 싫다는 듯이 입을 비쭉하고 곧 지나쳐버린다.' 자기가 누리던 노동자들의 인기와 신망을 준식에게 빼앗긴 동필은 그에게 시기심을 느낀 것이다. 한편 준식이도 동필이를 경계하기 시작함으로서 갈등이 빚어진다.

"버썩 문질러...... 우선, 살구야 볼 일이지."
준식은 허리띠를 풀어서 학수의 어깨를 졸라매며 혼잣말 모양으로 중얼거리고 있다.
"뼈는 다치지 않은 모양이지?"
동필이가 부축해 주며 땀을 죽죽 흘리고 있다.
"응, 절골은 안 된 모양인데 어깨뼈가 어긋난 것 같애...... 이걸 봐, 뼈가 쑥 내밀리지 않았어."
준식은 동필을 보며 새삼스럽게 가슴이 따가워짐을 느꼈다. 그와 사이가 벌어지고 겸하여 경계까지 하고 있는 터이나 그러나 동필에게도 같은 처지를 울고 아파하는 거룩한 피가 남아 있다.(p.145)

학수가 작업 중에 부상을 당하자 준식과 동필이 힘을 합해 사태를 수습한 것이 계기가 되어 '그와 사이가 벌어지고 겸하여 경계까지 하고 있는' 관계가 '새삼스럽게 가슴이 따가워짐을 느끼는' 관계로 화해된다.

> '주제 넘은 큰소리들만 탕탕 주어치지 말고 한 가지씩이라두 꼭 필요한 것부터 해들 봐라!'
> 하고 그는 속으로 준식이를 몰래 비웃었다. 그러며,
> '내 하는 걸 보아라!'
> 하듯이 준식이 패와는 아무 상의도 없이 학수의 집에 보내 줄 돈을 몰래 모으곤 하였다.(p.227)

동필은 인도주의적 실천으로 상대적 열등감을 극복하려는 의도를 갖고 있었다. 그래서 준식이 패를 따돌리고 학수의 복직과 치료비 보상, 모금운동 등을 추진하였다. 이로써 두 사람은 다시 대립과 갈등의 관계로 들어서게 된다.

> "맘으로나 말로 하는 거야 누가 못 하겠나...... 허지만 맘은 태산같이 먹어도 되는 건 벼룩이 애만치밖에 안 되네 안 돼......"
> 하는 동필의 말 속에는, 말로만 재잘대는 준식이 패에 대한 비웃음이 있었고 또 자기의 한 일에 대한 감상적(感傷的)인 만족이 었다.(p.229)

동필과 준식은 학수를 돕자는 동지애라는 대원칙은 같으면서도 이렇게 동기나 방법 또는 헤게모니에서 갈등관계를 형성하고 있다.

> 준식이들도 그런 동정을 죄다 보고 있었으나 그것은 결코 비방하거나 방해할 일이 아니므로 모르는 척하고 자기들은 자기끼리 또 따로 돈도 모으고 복직에 대해서도 힘써 왔다.
> 학수는 다시 공장으로 들어온 첫날 점심시간에 동필에게 감사한 인사를 하였다.
> "동필이 미안하오, 병원에서 나오던 길로 인차 가잤는데...... 동

무들이 와서……"

"뭐 미안할 게 있나…… 다 그런 거지."(p.228)

준식은 동필이 패의 일을 다 알고 있으면서도 포용력을 갖고 감싸며 학수 건에 대한 동필의 활약을 높이 평가하고 고맙게 생각한다. 아울러 동필과의 대동단결을 직공들에게 강조한다. 그렇게 함으로서 이들 사이는 다시 화해의 기미가 보인다.

"물론 나쁜 사람은 아니여, 사람으로야 훌륭한 사람이지, 아무렴 존 사람이구말구…… 그러나 역시 제일 경계할 사람은 그 사람이어. 술책도 있고 또 무슨 일이던 하랴고 들면 해내거든…… 그리구 여태 순직한 직공들의 신망과 인기를 가지고 있으니까…… 그러니까 인제부터는 그와 좀 가까워질 필요가 있겠어. 이때까지도 전연 따돌리랴고 한 것은 아니지만 그러나 우리들이 다소 지나간 점도 없지 않았어."

하고 이어 여기 대해서 여러 가지 이야기를 하였다.

그들은 이제부터 동필이와 가까워질 필요를 느끼었다. 그러는 것이 그를 자기들에게서 배반해 버리지 않게 하는 방도였다. 뿐아니라 앞으로 위기가 다가올 것 같은 몽롱한 불안이 그들을 서로서로 모이게하였다.(p.232)

이 대목은 준식이가 동필이를 대할 때 감정적 차원이나 개인적 차원을 넘어서 어디까지나 포용성을 바탕으로 했음을 알 수 있다. 또 투쟁의 합목적성을 기준으로 삼아 의도적으로 접근했음을 알 수 있다. 그래서 이 대목은 동필에 대한 준식의 시각이 잘 나타나 있는 부분이라고 볼 수 있다.

이렇게 갈등과 화해를 오락가락하던 준식과 동필의 관계는 동필이가 주임에게 불려갔다가 돌아온 사건 때문에 다시 적의가 드러나기 시작한다. 즉 준식은 봉구를 시켜 동필이가 주임에게 불려갔다온 결과를 알아보게 하고 이를 눈치챈 동필이는 준식이 패에 대한 노골적인 적의를 드러냄으로서 긴장 국면을 맞기 시작한다. 그러다가 집단행동 전 날 밤 동필은 준식을 찾아가 거칠게 항의하며, 그 과정에서 동필이 준식에게 폭력을 휘두름으로서 갈등은 최고조에 이른다. 그러나 이 과정에서 준식이 동필에게 동참을 호소하며 그 손을 거머쥐자 그는 쉽게 감화되어 준식이가 이끄는 대로 따라 일어선다. 이로써 두 사람 간의 갈등은 완전히 해소된다.

이 부분을 조금 눈여겨보면 주제의식이 뚜렷이 나타나는 대신 필연성이 부족함을 발견할 수 있다. 준식의 '동필에 대한 염탐'이나 '동필의 폭력' 같은 적의가 준식이가 동필의 손을 거머쥐고 몇 마디 설득함으로서 화해된 것은 선뜻 이해하기 어렵다. 또 혈기 왕성할 젊은 나이에, 준식이가 얻어맞고 나서 대항하거나 분을 삭힐 겨를도 없이 바로 화해의 손길을 보냈다는 것도 이해하기 어렵다. 하지만 이들이 서로 첨예한 대립을 하던 때가 바로 안중서 사장과 노동자 집단이 정면 대결하던 판국이고 보면 진짜 적을 앞에 놔두고 아군끼리 다툴 겨를이 없다는 설득력은 있다. 즉 작가는 자본가와의 투쟁이라는 거대한 과업을 이루기 위해서는 먼저 노동자끼리 뭉쳐야 함을 제시한 것이고, 노동자들의 파벌 싸움 대표로 준식과 동필의 갈등을 설정한 것은 자본가 대 노동자 계급 간의 투쟁을 보다 실감나게 하기 위한 예비적 장치인 것이다.

결론적으로 말해 노동자 간의 갈등은 개인적 성격 차이나 운동노선의 차이에서 비롯된다. 그러나 이 갈등은 화해를 전제로 한 잠정적 갈등이므로 자본가와의 본격적 투쟁에 직면하면 선진적인 노동자 준식의 역할에 따라 해소되고 만다. 이러한 노동자의 내적 갈등은 자본가와의 투쟁을 실감있게 그리기 위해 의도적으로 깔아놓은 복선이라고 볼 수 있다.

1.2.4 중간 계급

중간이라는 단어 자체가 의미하는 바대로 자본가와 노동자 사이에서 부동(浮動)하는 계급이 바로 중간계급이다. 따라서 이 계급은 궁극적으로 어느 한 계급으로 귀속될 수밖에 없는 운명에 놓여있다 하겠다. 노·사 간의 갈등이 계급 간에 첨예한 이해 대립이나 지배와 저항 등의 외적 요인에 의해 생긴다면 중간계급의 내적 갈등은 외적 요인과는 관계 없이 개인적 갈등에 의해 생긴다고 볼 수 있다. 말하자면 개개인의 이념과 현실의 차이나 이상과 현실의 차이에서 오는 갈등인 셈이다.

이런 관점에서 중간계급에 속하는 여순, 경재의 내적 갈등 양상과 그 변화 과정을 살펴보기로 한다.13)

먼저 여순의 경우를 보자.

이 작품의 주인공격인 여순은 조실부모하고 그의 동생 기순이와 함께 5촌집에서 심한 학대를 받고 살았다. 그래서 여순은 '어린 가슴에 사무친 한을 품고 그 원한의 집을 떠나서' 서울로 올라와 고학으로 S여고 졸업반이 되었다. 그녀는 생계 수단으로 가정교사를 하였는데 그게 여의치 않자, 경재가 Y방직회사 여비서로 취직시켜 주었다. 그러나 얼마 못 가서 사장 안중서가 겁탈하려 들자 사표를 내고, 준식의 도움으로 바로 그 Y방직회사에 노동자로 취직하게 되었

13) 현옥이도 중간계급에 속하기는 하지만 그녀에게는 사상적 고민이라 할 만한 게 별로 없고 작중 역할도 미미하여 여기서 제외한다.

다. 그리고 나서 준식 등과 더불어 열렬히 노동운동을 전개한다. 이러한 여순의 어렸을 때 소원은 그 지독한 가난을 벗어나 안락한 삶을 사는 것이었다. 즉 작가는 여순이가 일찍부터 불행한 성장과정을 거쳤음을 밝힘으로서 현재의 여순의 입장이 될 수밖에 없음을 넌지시 암시해 주고 있는 셈이다.

> 연필 속에 침을 묻혀가며 서툴게 그려논 동생의 편지를 생각하고 그는 이불 속에서 느껴 울었다.
>
> 이번 달 월사금을 탈 때에 무슨 이유든지 만들어 가지고 몇 푼 더 얻어서 고약이나 사 보내려던 것도 지금 같아서는 바랄 수 없는 일이었다. 오늘 그 일이 있는 까닭으로 그는 돈 말을 꺼내기가 심히 면구할 것을 생각했던 것이다.(p.19)

겨우내 부역을 하다가 다리를 다쳤으나 치료는 커녕 고약 하나 살 돈이 없어 덧나는 다리를 어찌하지 못하고 있다는 동생 기순의 편지를 받고 여순이 괴로워하는 대목이다. 거기다가 가정교사 자리마저 내쫓길 딱한 처지에 놓이고 그에따라 마지막 월사금을 못내 졸업시험마저 못 치룰 형편에 이른다. 그러자 그는 준식에게 찾아가 도움을 청해 보지만 그렇게 해서 해결될 문제는 아니다. 그러던 중 경재의 주선으로 Y방직회사 여비서로 취직됨으로서 그녀는 마침내 물질적 빈곤에서 벗어나 편안한 삶을 설계할 수 있게 된다. '이곳에 앉아 있으면 공장이라는 생각이 나지 않는다. 요란한 소리도 들리지 않고 사람들의 내왕도 번다하지 않다. 그리고 어지러운 먼지도 뜨지 않고 직공들의 땀냄새도 상상할 수 없다.' 여순은 옷에 기름을 묻이지 않고 땀냄새도 나지 않는 사무실 의자에 앉아 서류나 뒤적이는 소위 '하이칼라'가 된 것이다. 그야말로 안락한 삶이 시작된 것이다.

하지만 그녀는 얼마 못가 궁지에 몰리고 만다. 사장 안중서의 집요한 유혹의 손길이 뻗치기 시작한 것이다. 마침내 안중서가 겁탈하려고까지 하자 그녀는 그토록 염원하던 안락한 삶을 집어던지고 과감히 사표를 낸다.

그 과정에서 그녀는 차츰 자신의 처지에 대한 생각을 깊이 하게 된다. 소위 의식을 깨치기 시작한 것이다. '내 몸을 위해서 최후까지 싸울 사람은 오직 내 몸 하나뿐인가! 여순은 잠자코 앉아서 이런 생각을 하며 다시 한번 제 몸을 스스로 부여 안았다.' 그녀는 사표를 제출함으로서 또다시 어렸을 적의 그 지긋지긋한 가난으로 돌아가지 않을 수 없게 되었다. 그래서 그녀는 이 엄연한 현실 앞에서 '자기의 세계를 자기가 개척하고 제 주위의 공기를 제 손으로 갈아넣어야 하리라고 생각'하기에 이른다. 그리곤 자기도 모르게 농촌으로 되돌아가고 싶다는 토착적 기질이 발동한다. '고향으로 가면 무슨 길한 소식과 반가운 일이 찾아 올 것만 같았다. 무슨 벌이든지 생길테지, 무슨 일이든지 해서 살아 갈 수 있겠지……' 그러나 그녀가 고향으로 돌아간 것은 지극히 감상적인 자위책에 불과하였다. 도시에서의 생활이 뜻대로 잘 되어 갔다면 그녀는 결코 귀향하지 않았을 것이다. 그런 위장된 도피 행각은 오래 갈 수 없는 노릇이다. 그녀는 잠시 시골에 머물다가 '밤이나 낮이나 신경을 날카로이 해 가지고 있는 도회 사람들' 곁으로 되돌아오고 만다. 그리하여 생활고를 해결하기 위해 Y방직회사에 노동자로 변신하여 재취직하게 된다. 그런데 서울에 있는 많은 회사 중에 하필이면 왜 Y방직회사에 재취직했는지 그럴듯한 이유를 찾을 수가 없다. 이런 비약은 작위성이 훤히 드러나 보이는 험을 만들고 말 뿐이다. 더구나 그녀가 노동운동에 뛰어든다는 사건 전개는 전혀 필연성이 없어 보인다. 왜냐하면 사건 전개 속에 계급의식이 싹 터서 그게 소신으로 발전해 가는 과정도 없이 막바로 노동계급에 뛰어들게 그려졌기 때문이다.

그러나 시점을 바꾸어 관찰 해보면 옹색하기는 해도 그의 변신에 영향을 준 실마리가 있는 것도 같다.

> 준식의 말도 말이지만 형철이 그 사람이 육신으로서 가르쳐 주는 교훈이 더욱 큰 힘이 되었다. 형철은 지식으로 보든지 문견이 넓은 점으로 보든지 경력으로 보든지 인격으로 보든지 여순이 자기보다는 사뭇 뛰어난 사람이었다. 그런 사람이 굳이 높은 지위를 구함이 없이 현재의 처지를 손수 구하고 또 스스로 만족해 하는 것이 여순에게는 무엇보다 힘 있는 활교훈이 되었다.
>
> '저런 사람도 저렇거든 하물며 나 같은 것이야......'
>
> 하며 여순은 자기의 갈 길을 맘 튼튼히 생각하였다.(p.305)

여순이 노동자가 되기로 작정한 것은 준식과 형철의 권고와 영향 때문으로 보여진다. 무엇으로 보든지 자기보다 나은 그들이 '굳이 높은 지위를 구함이 없이 현재의 처지를 손수 구하고 또 스스로 만족해 하는 것'을 보고 영향을 받은 것이 분명하다. 그러나 그녀의 당면과제는 당장 먹고 사는 문제였다. 그래서 그녀는 취직만 된다면 '공장도 좋고 무엇이든지 가리지 않을' 만큼 급박한 처지에 놓여 있었던 것이다. 어린 시절에 겪은 뼈아픈린 가난, 가정교사 시절 겪은 고통 여비서 시절 겪은 부유층에 대한 반감 때문에 그녀는 '사회상의 처지가 위로 올라 갈 수도 업고 아래로 떨어지기도 싫은 중간에 선 인간'이 된 것이다. 여기서 위로 올라 간다는 것은 안중서의 육욕을 채워준다거나 그들의 사치스런 생활을 인정하는 것이 되고 아래로 떨어진다는 것은 직공이 된다는 말인데, 지식인으로서의 자존심 문제도 있거니와 가난에서 벗어나 보겠다는 출세의 꿈을 버리는 셈이다. 그러나 그녀는 당장 먹고 살아야 할 절박한 현실 때문에 자존심이든 꿈이든 다 버리고 준식이와 형철의 경우를 위안 삼아 노동자의 길을 택한 것이다.

이와 같이 여순이 겪은 갈등은 그 핵심이 호구지책이고 보면 그의 변신은 의식의 깨침이나 이념의 실천이라기보다 생활고 때문이라고 봐야 할 것이다. 그런 점에서 이 소설의 주제에 맞춰 여순을 선진적 노동자로만 보려하는 것은 약간의 문제가 있다.

다음으로 경재의 갈등을 알아 보고자 한다.

그는 동경 유학 시절부터 진보적 이념과 선명한 포부를 지녔던 지식인이다. 그러나 귀국 후 이념과 현실의 괴리에서 어찌할 바를 모르는 무기력증에 빠져 무위도식하다시피 한다. '글쎄 올시다. 제가 무슨 장사할 줄을 알아 장사를 하겠습니까…… 공부나 좀더 했으면 좋겠는데 그도 집안 형편이 허락하지 않구.' 경재가 뚜렷이 하는 일 없이 세월만 보내고 있음을 알 수 있다. 그에 심리적 갈등은 여기서 출발하는데, 작가는 경재의 갈등을 구체적 행위로 제시하지 못하고 심리묘사에만 치중함으로서 실감나게 그리지 못한다. 게다가 진보적 이념을 어떻게 해서 버릴 수밖에 없었는가에 대한 납득할만한 묘사가 없어 쉽게 작위성이 드러나 보인다. 그러니까 '그가 학창에서 생각던 세상과 지금 실지로 닥친 세상'의 차이가 무엇이며, 그 차이를 느끼게 해주는 구체적인 사건이 무엇인지를 제시하지 못하고, 고작 '어찌 될 세상인지 어떻게 해야 옳은 인생인지 요새는 갈피를 줄 수가 없었다.'는 넋두리 뿐이라는 말이다.

종로에만 나서도 냉락한 세상의 거친 바람이 뼈를 핥는 것 같

> 고 게다가 사상상의 고민, 즉 양심만은 남아 있으면서도 아무 하잘것 없는 제 몸을 하염없이 돌이켜 보는 회심이 생겨서 가정에 대한 생각도 더 한층 가냘프게 숨어든다. 생각만은 아직도 때와 세상이 움직여 가는 가장 바른 길을 찾고 싶으나 실지로 그것을 가져보고 스스로 밟아 볼 용기와 방법을 얻을 수 없다. 농촌에 가봐야 한다, 공장에 들어가봐야 한다는 것은 책에서 얻은 지식이나 그것은 한낱 지식에 그칠 뿐으로 참말 혈행(血行)이 되고 맥박이 되어서 그 몸을 슬기 있게 달음질 치도록은 만들어 주지 못한다. 그는 괴로웠다.(p.98)

이 대목에 오면 그가 괴로워 하는 것이 '사상적 갈등' 임을 짐작할 수 있다. 그의 사상의 실천이란 사회 밑바닥에 몸소 뛰어들어가 농민이나 직공들과 함께 애환을 같이 하며 그들을 이끌어 가는 것이다. 그러나 그는 막상 그것을 실천할 용기도 없고 방법도 몰라 고민하고 갈등하는 것이다. 이러한 그의 갈등은 산업 현장에서 직공이 되어, 땀을 흘리는 친구 형철을 만남으로서 더욱 깊어간다.

> 경재는 형철이로 해서 사상상의 고민을 남 몰래 좀더 깊이 느끼게 되었다. 그러나 그는 결코 형철이를 미워하거나 섭섭히 생각하는 일은 없었다. 차라리 그는 옛날의 의기를 잃은 자기 자신을 힘 없이 돌이켜 보는 음울한 기분에 사로잡히게 되었다.
>
> 형철이 모양으로 땀내 나는 그들의 틈에 끼어 직공 시험에 응해 볼 용기가 있을까? 형철이처럼 농군들 사이에 섞여서 부역을 해볼 슬기가 있을까?(p.p.154-155)

동경 유학시절 똑같은 사상적 동지였던 형철이는 귀국하자마자 농촌과 공장의 노동현장에서 직접 뛰어들어 그 사상을 실천에 옮기고 있는데, 자기는 그럴 엄두도 못내고 방황하고 있기 때문이다.

이와 같이 경재가 겪는 갈등은 혼자 머리 속으로만 하는 고민으로 실천 가능성이 전혀 없는 관념에 지나지 않는다. 그러다가 여순, 준식, 형철의 집단행동을 직접 목격하고 충격을 받은 것이다. 그리고나서 관념 속에 갇혀 고민만 하는 자신과 대조시켜 본다. 무기력한 자신을 '어두워 가는 황혼에 선 자기 자신'으로 재발견한다. 동경 유학까지 다녀온, 누가 봐도 장래가 촉망되는 젊은 지식인인 경재는 마땅히 떠오르는 태양으로 상징되어야 함에도 '황혼에 선 자기 자신'으로 비친 것이다. 나약한 경재의 사상적 고민은 이렇게 출구 없는 고민으로 끝나, 갈등만 증폭시킨 채 자신을 절망의 늪에 빠뜨리고 만다. 그렇게 함으로서 상대적으로 여순, 준식, 형철의 집단행동이라는 분명한 태도가 덧보이는 한편 실천만이 사상을 빛낼 수 있고 발전적 전망을 이끌어 낼 수 있음을 역설적으로 보여주고 있다.

요컨대, 노동소설이라고까지 일컬어지는 이 작품의 갈등은 어느 면에서 노동자계급의 갈등보다 중간계급의 갈등이 더 중심에 놓여 있다. 그런 점에서 볼 때 『황혼』이전까지의 대부분의 노동소설들이 즐겨 쓰던 자본가계급 대 노동자계급이라는 이분법적 대립구조의 도식성을 깨뜨렸다는 장점이 있는 반면 작품의 중심이 너무 중간계급에 치우침으로서 대다수의 노동자를 수동적인 객채로 만들었다는 단점을 갖게 된다. 이는 작의의 지나친 노출의 결과로 보여진다.

결론적으로 말해 중간계급의 내적 갈등은 부동(浮動)성에서 시작된다고 단언할 수 있다. 이 작품의 중심적 갈등을 빚고 있는 여순과 경재의 갈등이 서로 정반대로 변해 가는 것이 그 증거다. 즉 여순은 집단행동에 자발적으로 참여할 만큼 계급의식이 투철한 노동자로 변신했는가 하면 경재는 안락한 삶을 위하여 자본가계급에 기댄 것에서 알 수 있듯이 그들은 끝내 어느 한 계급에 귀속되고 말 운명이었다.

지금까지 『황혼』에 나타난 인물의 유형과 그 갈등 구조를 살펴보았다. 이를 요약하면 다음과 같다.

첫째, 자본가계급이나 노동자계급에 속한 인물들은 성격과 행동이 대체로 뚜렷하여 흔들림이 거의 없다. 그러나 중간계급은 투철한 의식이 없어 자본가 또는 노동자계급을 넘나들거나 그 사이에서 무력하게 방황한다. 그래서 항상 양 계급과의 갈등관계를 예고하고 있다.

둘째, 이전의 노동소설과는 달리 자본가계급, 중간계급, 노동자계급으로 세분화하여 중간계급을 하나 더 설정하였다.[14] 그리고 주제를 함축할 만한 주요한 등장인물의 애정갈등은 모두 삼각관계로 얽혀져 있으며 그 애정갈등은 단순한 남녀간의 사랑이 아니라 반드시 계급 간의 대립과 연관된다.

셋째, 자본가와 노동자간의 갈등은 적대적 모순에서 출발한 것이기에 그 대립구조는 평행선을 긋고 있다. 즉 자본가는 노동착취라도 해서 기어코 실리를 추구하려 하고 노동자는 집단행동을 해서라도 기어코 생존권을 보장받으려 하는 대립구조이다.

넷째, 노동자간의 갈등은 개인적 성격 차이나 운동 노선의 차이에서 비롯된다. 그러나 이 갈등은 화해를 전제로 한 잠정적 갈등이므로 자본가와의 본격적 투쟁에 직면하면 선진적인 노동자 준식의 역할에 따라 해소되고 만다. 이러한 노동자의 내적 갈등은 자본가와의 투쟁을 실감 있게 그리기 위해 작가가 의도적으로 깔아 놓은 복선

14) "이러한 인물설정은 계급 분해와 재편에 의해 새로운 기본계급이 형성된 당대사회의 객관적 반영으로 보여진다." 장성수, 앞의 논문, p.130.

이라고 볼 수 있다.

다섯째, 중간계급의 내적 갈등은 부동(浮動)성에서 시작된다. 여순은 집단행동에 참여할 만큼 계급의식이 투철한 노동자로 변신하고 경재는 자본가계급에 기생하는 현실추수주의자가 된 것에서 알 수 있듯이 그들은 끝내 어느 한 계급에 귀속되고 만다.

2. 형상화 특색

『황혼』은 1930년대 현실의 계급적 모순구조를 자본가 계급과 노동자 계급의 대조를 통해 형상화하고 있는데, 그 초점은 전반부와 후반부로 나뉘는 문제와 여순이 갖고 있는 성격의 상반된 모습의 형상화이다. 그러한 형상화의 특색을 감안할 때, 여순의 '존재전이'와 노동자 계급의 형상화 문제는 일관된 관점으로 함께 다루어야 할 것이다. 그런 전제 아래, 우선 대조의 수법부터 살펴보고자 한다.

2.1 대조적 수법의 응용

'아침 안개에 사로잡힌 태양이 바로 동산머리에 가까이 와서 일년감 빛으로 졸고 있다.(중략) 여순(麗順)은 교실 소제를 마치고 여느 때보다 바쁜 마음으로 교문을 나섰다.'로 시작해서 '경재는 그만 눈이 휘둥그래졌다. 신경이 놀라서 머리끝으로 치솟는 것같이 선뜻함을 느꼈다. 그사람들 중에서 경재는 맨 처음으로 여순을 보았다. 그리고 준식을...... 또 형철을......(중략) 자기에게 비하여 그들은 너무도 분명한 대조였다. 이때같이 그는 어두워 가는 황혼에 선 자기 자신을 똑똑히 발견한 일은 없었다.'로 끝나는 것에서 알 수 있듯이, 『황혼』의 전체 구조는 여순의 여명(黎明)으로 시작해서 경재의 황혼(黃昏)으로 끝나는 대조적 수법으로 되어있다.15)

30년대의 시대적 어려움과 자신의 고됢은 인생역정에도 불구하고 노동자로서의 삶을 흔들림 없이 헤쳐나가는 여순의 등장을 여명과 함께 그렸다. 반면에 동경 유학까지 다녀온 지식인이면서도 현실과 이상 사이의 괴리감에 빠져, 자본가에 기생하는 등 무기력하게 살아가는 경재의 몰락은 황혼을 배경 삼아 그렸다. 이것만 보아도 『황혼』의 핵심적 형상화 특색은 곧 대조적 수법임을 알 수 있다. 이처럼 여명과 황혼을 '빛과 어둠'으로 상징하여 현실의 옳고 그름이나 희망과 절망 따위로 표현한 소설은 이광수의 작품을 비롯, 이전에도 많았지만 『황혼』은 보다 실감나게 그려냈다는 점에서 이전 소설들에서 얻지 못한 현실 대응 방식의 의미를 획득했다고 볼 수 있다.

이렇게 여명이라는 시작과 황혼이라는 끝이 대조적 수법으로 구성된 『황혼』은 소설의 전개과정 속에 설정된 인물들에서도 서로 마주 비추게 함으로서 그들의 성격이나 특징을 드러내게 하는 구성원리를 사용하고 있다. 즉 남주인공 경재를 가운데에 두고 여순과 현옥을 마주 비추게 한것. 여주인공 여순을 가운데에 두고 경재와 안사장 또는 경재와 준식을 대조시키고 있는 것. 여순은 정신적 방황과 갈등 끝에 노동자의 길을 택하는 긍정적 인물로 묘사되는데 반해, 경재는 현옥과 여순 사이에서 어느 쪽도 택하지 못하다가 끝내는 소시민적 안락함에 빠지는 부정적 인물로 묘사되는 것 등이 그것이다.

소설에 등장하는 인물들은 각기 개성을 갖고 주어진 역할을 하게

15) 김재영, 「한설야 소설 연구」(연대 석사학위논문, 1990), p.32. 참조.

마련이다. 이때 남과 다른 개성을 드러내어 보이기 위해서는 부득불 다른 등장인물과 비교 내지는 대조를 하지 않을 수는 없을 것이다. 이런 비교 또는 대조는 등장인물에만 해당되는 것은 아니다. 작가가 소설을 창작하거나 독자가 소설을 탐독할 때도 자기들이 이미 알고 있는 인물이나 상상 속에 그리고 있는 인물들과 비교 대조하면서 묘사하거나 평가한다. 이때 중요한 것은 "이러한 대조를 통한 판단 제공이 아니라 인물에 대한 정보의 제공"[16]이다.

이 원리에 비춰볼 때 『황혼』에서 경재는 두 여인과 애정 갈등을 빚으면서 자신의 눈을 통해 이들의 삶에 대한 가치평가를 함과 동시에 이들의 대조를 위한 정보도 함께 제공한다고 볼 수 있다. '현옥은 전보다 생각이 나빠지고 인간성이 저급해진 것같이' 경재 눈에 비쳐지는 대목은 『황혼』에 참 많다. 말하자면 경재는 이러한 일화나 정보를 통해 현옥이 물질 만능에 빠진 천박한 사람으로 타락하고 있음을 객관적으로 전달하기 위한 서술자 역할을 자임한 셈이다. 이와 같이 현옥을 부정적인 인물로 부각시키려는 것과는 대조적으로 여순을 긍정적 인물로 부각시키고 있다. '여순은 학식으로 현옥이보다 못하지 않다. 몸은 더 건강하고 성적도 훨씬 견실한 편이다. 그리고 얼굴은 말할 것도 없이 더 이쁘고 행실도 물론 더 점잔하다.' 이외에도 '학교에서 배우는 이상의 지식을 얻으려는 여순의 동정을 경재는 곧 살필 수 있었다.'는 서술 등을 통해 여순의 긍정적인 면을 드러내려고 애를 쓰고 있다.

> ― 알록달록한 덧양말 밑에 기름이 흐를 듯한 현옥의 칠피 구두와 뿌옇게 먼지 낀 기러기 주둥이같이 넓죽한 여순의 구두, 화

16) 김재영, 앞의 논문, p.33 참조

> 려한 남빛 외투와 퇴색한 검정치마 — 이러한 대조가 고개를 숙인 경재의 눈에 두 여자를 각각 똑똑히 비치게 하였다. 두 여자는 심히 거리가 멀었다.
> — 전기로 지진 구름머리와 타고난 윤기를 가진 검은 머리, 분 바르고 연지 찍은 인형 같은 얼굴과 봄바람에 두 볼이 불그레해진 자연 그대로의 얼굴 — 이것들도 심히 거리가 멀었다.(p.31)

경재의 눈에 비친 두 여자의 모습은 아주 거리가 멀다. 그만큼 대조적이다. 이러한 서술형식은 등장인물인 경재의 눈을 통한 서술자의 평가라고도 볼 수 있다. 그런데 이런 식의 인물 평가는 자칫 피상적이 되기 쉽다. 왜냐하면 인물의 평가 기준이 의상이나 화장으로 한정됨은 물론 너무 비일상적인 한 지점에서 인위적인 대조를 끌어들임으로서 그들의 단면이 아닌 단편을 보고 평가하는 격이 되기 때문이다. 이를테면 현옥과 여순 사이에는 아무런 갈등이 없고 다만 경재의 내면에 자리 잡은 두 여인 사이의 갈등만 있을 뿐인데, 이를 객관적으로 묘사하지 못하고 주관적으로 대조하고 평가함으로서 현옥이나 여순의 삶에 대한 인식이나 판단을 독자에게 맡겨, 얻을 수 있는 정서적 효과를 반감시킨 것이다.

> 인간의 정서에 대한 기억이라는 것은 주로 어떤 특별한 정황이나 그러한 것들을 상기시키는 특수한 사물과 관계되어 있는 경우가 대부분이다. 소설이 미적 인식을 통해 정서를 소통시킬 수 있음은 이러한 특수한 정황이나 사물을 통한 기존의 기억과의 교호작용을 통해서라고 할 때 이러한 방식이 가지는 의미는 미적 인식의 획득에 있어 무시할 수 없는 중요성을 가진다.[17]

---

17) 김재영, 앞의 논문, p. 37

이 관점에서 보면 경재가 현옥이나 여순에 대해 내린 평가는 체험 차원의 구체적인 생활 묘사가 거의 없어 정서적 전달이 잘 안된다.

『황혼』에서는 중심 인물인 지식인 청년들만 대조적 수법으로 형상화 하는 게 아니라 자본가 계급과 노동자 계급 간 갈등의 경우에도 마찬가지로 대조적 수법을 쓴다. 자본가 계급을 대표할 김재당과 안중서의 퇴폐성향은 성실하게 살아가는 노동자들과 대조시킴으로서 선명하게 들어난다.

> 이러한 심리는 그로 하여금 밖에서 향락을 찾게 하였다. 그리하여 요새는 소위 모던걸에게 구미가 터서 연회 같은 데서 취해가지고는 가끔 까페로 들어간다.(p.67)

> 준식은 동필을 보며 새삼스럽게 가슴이 따가워짐을 느꼈다. 그와 사이가 벌어지고 겸하여 경계까지 하고 있는 터이나 그러나 동필에게도 같은 처지를 울고 아파하는 거룩한 피가 남아 있다.(p.145)

이토록 인간 관계를 맺는 태도에서부터 자본가 계급과 노동자 계급이 대조된다. 안중서 사장은 전쟁 통해 금광으로 떼돈을 벌어 흥청망청 쓰면서 소실을 둘이나 두고도 모던걸에 구미가 당기는가 하면 여비서 여순에게 흑심을 품는 등 오직 향락만을 추구하는 퇴폐적 인간으로 부각시킨 반면, 선진적 노동자인 준식과 최고참 노동자인 동필은 상호 노선 차이로 생긴 반목을 학수의 부상 앞에서 '준식은 동필을 보며 새삼스럽게 가슴 따가워짐을 느끼'게 하거나 '동필에게도 같은 처지를 울고 아파하는 거룩한 피가 남아 있'게 하는 등 건강한 인간으로 부각시켰다는 점이다. 이외에도 안중서는 자신의 이익을 위해, '산업합리화'라는 미명아래 해고 등의 노동 탄압을 서슴지 않는 악덕 자본가로 묘사된 반면, 노동자들은 생존권을 위해 싸워야하는 안타까운 존재로 묘사된 점 등의 대조가 많다.

그러나 이와 같은 인간과 인간 간의 관계를 맺음에 있어 당연히 함께 해야 할 인물과 환경[18]과의 관계가 드러나지 않아 삶의 조건이 거의 형상화 되지 못한 감이 없지 않다.[19] 즉 있는 그대로 그려내는 객관적 묘사에 그쳐, 인간과 사물과의 관계에서 드러내는 활동사진 같은 서사적 표현이 부족하게 되고 따라서 인물들의 살아 움직이는 모습을 머리 속으로 그려내기가 어렵다는 말이다.

한설야의 이 같은 단선적 대조 수법은 그가 소설의 형상화를 어떻게 이해하고 있는가를 알 수 있게 해준 단초가 된다. 아마도 그는 '긍정적 주인공'을 그려서 그들을 따르게 하는 교육적 효과를 노린 것으로 보여진다. 즉 이 소설을 읽는 독자들이 자본가와 같은 부정적 인물을 따르려 하기 보다는 노동자들과 같은 긍정적 인물을 따르려할 것이라는 그것이다. 물론 이런 식의 인물의 형상화도 얼마든지 미적 체험이 가능하다. 하지만 미적 체험은 인물과 인물과의 관계, 인물과 환경과의 관계, 인물과 사회와의 관계 등 복잡한 기존의 인식과 결합될 때만이 온당하게 전달된다고 전제하면, 작가의 사회

---

18) "여주인공 여순이가 눈뜨는 과정도 명백히 드러나지 않았고 남주인공이 사회인으로 자기를 완성해 가는 힘찬 형상도 우리는 이 작품 속에서 발견할 수 없다. (중략) 그러므로 이 동안의 설야적 혼란은 인물과 환경과의 괴리에 있다. 인간이 죽어가야 할 환경 가운데에서 설야는 인간들을 살려 갈려고 애를 쓰는 것이다."임화, 「작가 : 한설야론」(동아일보, 1983), 2. 22-24.

19) 김재영, 앞의 논문, p.38 참조

적 이상을 객관적 이해라는 여과장치 없이 바로 등장 인물에 전이시키는 수법은 자칫 이광수류의 이상적 계몽주의나 초기 카프 문학의 주관주의에 함몰될 우려가 있다. 이렇게 보면 그가 여러 논문을 통해 밝힌 현실에 대한 과학적 인식은 교육적 효과에 가리어, 아직은 소설 형상화의 기법으로까지 발전되지는 못한 것이다. 그러나 이러한 기법상의 미숙에도 불구하고 여명의 서두와 황혼의 말미, 자본가 계급의 착취와 노동자 계급의 투쟁 등을 대조시킴으로서 작품이 보다 흥미롭고 실감나게 형상화됨과 동시에 보다 유기적으로 구성된 점은 높이 사지 않을 수 없다.

2.2 여주인공의 성격화

『황혼』을 일별했을 때, 한 눈에 띄는 형상화 특색은 시작과 끝이 여명과 황혼으로 대조된 것과 작품이 전·후반으로 나누어졌다는 것 외에 여주인공 여순이 상반된 모습으로 형상화되는 문제이다.

앞에서 (1.2.1 애정 갈등 등) 이미 살펴본 대로 여순은 어려서 부모를 잃고 고학으로 여자고보를 마치기까지 산전수전을 다 겪은 여자다. 그러니까 당연히 자립적이면서도 강인한 성격의 일면을 갖고 있어야 할 것이다. 그럼에도 불구하고 이 작품의 서두에 나타난 그녀의 모습은 우유부단하기 짝이 없는 상반된 모습이다.

> 그는 돈 말도 할 겸 며칠 전부터 찾아가려고 벼르면서도 한편 자저하는 생각이 있어서 오늘까지 가지 못하였다.(p.30)

> 그러므로 경재는 결국 현옥에게로 가고 말 사람이라고 그는 생각한다. 그러면서도 그리로 가지 않을 경재인 것같이도 그는

생각한다.(p.51)

여순이가 지닌 이러한 우유부단한 모습은 그녀가 실생활에서 부딪치는 구체적인 문제를 해결함에 있어 쉽게 결단을 내리지 못하는 수동적인 인물로 형상화되었음을 뜻한다.[20] 이 경우 이런 상반된 여순의 모습을 바로 작품의 수준과 연관 지을 수는 없다. 다만 그 모습이 작품 속에서 무엇을 의미하는지가 문제이다. 그것은 당대의 모습을 대신해 보여주는 역사적 의미도, 성격적 발전 과정의 의미도 아닌, 그냥 작가에 의해 주어진 모습일 뿐이다. 그러나 이 문제는 여순이 노동자로 변신함으로서 해소된다.

농촌 정서를 드러내는 여순의 형상화도 상반된 모습으로 나타난다. '이곳에는 수리조합이 된 후 일이 무척 많아졌소. 밭을 파서 논을 만들어야 하우. 나는 지금 날마다 그 일을 하고 있소.'와 같은 동생의 편지를 통해서 수리조합이니 개답이니 하는 것이 상징하는 변모된 농촌의 현실을 그렸는가 하면 '순간 여순의 머리에는 그 옛날의 농촌 생각이 어제런 듯 새로워졌다. 호드기를 불며 소먹이러 다니던 그 기억이……' 아련히 떠오르는 순수한 토착적 향수로 그린 것이다. 아울러 농촌 출신 도시 빈민의 성격과 소시민적 지식인의 속성이라는 이중적 형상화도 여순의 존재전이에서 보이는 상반된 모습이다.

여순의 또 다른 모습은 경재와 준식 사이에서 나타난다. 여순은

20) "사건이 발생했을 때 경재의 곁을 떠나는 여순의 결단(?)은 오히려 예외적인 것으로 보인다." (이러한 결단의 모습은 작품의 결미에서 노동자의 대표로서 준식과 함께 사장실에 들어갈 때 다시 한 번 더 나타난다. 하지만 이 때의 여순은 한 개인으로서가 아니라 노동자 계급의 한 사람으로서이며 또한 개별적 구체성을 지니고 있지도 않기 때문에 논외로 한다.) 민족 문학 연구소, 『민족 문학사 연구』 창간호, (창작과비평사, 1991), p.233.

경재를 통한 신분 상승을 노리다가 김재당의 압력, 현옥의 방해, 안중서의 겁탈 기도, 그리고 경재의 우유부단함과 무기력 때문에 이를 포기하고 동향인 준식을 따라 노동자로 변신하고 만다. 이는 한편으로는 누구에게 의지하고도 싶고 다른 한편으로는 어느 누구로부터도 자유로워지고 싶은 여순의 상반된 모습인 것이다.

이처럼 『황혼』의 전반부 갈등은 여순과 경재와의 관계가 중심이 되어 여순의 성격과 어우러져 진행되고 있다. 그런데 이와같은 여순과 경재의 애정 갈등에서 여순이가 자유롭게 될 때, 전반부는 끝나고 전혀 다른 구조의 후반부가 열리게 된다.

후반부의 중심 갈등은 안중서로 대표되는 자본가와 준식으로 대표되는 노동자 간의 적대적 모습과 선진 지도자 준식과 최고참 지도자 동필 간의 노선 차이로 생긴 비적대적 대립의 상반된 모습으로 나타난다. 어떤 작품이든 그 구조 속에는 반드시 작가의 세계관이 들어 있기 마련이라면 그 작품의 구조가 변화함으로서 생기는 의미를 캐보는 일은 매우 중요하다. 그런데 『황혼』의 구조 변화는 여순의 운명을 통해 작가의 세계관을 드러내 보이려는 형식을 취했기 때문에 되려 작품이 전·후반으로 갈라져 완결성을 떨어뜨린 감이 없지 않다.[21] 하지만 작가는 이같은 상반된 내용을 여순의 삶의 과정을 통해 자연스럽게 구조화시키고 있는 것이다. 어쨌던 이 작품의 후반부는 여순의 상반된 모습을 통해 당대의 모습을 그리려 했던 전반부와는 판이하게 다르다. 즉 여순의 문제는 여순이 노동자로 변신함으로서 해소되고, 자본가와 노동자의 적대적 대립과 노동자와 노동자 간의 노선 차이에서 오는 비적대적 대립만이 전면에 나타난다.

---

21) 민족문학연구소, 앞의 책, p.234 참조

여기서 눈 여겨 볼 것은 작품의 총체성을 확보하기 위해 후반부가 따로 존재하지 못하도록 여순의 존재전이(存在轉移)를 '변모 과정을 통한 소시민적 지식인의 자기 의식의 청산 가능성'이라는 연결고리로 작품 전·후반을 이어주는 '중도적 주인공' 역할을 해내게 한 점이다.22)

그러나 임화는 이점을 강하게 부정하고 있다.

> 설야가 전주에서 돌아온 이후에 발표된 거의 대부분의 작품이 이러한 특색을 가지고 있다. 장편 『황혼』이 설야의 노력에도 불구하고 실패한 원인은 결코 작가가 과도기적인 옛 전통을 고집했기 때문도 아니며 더 한걸음 새 세계를 개척하려는 노력이 부족한 때문도 아니다.23)

이상과 같이 임화는 '성격과 환경의 조화'라는 분석틀을 마련하여 『황혼』을 일단 실패작으로 평가한다. 다시말해 여순은 『황혼』에서 결코 '중도적 주인공'의 역할을 다하지 못했다는 것이다. 임화는 당대 노동운동의 현실로 보아 낙관적 전망도 여순의 재생도 불가능하다고 본 것이다. 즉 임화는 『황혼』의 작품세계와 함께 주인공 여순을 전형적인 성격으로 파악하려 들지 않았던 것이다. 이 임화의 지적에 대해 한설야 자신은 '지식인의 전형적인 인간으로부터 역사적 기본 임무를 담당할 기본계급의 인간 전형'을 창조해 내려고 하였으나 성공하지 못했다고 시인하고 있다.24) 그러나 1년 후에 <『황혼』의

---

22) "작품 후 부분의 내용은 곧 전 부분의 내용의 직접적인 계속이며 그의 물리적인 발전이다." 리효윤 외, 『≪고향≫과 ≪황혼≫에 대하여』(조선작가동맹출판사, 1958), p.237.

23) 임화, "한설야론", 『문학의 논리(학예사, 1940), P.565.

24) 한설야, 「감각과 사상의 통일 – 전형적 환경과 전형적 성격」(조선일보,

여순>(조광, 1939. 4.)에서 '무장을 해제하지 않는 여순'을 앞 세워 이를 뒤집는다. 이러한 한설야의 상반된 모습은 합법적인 문학운동이 불가능해진 카프 해체 이후 그의 소설『황혼』속에 이미 반영되어 있었던 것이다.

『황혼』의 여주인공 여순이 작의에 따라 설정된 인물이라서 성격변화에 필연성이 없다는 임화류의 이상과 같은 지적에도 불구하고 시각을 달리하면 '중도적 주인공'이라는 필연성을 찾아 낼 수 있다.

> 그리고 이 소설에서 여순이가 행하는 역할 중 두드러지게 드러나는 것은 중도적 주인공의 역할이다. 그가 맺고 있는 여러 인간관계 특히 역사발전에 참여하지 못하고 몰락해 가는 경재와 같은 인물과 선진적 노동자로서 노동계급의 정치적 투쟁에 복무하는 준식과 같은 인물과 맺고 있는 관계로 인하여 인물들의 성격을 한층 더 잘 보여줄 수 있는 구성적 의의를 지닌다. (중략) 이 소설에서 여순이란 인물이 지닌 중도적 주인공으로서의 구성적의의와 관련지어 이해해야 옳을 것이다.[25]

이는 여순이 '중도적 주인공으로서 구성적 의의'를 갖고 있음을 지적한 것으로서 그의 상반된 모습 등의 성격변화상에 나타난 불완

1938), 3.8. 참조.

25) "위와 같은 여순의 성격 발전과정이 이 작품에서는 다소 부자연스럽게 드러나는데 그것은 여순이 이 작품에서 떠맡고 있는 중도적 주인공으로서의 역할과 관련시켜 살펴볼 필요가 있다. 즉 이 작품에서는 그녀가 맺고 있는 인간관계 - 소시민성을 탈피하지 못함 으로써 역사발전에 참여하지 못하고 떨어져나가는 경재와, 어렸을 적 친구이자 선진적 노동자로 노동계급의 투쟁을 지도해나가는 준식, 그리고 자본가 안사장과 맺은 관계로 인하여 인물들의 성격을 한층 더 잘 보여줄 수 있는 구성적 의의를 지닌다." 역사문제연구소 문학사연구모임,『카프문학운동 연구』(역사비평사,1989), p. 188. 송호숙, 앞의 논문 p. 43..

전성은 작품 전체적으로 볼 때 부차적인 것에 불과하다는 것이다. 도리어 여순이 자본가 계급과 노동자 계급의 중도에 서서 그들의 삶을 맺어주고 더 나아가 그들의 구체적인 삶의 모습까지 보여주는 필연성이 있다는 것이다. "작가는 이와 동시에 려순의 성격에서 선량하고 착실하고 진지하고 근면하면서도 불의를 증오하고 정의를 사랑하는 소박하고 강인한 본성을 보여 줌으로서 조선 려성의 전형적인 성격적 특질들을 구현하였다." 그외 "려순은 한설야가 창조한 장편 소설 『황혼』의 긍정적 주인공의 한 사람인 동시에 해방전 조선 문학이 창조한 긍정적 녀주인공의 한 사람이다."[26]는 것이다.

2.3 성장하는 노동자 계급의 형상화

작품의 전반부를 주도하던 여순이 노동자로 변신한 후반부에서는 그녀의 개인적 역할은 거의 없어지고 다만 노동자 계급의 일원이 될 뿐이다. 따라서 작품 후반부에 오면 주인공이 여순에서 노동자 계급으로 바뀐다고 볼 수 있다. 이렇게 후반부의 주인공으로 그려지는 노동자 계급을 한설야는 역사의 주체로 보고 악랄하기 짝이 없는 자본가와 대립시켜서 그들의 당당함을 보여주려 하고 있다. 이는 그가 신념으로 삼고 있는 맑스·레닌주의의 영향으로 볼 수 있는데[27] 한설야는 이러한 영향으로 노동자 계급을 긍정적이자 낙관적

---

26) 리효윤 외, 앞의 책, p.p.195-196.

27) "이는 「황혼」창작하기 앞서 한설야가 지니고 있는 관념이라고 할 것이며 이러한 관념의 바탕이 맑스·레닌주의이다. 이러한 관념 자체는 부정적이지 않다. 이러한 관념이 구체성을 획득한 역사적 진실이고, 그리고 그것이 작품의 객관성을 가능하게 하는 한에 있어서는 그렇다. 작품의 창작에 앞서 가질 수 있는 이러한 관념 자체를 부정하는 것 - 이는 대체적으로 정치적으로 그러한 관념의 반대편에 서 있는 사람들에 의해서 주장된다. 그들은 그것이 정치적인 것이라 해서 부정하고 있다. - 은 작품의 객관성을 작

인 인물로 형상화하려 했다.

그렇다면 여기서 살펴볼 것은 그냥 주인공이 되기위해 의도적으로 그려지는 다양한 노동자가 아니라, 투철한 의식을 가진 구체적인 노동자 개개인의 형상화 방식이다.

한준식은 여순과 동향으로 "시골에서 사립학교 보습과를 졸업하고 서울로 올라 와 중학교에 입학하여 빵장사를 하여 가면서 고학을 한다. 그러다가 중학교 3학년 때에 '란타한 일본인 선생의 퇴직을 요구하는 동맹 휴교의 선두에 선' 리유로 하여 출학 당한다."[28] 출학 당한 후 그는 안중서의 Y방직회사 직공으로 일하고 있다. 여순과는 어렴풋이 연애 감정을 갖고 있으나 동지애로 승화시킨다. 그는 동경 유학생 출신의 형철과 더불어 노동운동을 주도하는 선진 노동자이다. 여순이 소시민적 안락함을 버리고 고난의 노동자의 길을 택한 것도 준식의 영향이라고 볼 수 있다. 뿐만 아니라 여순 외, 『황혼』에 등장하는 모든 노동자 계급을 이끌어 눈을 뜨게 하는 작품 후반부의 남주인공으로 형상화되고 있다. 즉, 새 전동기 구입이나 기숙사 신설 등 산업합리화의 실상, 하기 경품제의 함정, 건강진단 뒤에 숨어 있는 정리해고 등의 회사측 음모를 밝혀 노동자들로 하여금 단결하여 이에 대항하게 한다. 또 준식은 학수의 부상 때 노선 차이로 갈등을 빚고 있던 동필이 손을 잡아주는 포용력을 발휘하여 노동자끼리의 연대감과 조직의 힘을 한껏 높힌다. 즉 준식은 춘원이나 沈薰의 소설에 등장하는 주인공과 같은 영웅이 아니라 조직의 일원으로 "언제나 로동자 대중의 리익을 옹호하여 나서며 자

가의 무당파성으로 호도하는 것에 불과하다. 이것이 '예술의 순수성'이라는 이름으로 내세워지는 부르조아지의 은폐된 당파성이라는 사실도 명백하다." 민족문학연구소, 앞의 책 p.p.241-242.

28) 리효윤 외, 앞의 책, p.177

기 개인의 리익을 생각하거나 또는 자기 개인의 명예를 내세우는 일이 없고, (중략) 로동자들 속에서 살며 그들과 함께 호흡하고 그들의 동경과 숙망을 대변하여 나서며, (중략) 대중의 신임과 존경을 받으며 에게 둘러 싸여 있"[29]는 전위의 모습으로 형상화되어 있다.

동필은 최고참 노동자로서 노선 차이로 준식과 갈등을 빚곤 하지만 아직도 많은 노동자들로부터 지지를 받고 있다. 그러나 그는 확고한 계급의식이 부족하여 점차 악랄해지고 교묘해지는 지본가의 수탈과 착취에 대응하지 못하고 운동 일선에서 거의 물러나 있다. 그래서 그는 노동자 개개인의 자발성, 도덕성, 양심에 기대를 걸뿐 조직적인 노동운동에는 관심이 없다. 그는 인도주의, 개량주의, 고립분산적 경향을 지닌 초기단계 노동운동의 지도자에 머문 것이다. 다시말해 그는 급진적이고 조직적인 정치투쟁보다 '직공의 실질적 이익을 위해서 노력'하는 경제투쟁이 더 바람직한 노동운동이라는 시각을 갖고 있는 것으로 형상화되어 있다.

여학교 퇴학생인 정님은 준식이나 동필과는 달리 부정적 노동자로 그려져 있다. 그녀는 성실하게 살아가는 다른 노동자들과는 다르게 자신의 분수도 모르고 몸을 팔아서까지도 계급 상승을 노리다가 마침내는 파탄하고 만다. 출세를 위해 애인 학수를 버리고 공장주임과 관계를 맺어 사무실 여비서 자리를 얻은 다음, 의도적으로 사장에게 접근하지만 그에게 농락만 당하고 버림을 받는다. 작가가 형상화한 이러한 정님의 타락상은 정님 자신의 죄라기보다는 당대 사회의 죄라고 보아야 할 것이다. '가축의 무리를 따라서 말 없이 걸어가는 사람이 제일 훌륭하고 선량한 사람인 세상'에서 또한 '일순간도 쉬지 않고 사람의 생명은 줄어 들고 있으니 한 웃음, 그리고 한

29) 리효윤 외, 위의 책, p.179, p.182

마디 말, 한 가닥의 노래는 말하자면 자기의 생명이 새어 나가는 것을 의미하는' 그런 처지에서는 정님은 타락하지 않을 수 없었던 것이다. 그러나 정님을 타락하게 한 그 사회는 정님에게 뒤늦은 깨달음을 준다. 단물만 빨아 먹고 버린 자본가에 기대었던 과거생활을 뉘우치면서 복수심에서 회사의 산업합리화 계획서를 복사해 준식에게 넘겨줌으로서 결과적으로 노동자 계급을 돕게 된다.

학수는 정님을 사랑하는 것 때문에 동료 노동자들 사이에서 따돌려지기도 하고 공장주임에게 불려가 시말서를 쓸뻔 했지만 준식의 우정어린 충고로 정님에의 집착을 버리리고 조직으로 돌아온다. 또 '너 따위는 천만을 모아 놔도 기계 한 대가 안 된다.' 말에 충격을 받아 움직이는 기계를 멈추지도 않고 벨트를 잡으려다 부상을 당하지만 주임이 괜찮으니까 어서 일하라고 다그치는 비정함을 보인다. 이에 격분한 동료들이 집단 항의하여 부상 당한 학수를 입원시키고 돈까지 모아 도움을 주자 조직의 고마움을 절감하기도 한다. 이런 일들을 겪는 과정에서 준식이가 진정으로 노동자들의 이익을 위해 싸우고 있음을 깨닫고 그를 적극적으로 따르게 되는 순진한 노동자로 묘사된다.

이 외에도 이 작품에는 녹샤구 낙범, 길림당나귀 기태, 준식을 연모하는 분이, 비참한 정님의 처지를 위로 하는 '시기도 없고 흐림도 없는 맑은 성격을 가진' 복술이, 내마도라는 별명을 가진 공장에서 제일뚱뚱한 사나이, 유치원 급장이라는 애칭을 가진 키 작은 사나이 등 다양한 개성을 지닌 노동자들의 건강한 모습이 구체적인 생활 속에서 생생하게 형상화되어 있다. 이처럼 다양한 노동자들의 형상화가 대립적 양상을 보이면서도 긴밀한 연관 속에 서술됨과 동시에 당대의 현실을 총체적으로 인식할 수 있었던 것은 그가 리얼리즘에 대한 확신이 있었기 때문으로 보인다.

2.4 창작방법

1920년 말부터 30년대 중반까지 지속되는 창착방법 논의는 구체적인 작품에 관련된 논의라기보다 일정한 시기에 창작될 작품의 원칙과 방향에 관한 논의였으며, 당시대의 모습과 모순을 그리기에 가장 적합한 창작방법으로 사실주의를 생각했다. 이 사실주의는 단순히 기교의 문제가 아니라 작가 세계관과 연관된 창작방법론이었음은 두 말할 나위가 없다. 이 중 문학이 현실을 반영하되 예술 자체의 고유한 방식에 의해 특정한 시대의 객관적 이론을 반영한다[30]는 프롤레타리아 리얼리즘을 바탕으로 창작된 장편 소설이 『황혼』인 것이다.[31] 즉 한설야는 그의 작품을 통해서 맑스－레닌주의 사상에 입각하여 우리 민족 운동에 맞춰 사회적 현상을 해석하고 미학적 평가까지 내린 토착적 기질을 보인 것이다. 다시 말해 국제 프로 문학 운동의 보편성에 우리 민족 운동의 특수성을 교묘히 합한 것이다.

『황혼』의 기본 갈등은 앞에서 여러 차례 언급한 대로, 일제 예속 자본가가 소위 산업 합리화를 내세워 노동자 계급을 일방적으로 탄압함으로서 생긴다. 이에 맞서 노동자들은 선진적 지도자 준식을 중심으로 점차 조직적 투쟁을 전개함으로서 갈등은 증폭되는데, 그들

---

30) 김영민, 한국문학비평논쟁사, 한길사, 1994 p.p349-350 참조

31) "한설야는 자기의 장편소설 「황혼」을 구상하고 창작 발표하던 시기에 벌써 기본적으로 맑스-레닌주의적 세계관을 체득하고 있었으며 그에 기초한 맑스-레닌주의적인 미학적 견해들을 소유하고 있었다.(중략) 창작방법으로써의 사회적 사실주의는 과학적인 맑스-레닌주의 세계관과 불가불리로 련결되어 있다." 리효윤 외, 앞의 책, p.p.223-224.

은 '하기경품제'와 '건강진단' 반대 투쟁을 거쳐 마침내 대중적 성격을 띤 총파업으로 치닫는다. 여기서 주목할 것은 조직적인 투쟁을 구체적으로 보여준 점이다. 또 투쟁 자체만 보여준 것이 아니라 노동자 계급의 염원과 이상도 함께 보여준 점이, 공상에만 그친 이전의 사실주의 작품과 구별되는 새로운 창작방법인 것이다. 또 하나의 창작방법으로 사회주의적 인도주의를 들 수 있다. 준식이 고참 노동자 동필과 노선 차이로 갈등을 빚었을 때 보여준 포용력이나 작업 중 큰 부상으로 입원해 있는 동료 학수에 대한 태도가 바로 그것이다. 그밖에 사회주의적 낭만주의도 들 수 있다. 준식을 비롯한 노동자 계급이 이상과 염원을 가짐으로서 보다 생동적인 모습으로 그려진 것을 필두로 착취와 억압이 없는 자유롭고 행복한 사회를 꿈꾸는 낙관주의적 모습들로 묘사된 것이 바로 낭만주의적인 창작방법인 것이다.

『황혼』에서 창작방법상 또 특기할 만한 것은 준식이 기본 갈등의 중심에 서 있음에도 그의 묘사 분량이 경재와 여순에 비해 턱 없이 모자란다는 점이다. 이는 일제의 검열제도, 작가의 창작 기법 미숙 등으로 말미암은 것이지만, 결국은 준식이 노동자 계급의 전위적 지도자로서의 성장 과정이 구체적으로 묘사되지 못한 중대한 결함으로까지 이어진다. 그럼에도 불구하고 준식의 형상화에서 창작방법과 관련하여 주목할 것은 그가 성숙된 의식을 갖고 노동자 계급을 이끌어 자본가 계급의 노동 탄압에 적극적으로 저항하는 새로운 형태의 긍정적 주인공으로 설정된 점이다. 이런 모습의 준식은 "금후의 문학은 완전히 유희적, 병득적, 향락적, 개인적 경향을 일소하고 「민중에의 필요한 작용」이라는 커다란 목적과 강대한 의욕을 파지하지 않으면 안된다."[32]는 한설야의 목소리를 대변했다는 점에서 창작방법상의 특별한 의의를 갖는다. 아울러 소시민의 안락함을 버리고 고난의 노동자 계급을 택하는 여주인공 여순의 계급적 성장의 경우도 준식과 마찬가지로 작가의 목소리를 대변한 것으로 보여진다. "대상으로 있는 그대로만 보고 발전성과 장래성을 내포한 변증법적 진행을 모르면 아무리 좋은 대상을 가지고도 그만 행방 불명의 작품을 만들거나 그렇지 않으면 소위 양키식 「해피앤드」로 마치기 쉬운 것이다."[33]라는 한설야의 주장이 이를 더욱 확실하게 뒷받침한다.

위에서 고찰해 보았듯이 1930년대 전반기의 사회적 현실을 반영한 『황혼』은 프롤레타리아 사실주의라는 창작방법을 틀로하여 쓰여진 소설로 파악된다.

2.5 개작의 문제

『황혼』의 개작은 여느 작가들의 보다 나은 형상화를 위한 퇴고(堆敲)식의 개작과는 다르다. 왜냐하면 "개작한 내용이 원본의 내용으로 간주되어 원본의 발표 연대의 문학사 서술에 이용"[34]되었기 때문이다. 1936년 발표될 당시 『황혼』은 문학사에서 주목 받을 만한 작품이 아니었다. 1950년대에 들어서야 비로소 북한 문학사의 중심에 서게 되었다. 이는 1930년대와 1950년대의 시대적 특수성을 감안해 보면 그의 틈새를 짐작할 수 있다. 따라서 『황혼』이 갖고 있는 한계를 수정할 때만이 북한 문학에서 요구하는 현실주의에 합당한 작품이 될 것이기 때문이다.

---

32) 한설야, 「계급 대립과 계급 문학- 조선문학의 경향과 계급문학으로의 프로문학에 대한 일고」{조선지광, 1927), 3월호,(남만에서 씀) p.74
33) 한설야, 「사실주의 비판」(동아일보 1931), 5. 17-7. 29.
34) 한설야, 앞의 논문, p.151

그 중요한 수정 대상으로 준식을 꼽을 수 있다. 준식은 여주인공 여순이 소시민적 안락함을 버리고 노동자의 길을 택하게 하는 데 가장 많은 영향을 준 사람임에도 그에 대한 언급은 분량도 적으려니와 전망이 뚜렷한 혁명가로 형상화되어 있지 않다. 그가 어떤 필연성을 갖고 오늘의 선진 노동자가 되었는지 당시대의 현실과 어떻게 연대하고 있는지 도대체 구체성도 없다. 단지 그는 여순과 동향이며 서울서 고학하다 제적 당한 후 안중서의 방직 공장에 다니는 직공이고, 여순과는 어렴풋이 연애 감정을 갖고 있으나 동지애로 승화한다거나 동경 유학생 출신 형철과 더불어 노동운동을 주도한다는 정도의 출신 성분이나 직업 등에 의한 평균적 인물로 설정해 놓았을 따름이다. 그래서 준식을 뛰어난 혁명가의 지도를 받은 진보적 성격의 남주인공으로 바꾸고 그가 주도하는 노동운동이 당대 사회의 특별한 전사회적 운동의 일환이 되며 나아가 이 모든 것이 김일성 항일 투쟁의 영향하에서 이루어지는 것으로 수정된다. 그러므로써 『황혼』은 1930년대 현실주의를 명실공히 대표하는 작품이 될 수 있었던 것이다. 따라서 『황혼』의 개작 문제는 형상화 차원에서 보면 여느 개작과는 판이한 특색을 가지고 있다 하겠다. 즉 문학적 기법의 측면에서의 개작이라기 보다 개작 내용을 원본의 내용으로 간주하여 원본의 발표 연대 문학사 서술에 이용할 목적으로 개작된 것이다.

이상에서 살펴본 형상화의 특색을 요약하면 다음과 같다.

첫째 『황혼』의 핵심적 형상화 특색은 대조적 수법임을 알 수 있다. 여명으로 시작해서 황혼으로 끝맺는 전체적 구조는 물론이고 소설 속에 설정된 인물들에서도 서로 마주 비치게 함으로서 그들의 성격이나 특징을 드러내게 하는 대조 수법을 쓰고 있다.

둘째 여주인공 여순이 전반부에서는 상반된 모습으로 후반부에서는 중도적 주인공으로 형상화되어 존재전이의 연결고리를 맡게 한 점이다.

셋째 성장하는 노동계급을 여러 계급과의 관계하에서 총체적으로 형상화한 점이다. 또한 그 안에 다양한 개성을 지닌 노동자들의 모습이 구체적인 생활 속에서 생생하게 형상화되어 있다는 점이다.

넷째 프롤레타리아 사실주의라는 창작방법을 틀로 하여 '새 형의 긍정적 주인공의 형상화를 창조'함과 한국적인 것을 강조하는 토착적 기질을 형성한 점도 빼놓을 수 없다.

다섯째 1950년대 『황혼』의 개작은 문학적 기법 측면에서의 개작이라기보다 개작 내용을 원본의 내용으로 간주하여 원본의 발표 연대 문학사 서술에 이용할 목적인 것으로 보인다.

지금까지 30년대 후반기의 문제적 장편소설 『황혼』을 등장 인물의 유형과 갈등 구조, 형상화의 특색으로 나누어 고찰해보았다. 이를 다시 항목별로 요약하면 다음과 같다.

첫째, 이전의 노동소설과는 달리 자본가계급, 중간계급, 노동자계급으로 세분화함으로서, 투철한 의식이 없어 양 계급간을 방황하며 갈등만을 부추기는 중간계급을 하나 더 설정하였다. 또 주제를 함축할 만한 주요한 등장인물의 애정갈등은 모두 삼각관계로 구성하였으며 그 애정갈등은 단순한 남녀간의 사랑놀음이 아니라 반드시 계급 간의 대립과 연관지어져 있다.

둘째, 자본가와 노동자간의 갈등은 적대적 모순에서 출발한 것이기에 그 대립구조는 평행선을 긋고 있으나, 노동자 서로간의 갈등은 개인적 성격 차이나 운동 노선의 차이에서 비롯된 것이어서 화해를 전재로 한 잠정적 갈등에 불과하다. 이 중 노동자의 내적 갈등은 자본가와의 투쟁을 실감있게 그리기 위한 복선인 것 같다.

셋째, 중간계급의 내적 갈등은 끝내 어느 한 계급에 귀속하고 만다. 여순은 계급의식이 투철한 노동자로 변신하고 경재는 자본가계급에 기생하는 현실추수주의자가 된 것에서 알 수 있다.

넷째 『황혼』의 형상화 특색은 대조적 수법을 쓴 점, 여순의 성격을 상반된 모습으로 그린 점, 이에 따라 전·후반의 구성이 판이하게 다른 점, 성장하는 노동계급을 구체적인 생활 속에서 총체적으로 묘사한 점, 프롤레타리아 사실주의라는 창작방법을 틀로한 점 그리고 1950년대에 문학사 서술을 위해 개작한 점 등이다.

이상의 특색에도 불구하고 이 작품에서 주제를 함축하다시피한 경재와 여순의 애정문제가, 분량면에서도 지나치게 많고, 내용면에서도 통속성을 벗어나지 못하며, 구성면에서도 심리묘사에 의존하거나 작위성이 드러나는 등 생동감을 얻지 못한 부분이 있어 작품의 질적 수준을 상당 부분 의심케하고 있다.[35)]

---

35) 백성우, 앞의 논문, p.26. 참조.

Ⅴ. 해방전 장편의 세계

처녀 장편 『황혼』이후 동아일보에 발표한 『청춘기』(1937. 7. 20~11. 29), 『마음의 향촌』(1939. 7. 19~41. 2. 14)과 매일신보에 연재한 『탑』(1940. 8. 1~41. 2. 14)에 등장한 인물들은 그 이전 작품들에서 즐겨 다루었던 노동자나 농민과는 사뭇 다른 소시민적인 지식인이거나 부정적인 인물들이 주류를 이루고 있다. 말하자면 『황혼』이전의 작품들이 노동자나 농민을 내세워 이념으로 일관하였고, 『탑』이 소시민적 지식인이나 부정적 인물들을 통해 자전적 가족사 묘사에 치중했다면 『청춘기』나 『마음의 향촌』은 그 중간쯤이라고 말할 수 있다.

1. 『청춘기』

비전향축 문인들 중에서도 가장 뚜렷한 인물이 바로 한설야이다. 그는 끝내 버티려했고 괴로워했던 것인데, 그것을 가능케 한 근본 바탕은 무엇일까. 이를 가장 분명하게 확인시켜 주는 작품이 그의 두 번째 장편 『청춘기』(≪동아일보≫, 1937. 7. 20~11. 29)다.[1] 이 작품은 『황혼』등에서 주류를 이루었던 개인사적 측면을 뛰어 넘어, 당대의 구체적인 시대 상황을 포착한 것이다.

총 21장으로 구성된 이 작품의 줄거리는 주인공 태호, 은히, 명순의 애정 삼각관계 형식을 취하면서 은히의 의식화 과정을 현실감 있게 엮어 가는 것이다. 태호는 동경 유학에서 돌아와 Y신문사에 다니는 친구 우선에게 취직을 부탁하던 중, 한 전람회장에서 은히를 만난다. 분명 초면인데도 철주(중학교 때 이상(理想)의 화신인 친구 철수의 누이) 모습과 비슷하여 낯설지 않았다. 그것은 철수에 대한 태호의 강렬한 동경 때문이다. 그 동경심은 끝내 은히와의 열렬한 사랑으로 이어졌는데, 알고보니 그녀는 재벌인 홍명학의 도움으로 동경의전을 졸업하고 역시 그의 알선으로 대학병원에 근무하는 여의사였다. 또 동경 유학의 동기생인 박용의 이복 동생이기도 했다. 전향자 박용은 홍명학에 빌붙어, 주로 표절한 글로 잡지사를 경영하는 속물적 지식인이어서 애시당초 태호와는 성향이 달랐다. 그러나 성향에 개의치 않고 서로 자주 만났고, 이를 계기로 은히와 명순(홍명학의 동생)과도 빈번히 접촉하게 되었다. 그러던 어느 날 태호가 갑자기 병으로 앓아 눕자 입원 수속과 문병을 중심으로 이들은 심

---

1) 정호웅 외, 『장편소설로 보는 새로운 민족문화사』(열음사, 1993). p.181.
특별히 주를 달지 않은 해방전 장편소설(『청춘기』, 『마음의 향촌』, 『탑』)의 작품세계는 한설야 자신이 쓴 글은 물론 다음의 글들을 참조했다.
송호숙, 「한설야 연구」(연세대 석사학위논문, 1989).
장상길, 「한설야 소설연구」(서울대 석사학위논문, 1990).
김윤식, 『한국 현대 현실주의 소설연구』(문학과 지성사, 1990).
정호웅 외, 『장편소설로 보는 새로운 민족문학사』(열음사, 1993).
이상갑, 「1930년대 후반기 창작방법론 연구」(고려대 박사학위논문, 1994).
장석홍, 『한설야 소설연구』(박이정, 1997).

각한 애정 삼각관계에 빠진다. 그럴 즈음에 홍명학 부인 정경이 정신질환으로 죽게 되고, 박용과 명순은 자기들의 계산에 따라 은히를 홍명학의 재취로 삼으려고 온갖 잔꾀를 부린다. 박용은 오빠라는 위치에서 은히를 죄여 오고 명순이는 Y신문사 사장을 곤드겨 태호가 기자직에서 쫓겨나게 만든다. 이후 태호는 행방이 묘연하게 되었다가, 공산주의 활동을 위해 국내로 잠입한 철수와 함께 검거된다. 그 소식에 접한 은히는 모든 것을 내팽개치고 태호의 고향인 원산의 한 병원 여의사가 되어 조용히 태호가 출감하기만을 기다린다.

이상의 줄거리에서 보듯이 『청춘기』는 작자 자신의 체험을 바탕으로 그 당시 지식인들, 즉 전향자와 비전향자 등의 서로 다른 모습을 통해 시대적 문제를 다루고 있다. 그러니까 이데올로기 분야를 전면에 내세우지 못했을지라도 선진적 지식인을 등장시켜 내심 이데올로기를 삭히고 있는 이들에게 용기를 심어준 셈이다.

이 점을 근거로 여기서는 『청춘기』에 등장하는 인물 유형과 갈등구조를 살펴보고 아울러 전형기 지식인이 갖고 있는 현실 인식을 중심으로 형상화의 특색을 간추려 보고자 한다.

1.1 인물의 유형

『청춘기』에 등장하는 주요 인물들을 비전향축과 전향자 또는 부정적 인물인 재벌로 나누어 그들에 해당하는 인물은 누구이며 그들의 성격적 특징은 무엇인가를 살피고 아울러 사상운동가와 기생적 지식인, 긍정적 인물과 부정적 인물, 기능적 지식인과 소시민적 지식인, 연애 상대자 상호 간의 갈등 구조를 밝혀 보고자 한다.

1.1.1 비전향축

어쩔 수 없이 전향한 척하면서도 가슴 한 구석에는 항상 철수(이상의 화신)가 자리잡고 있는 태호와 의식화 과정을 현실감 있게 보여 주는 은히야말로 비전향축의 본보기다.

> 태호는 그만 그자리를 이러서야할 것을 생각하는 순간 야룻하게 무엇에게 사로잡힌듯한 자기를 발견하였다. 우연(偶然)은 때로는 턱없는 행복감을 맛보게하는것이엇다. 실로 오늘은 태호에게잇어서 그러한 하루가 아닌가? 그는 부지중에 다시한번 장내를 휘둘러보았다.
>
> (언제 또 이런 우연히 올까?)
>
> 그러나 이러한 생각은 낙망이오 동시에 희망이없다. 그리하야 그는－희망에 불붙는젊은이의 머리는 알 수 없는 환희와 감상(感想)에 그윽히 떨리는것이엇다. 그는 우연히 본 그여인이 던져준 풀 수 없는 수수께끼를 안은채 그 자리를 이러섯다.
>
> 「박형 그만 실례하겟오」 하고 저편을 보며 이러서는 순간－아까의 그여인에게로 시선이 떠러지는 눈깜박하는 사이에 태호의 머리에는 무엇이 번갯불같이 번뜩하고 비쳣다.
>
> 태호는 마츰내 그여인이 주는 수수께끼를 풀수 잇엇다. 어째서 그같이 그여인의 얼굴에 시선이 쏠렷는지를 비로소 알수 잇엇든 것이다.
>
> 「천천히 한 번 만납시다.」하는 박용의 말이다.
>
> 「바뿌신데 감사합니다.」하고 저편에서 맑은 우슴을 지으며 이러나오는 숙경의 모양이 태호에게는 모다 꿈속같이 희미히 보이고 들렷을뿐이다.
>
> 그는 가슴에 한 개의 아름다운 보화를 품은채 전람회장을 걸어내려왓다.[2)]

얼핏보면 한 여인에 대한 단순한 연애 감정 같지만 그 내면에는 나라 밖에서 사회주의 운동을 펼치고 있는 철주에 대한 동경, 더 나아가 비전향축이 버티고 있는 것이다. 다시 말해 한 젊은 지식인의 이념적 고뇌는 결코 연애 문제에 국한되지 않았다. 사실 그가 연애보다 더 중요하게 다룬 문제는 처절한 경제적 궁핍상이다. Y신문사 기자인 태호가 함경도 수재 현장을 취재하고 돌아와 한 이야기 속에 수재민들의 피폐된 생활상이 생생하게 드러나 있는 것을 보아도 넉넉히 짐작할 수 있다.

> 태호는 또 말을 이엇다.
> 「그런데 다만 수재 때문만이 아니라 대체로 농촌의 피폐는 오래도록 내려오며 그만 만성이 되어버렸어요. 그러던게 이번 수재에 그 만성병 환자가 그만 거꾸러지고 거꾸러진 것을 발끈 해부해 논 것 같더군요…… 그전에 어떤 병원에서 극도로 쇠약한 환자를 수술하는걸 구경한 일이 잇는데 자꾸만 그 환상이 떠와서……」하고 그는 말하다가 곧 식사하는 자리인 것을 깨달으며 두 여자를 바라보앗다. 은히는 직업이 직업이라 별로 그런 티가 없는듯하나 명순의 얼굴은 약간 흐리어지는 것같앗다.[3)]

이 대화에서 보듯 이 비참한 삶을 탈피할 수 있는 유일한 길은 세상을 평등하게 만들어 줄 마르크스·레닌주의어야 한다는 것이다. 따라서 그들은 현실이 피폐해지면 해질수록 그들이 지향하는 이념은 더욱 뚜렷하고 절실하며, 철수로 상징되는 이념의 오로라(極光)

---

2) 한설야, 『청춘기』(한국근대장편소설대계 24, 태학사, 1988), p.9
3) 한설야, 앞의 책, p.p.81~82.

는 태호와 은히가 만난을 무릅쓰고 실천에 옮겨야할 절대절명의 빛이요 생명이다.

> 저녁을 먹을때까지 잠자코 곰곰 이해타산을 해본 박용은 힘써 감정을 죽여가지고 다시 은히의 방으로 건너가고야 백엿다.
>
> 「얘, 한번더 잘 생각해보는게 조켓다. 첫째 소개자의 체면도 잇고하니 우선 홍명학씨부터 한번 만나봐라.」하고 상냥히 말하는 박용을 무심코 쳐다보는 순간 은히는
>
> (참말 인간의 욕심이란 무서운 것이로구나!) 하는 아찔한 생각이나서 부지중에 한숨이 흘럿다.(중략)
>
> 「사람이 존귀한 소이는 오직 그맘에 잇는 것이다.」
>
> 지극히 평범한 진리를 은히는 이제야 첨으로 발견한 것 같이 기뻣다. 실로 탁류(濁流)와같은 이세대는 이진리를 가르쳐주기는 커녕 도리혀 그것을 흐리어주는것이다 그러므로 이평범한 진리나마 발견하기가 심히 어려운 것이다. 그러나 제머리로서 깨닫는 때의 쾌감은 또 그만치 더각별한 것이엇다.
>
> (너는 강자일수 잇다.)
>
> 은히는 어둠속에서 확실히 한줄기 광명을 본것이다.4)

잡지사 경영 자금을 마련해볼 요량으로 홍명학을 매재를 삼고자 하는 염치없는 박용의 유인, 돈과 명예를 거머쥔 신사이자, 의대를 졸업할 수 있게 학비를 대어주고 대학병원에 취직까지 시켜준 은인 홍명학의 은근한 흑심에 맞서는 은히야말로 '탁류같은 이 세대'에 흔들리지 않고 '이 평범한 진리'를 발견하여 '제 머리로써 이것을 깨닫는' '쾌감'을 맛보는 강자가 된 것이다. 이 대목이야말로 은히의 의식 성장 과정을 잘 드러낸 것이다.

---

4) 한설야, 앞의 책, p.p.135～136.

> 이번에는 은히가 떠날 차례다. 원산 어느 서양사람 병원에 취직이 결정된 것이다.(중략)
> 「언제까지라도……」
> 그는 돌아올 기약이 막연한 그 사람들(철수와 태호－인용자)을 언제까지던지 이바다와함께 기다리리라고하엿다. 또 언제든지 꼭 만날수 잇으리라고도 하엿다.
> 「공판때에는……」
> 필연코 법정에 나서고야말듯한 태호를 거게서 만나는 것은 어느 의미로 보면 더 질거운일일런지 모르는것이다.(중략)
> 은히는 일즉 본일이 없는 극광(極光)이 아득한 하늘 저편에서 빛어오는것같음을 깨달앗다……(중략)
> 그는 결코 자기를 불행하다고 생각하지안엇다. 그는 여전히 북으로 걸어가고잇다. 달은 뗴구름속에 들어갓다가 나올때마다 밝게 빛난다.[5)]

이는 단순히 은히의 태호에 대한 흔들림 없는 사랑만을 의미하지 않는다. 속을 잘 들여다 보면 그녀의 의식이 마침내 철수나 태호에 견줄 만큼 성장하였음을 보여주고 있다. 다시말해 은히는 마르크스·레닌주의에 빠진 그 자체 만으로 극광처럼 빛나는 황홀한 삶이 된 것이다.

1.1.2 전향자

당대 지식인의 타락상이 잘 반영된 대표적인 전향자로 박용을 꼽을 수 있는데, 그는 작품 속에서 주인공인 태호·은히와 거의 같은 비중을 차지하고 있다. 더구나 태호의 애인인 은히의 이복 오빠로

---

5) 한설야, 앞의 책, p.p.144～145.

등장하고 있다. 그는 동경 유학시절 한 때 태호와 더불어 진보주의적 이데올로기를 지녔었지만, 지금은 '겉과 속이 다른' '이기적인' 인물로 시류 따라 사는 세속적인 지식인일 따름이다. 예컨데 누이 은히를 등에 업고 재벌 홍명학에 빌붙어 잡지사를 경영하면서 '남의 글을 문체와 문구를 달리하여 늘여먹기와 줄여먹기에 이름이 난' 사기성이 있는 속물이다. 그러나 무엇보다도 그가 전향한 변절인으로서 '그러니 별수 있소. 당분간 세상되어가는 대로 돛을 다는 수밖에' 라는 체념적, 현실순응적 인생관을 공공연하게 드러내고 문화사업을 통해 '돈'을 벌겠다는 목적에 사로잡힌, 말하자면 이념의 순수성을 멀찍이 내버린 인물이라는 사실이 중요하다.[6)]

> 문화사업이란 시대와 역사가 옮겨갈수록 거게 따라서 발전하는것이 원칙이니까 가사 아무리 불경기한 때를만난다 하더라도 다른것처럼 심한타격은 받지안커든 (중략) 일본대지의 예를 보더라도 미두나 주식에서는 일천만원 이상을 버른 사람이없지만 출판사업으로는 그이상 잡은 사람이 수두룩하거든 그런데 또하나 존 것은 조선에는 아직 이사업의 비결을 아는사람이 없으니까 (중략) 말하자면 성공할가능성이 많다는걸 의미하는거고또 남이 눈뜨기전에 선손을 쓰면 십중팔구는 성공하는 법이니까......[7)]

문화사업을 영리만을 목적으로 하는 숱한 장사의 하나로 보는 박용의 속됨이 여실히 드러난 대목이다. 이는 곧바로 30년대 후반 전향자의 모델로 이어지는 부정적인 인물들의 표상인 것이다.

---

6) 정호웅 외, 『장편소설로 보는 새로운 민족문학사』(한설야의 「청춘기」론, 열음사, 1993), p.184.
7) 한설야, 『한국근대장편소설대계』,(청춘기, 태학사, 1988.) p.p.6.~7.

> 물론 명학이가 상처를 하기 전에도 박용은 언제든지 그의 안해가 죽을것을 믿고잇엇다. 또동시에 명학이가 재취하는 경우도 속으로 생각해보앗다. 그러면서 은히를 은근히 그후보자로 밀우어 보앗는것도사실이다.
> 『그때에는 은히도 물론 의이가 없겠지』
> 박용은 또 이러케 믿기도하엿다.
> 그러면 박용은 홍명학에게서무엇을 청하엿는가?
> 명학은 백만장자의 외아들이오 겸하야 오라지안어서 박사의학위를가질사람이다. 또 선량한 사람이오 중후한 신사다. (중략)
> 그러나 한가지 염려되는것은 은히의 마음이엇다. 은히가 태호를 어떠케 생각하고잇는지를 박용은 전혀알지못햇다. (중략)
> 우선 태호를 견제하려하엿다. 그러자면 명학이와 은히의 사이를 은밀한가운데 과장해서 태호에게 말하는것이 가장 조은 방법일것이오. 그말을 꺼낼기회는 바루 지금이엇다.[8)]

박용은 문화사업 뿐만 아니라 신변 잡사에서도 철저한 속물이었다. 명학의 돈줄을 놓지지 않기 위해, 아니 더 많은 지원을 받을 발판을 마련하기 위해 동생 은히를 명학의 재취로 들어 앉힐 음모를 꾸민다. 돈에 눈이 어두운 박용은 명학의 처가 불치의 병을 앓고 있다는 것을 알고 그녀가 죽기 전부터 동생 은히를 명학의 재취로 만들 생각을 하며, 그 장애물이 되는 태호를 떼어 놓기 위해 명학과 은히 관계를 과장하는 등 수단과 방법을 가리지 않은 채, 온갖 비인간적인 짓을 감행한다. 이는 어려움 속에서도 부패한 사회와 맞서 평등 사회를 일궈내고자 하는 꿈(마르크스 · 레닌주의)을 버리지 않고 불굴의 의지로 살아가는 태호 · 은히와는 잘 비교되는 부정적인

---

8) 한설야, 앞의 책, p.p.103~104.

인물이다.

박용만큼 부정적인 인물은 아니지만 학창시절에 지녔던 투철한 '의지'와 '강한 성격'을 버리고 현실에 무골호인처럼 순응하는 우선이도 전향자의 한 부류에 넣을 수 있다.

> 우선이도 어느새 옛날의 의기를 일혀버린듯하엿다. 그도 동경시대에는 상당한 시대의 총아로 자처하엿엇다. 입심도 조핫고 날파람도 잇엇다. 그러나 지금은 오직 먹고살일을생각할뿐이 아닌가? 사람은 이로써 족해야한것일까……[9]

동경 유학시절 그렇게도 '시대의 총아'로 각광 받던 우선이가 시대의 흐름에 맞춰 아무렇게나 현실에 타협하며 오직 먹고 사는 일이나 출세에만 급급하는 두리뭉실한 사람이 되어버린 사실 앞에 안타까움을 넘어서 '사람은 이로써 족해야 한 것일까'하는 인간적 회의마저 느끼게 한 것이다.

1.1.3 재벌

벼락부자가된 타락한 재벌이 지배하는 사회의 전형적인 인물로 홍명학과 변관수가 있다.

> 그런데 지금은 황금과명예로 은히를 낚아다가 제손에너흐랴는 명학이를 찾아가야한다는것은 이어인 운명의작히(作戱)이랴. 더군다나 명학은 사랑을 얻는 유력한 조건인 명예의 절정에선 이중(二重)의 승리자요 자기는 그명예를 세상에전하기위하야 머리

---

9) 한설야, 앞의 책, p.16.

> 를 숙이고 그앞으로 나가지안흐면 아니되는 일개의신문기자인것을 생각할때 운명의 히롱은 더한층 심각해지는 것이엇다.
> 『네, 그럿소?』 하고 제이름은 말도안하고 태호의명함을 본둥만둥 방바닥에 내어버리는 홍명학의 거만한모양을 태호는 벌써 머리에 그려보는것이다.[10]

모든 세상사를 오직 돈과 명예로만, 심지어 학문과 사랑까지도 돈으로 사려드는 홍명학의 한 단면을 잘 드러내고 있다. 홍명학은 일찍이 은히의 뒷바라지를 자처해서 의대를 다닐 수 있게 해주었고 졸업후 대학 병원에 취직까지 시키는 공을 들였다고는 하나, 그 당시 그는 정경이라는 부인이 엄연히 살아 있음에도 다분히 의도적인 뒷바라지를 한 것으로 그것은 도덕적으로 규탄 받아 마땅한 것이다. 더군다나 그의 연적(戀敵)이라할 태호를 대하는 거만한 태도는 타락한 현실에 정면으로 맞서려는 태호와 너무도 대조적이다.

또 다른 재벌 변관수도 이 범주를 벗어나지 못하는 전형적인 졸부다. 어쩌다 광산 노다지를 캐어 하루아침에 부자가 되고 보니 당연히 격에 맞지 않는 타락한 생활을 할 수밖에 없는 것이다. 돈 덕분에 사회 명사 대접을 받고 Y신문사를 사서 사장 자리에 앉아 온갖 독재를 부려보지만 그의 무식함과 무례함은 감출 길이 없는 것이다.

> 이튼날아츰 태호는 한장의서류편지를 받앗다. 신문사에서 온것이엇다. 해직사령인것을 그는 곧 지각하엿다. 내용은 『사규 제십삼조에 의하야 해직한다.』는 것이다. 사규십삼조의 명문이 무엇인지를 태호는 알지못하엿으나 구태여 알필요도 없엇다.

10) 한설야, 앞의 책, p.109.

태호는 한번 대충 흘려보고는 다시봉투에 너어서 책상설합속에 던저버렸다.[11]

박용과 명순이가 은히를 태호로부터 떼어놓을 양으로 계략을 세워, 태호가 Y신문사 사장 변관수의 욕을 하고 다닌 것으로 꾸미고, 변관수에게 일러받침으로써 태호를 끝내 해직시킨다. 소위 일본 유학을 다녀오고, 한 때 진보적 이데올로기까지 지녔던 지식인들이 자기들의 돈줄을 위해서 이같은 유치하고도 비인간적인 음모를 꾸몄다는 것도 우습지 않거니와 진상을 알아보는 것은 고사하고 변명의 기회마저 박탈한 채, 본인은 코빼기도 보이지 않고 애꿎은 편집국장을 앞세워 무조건 사직서를 받으려 드는 변관수야말로 불학무도한 타락자임이 틀림없다.

지금까지 살펴본 바, 한설야의 '생리적 오기'를 대변하는 비전향축의 태호와 은히는 타락한 현실에 정면으로 맞서려는 강한 의지와 수단 방법을 가리지 않는 유혹과 유인 속에서도 굳건히 의식을 키워 나가는 모습을 보여주는 마르크스·레닌주의자들이다. 반면 박용과 우선으로 대변되는 전향자들은 동경 유학시절 시대의 총아로 인정받았던 의지를 헌신짝처럼 내팽개치고 현실에 안주하는 무력함을 보여주거나 더 나아가 이권을 위해 재벌에 빌붙어 사는 기생적인 지식인들로 전락하고 만다. 또 태호와 은히가 긍정적 인물로 상징된다면 이에 극단적으로 대치되는 부정적인 인물로는 홍명학과 변관수가 있다. 이들은 한결같이 돈이면 모든 것을 살 수 있다는 속물근성을 갖은 재벌들인데, 타락한 사회의 조류를 넉끈히 타고 넘는 능숙함을 보인다. 그밖에도 동경상야음악학교를 나온 홍명학의 동생

11) 한설야, 앞의 책, p.128.

홍명순, 홍명순의 여자고보 동창이며 동경미술학교를 나온 박숙경, 홍명학의 부인 정경 등의 소시민적 지식인이 있다.

이상에서 논의한 인물의 유형과 그 갈등 양상을 요약하면 다음과 같다.

첫째 비전향의 축으로 국외 사회주의 운동가 철수를 이념의 오로라(極光)로 쫓고 사는 태호와 그와의 연애 과정에서 주체적으로 의식화 되어가는 은희라는 남녀 주인공이 있다.

둘째 태호·은희와 비슷한 비중으로 설정된 타락한 지식인 박용과 한 때 시대의 총아였음을 잊고 현실 순응의 무골호인으로 전락한 우선이라는 전향자들이 있다.

셋째 돈과 명예를 두루 갖춘 신사 홍명학과 금광으로 졸부가 된 Y신문사 사장 변관수는 타락한 자본 사회의 상징으로 부각되어 있다.

1.2 형상화 특색

한설야는 『青春記』에서 계속되는 이데올로기 분야와 인텔리층의 선진적인 노력을 형상화함으로써 모든 이데올로기 전선의 일꾼들에게 양심의 목소리를 전하고[12)]자 하는데 이런한 작자의 의도는 남매 관계, 삼각 연애 관계, 남녀 평등 관계, 상동 관계(꿈·환상·환각)라는 구성원리로 나타난다. 말하자면 박용과 박은희, 홍명학과 홍명순, 이철수와 이철주가 다 남매 관계로 설정되어 있고, 신여성 구여성식으로 확연히 나뉜 것은 아니지만 태호를 사이에 둔 은희와 명순, 은희를 사이에 둔 태호와 명학 등이 모두 춘원류의 애정 삼각

---

12) 이상갑, 「1930년대 후반기 창작 방법 연구」(고려대 박사학위논문, 1994), p.135.

관계로 구성되어 있다. 또 주인공 태호와 은히는 그 당시 남존여비 사상을 뛰어 넘는 평등 관계로 설정되었으며, 태호가 철수를 무작정 동경하게 하거나 정경이 홍명학에 대해 심한 의부증 증세를 보이도록 구성한 것은 상동 관계로 보여진다. 특히 환상의 철수와 현실의 태호, 환상의 철주와 현실의 은히 관계에 이르면 명백한 상동 관계가 된다.

1.2.1 남매

『청춘기』는 대부분의 등장 인물이 남매 관계로 되어 있다. 그러나 이 작품의 형상화 특색은 단순한 남매 관계로 드러나는 것은 아니다. 이데올로기를 복선으로 깔고 작가의 체험을 소재로, 남매 형식을 빌어 시대적 문제를 제기하고 있다. 예를 들면 상해에서 사회주의 활동을 하고 있는 것으로 여겨지는 중학교 때 친구 철수와 이성(異姓)으로써 간절히 그리워하는 철수 동생 철주는 철저하게 베일 속에 가려져 있고, 그 대신 목소리와 생김새가 철주와 비슷해 보이는 은히를 현실적인 철주로 대체하여 열렬히 사랑하게 함으로써 은히의 의식화 과정을 현실감 있게 묘사하도록 유도한 것들이다. 그밖에도 무기력한 명학과 잔꾀만 부리는 명순을 남매로 형상화했다든지, 속물적 지식인의 전형인 박용과 비전향의 한 축을 이루는 그의 이복 동생 은히를 대조시킨 점도 눈여겨 볼만하다.

(온 그런 남매도 잇담?)

그는 불현 듯 이런 생각을 하엿다. 어쩐지 박용이와 은히를 남매라고 생각할수 없엇다. 은히와 박용은 성격도 아무것도 모두 달르지 않는가－박용은 개가운편이지만 은히는 무거운편이엇고 박용은 얼굴에 잔꾀와 잔재간이 바글바글 나오는 사람이지만 은히는 밝은 하늘을 안은 호수같이 잔잔하고 은근한 사람이 아닌가……

(그런데 그가 박용의 동기라니……)

태호는 무의식한가운데 한탄비젓이 숨을 후 내쉬엇다. 이해관계에 따라서 조변석개 (朝變夕改) 박용의누이로 보기에는 은히의 사람됨이 너무도 아까운듯하엿다.

그러고보니 은히는 박용이 때문에 저도모르게 막대한 손실을 부당히 받고 잇는것같앗다.

(혹시 참말 남매가 아닌지도모르지?)하고 그는생각해보기도하고 또한편

(어떠케 남매 아니게 할 수는없을까?)하는 터문이없는 공상도 해보는것이엇다. 그리며 또 혹시 철수의누이가 어려서 이리저리 불려서 어떠케 박용의 집에서 키여나게된것이나 아닌가도 생각해보앗다.[13]

이 부분은 남매관계를 통하여 박용과 은히를 대조시킴으로써 박용에 대한 반감과 은히에 대한 호감을 동시에 드러낸 장면이다.

1.2.1 삼각 연애

이 작품은 한 마디로 삼각 연애 형식을 빌어 '비전향의 고뇌와 혼돈을 뚫고 샛길을 열려는 고통스런 모색'이다. 달리 표현하면 형식은 태호를 가운데에 둔 은히와 명순이 간에 벌어진 삼각 연애지만, 알짜 내용은 태호의 철수(마르크스·레닌주의)에 대한 동경과 은히의 정신적 성장 과정이다. 그러므로 이 때의 사랑은 통속적이고도 계몽적인 춘원류 차원을 넘어서, 다양한 군상을 통해 당대의 시대상

---

13) 한설야, 『한국근대장편소설대계』(청춘기, 태학사, 1988), p.29.

을 구체적으로 반영할 수 있었던 것이다. 그 중 은희의 의식화 과정을 살펴보면 타락한 전향자 박용이나 부정적인 인물인 홍명학 그리고 속물적인 지식인 홍명순의 집요한 유혹과 회유에도 아랑곳하지 않고, 외려 허무와 무위감에 빠진 태호를 사랑으로 감쌈으로써 환상으로만 존재하던 철수에게로 함께 향하게 한 점이 좋은 예가 될 것이다.

『청춘기』에서 벌어지는 또 하나의 삼각 연애 관계는 사상 운동가 태호와 타락한 재벌 명학 사이에 놓인 은희이다. 은희가 학비를 대어주고 취직까지 알선해준 명학을 버리고 가난뱅이 신문기자 태호를 선택한 것은 순전히 의식 문제이다. 이 사실은 은희의 정신적 성장과정을 단적으로 말해주는 것이다. 태호는 몹씨 불행한 처지에 놓여 있다. 박용과 명순의 음모로 신문사에서 해직되었을 뿐만아니라 그러한 탄압 속에서도 은밀히 사상 운동을 해야 하는 어려운 처지에 놓인 인물이다. 그럼에도 불구하고 은희는 태호를 사랑하는 것이 자기의 행복이라고 믿는 것은 의식의 문제가 아니고 무엇이겠는가. 이러한 은희의 정신적 성장은 타인의 강요없이 스스로 의식화 되어 갔다는 점에서 매우 현실적이며, 이 작품의 끝 부분에서 이러한 현실적인 의미가 더욱 배가 되도록 매듭지어진 것도 결코 우연은 아니다.

1.2.3 남녀 평등

이 작품에서 주목할 또 하나의 형상화 특색은 남녀 평등 관계다. 유교적 남존여비 사상이 팽배하던 그 시절, 『청춘기』전편(全篇)에서 남녀를 평등하게 다루었다는 것은 가히 혁명적이라 할만하다. 특히 주인공 태호와 은희의 관계가 더욱 두드러지는데, 은희가 태호와 교분을 갖는 과정은 물론 의식화되어 가는 과정까지도 이전의 계몽소설류와는 다르게 선진적인 남주인공이 범상한 여주인공을 깨우치는 것이 아니라, 은희 스스로가 태호와의 만남을 통해 자각해 가며 철저하게 주체적으로 사고 · 판단 · 행동한다.

남녀 평등 관계는 태호와 은희의 열렬한 연애 과정에서도 잘 나타난다. 그들의 사랑은 동지로써 평등한 입장에서 진행됨으로써 그 당시의 남성 우월 주의의 현실을 과감히 뛰어넘는 한 차원 높은 연애 소설이 되게 한 것이다.

1.2.4 상동 관계

태호가 철수를 동경하거나 정경이 홍명학을 의심한 것은 상동 관계로 보여진다.

> 『태호 의사를 불럿으니 바루들어누엇어 응 태호…』
>
> 주인댁은 태호를 껴안듯이하야 자리에 뉘라고 하엿다. 그리자 태호는 또 벌떡 일어낫다. 문선에 이마를 쪼으며 뛰여나오는 주인댁의 뒤에서 태호는
>
> 『아, 당신은…… 당신은 의사가 아니우…』 하고 외치고 잠시 잇다가 다시
>
> 『응, 이리 오시오… 철주씨…』 하고 애원하드시 부르짓는다.
>
> 『태호, 철주가 여기 왓어. 자아 들어누엇어 그리면 들어갈테니…』하는 주인댁의 말이 끝나기전에 태호는
>
> 『어디? 철주씨… 철주씨…』하고 잠시 숨이 맥혀서 말을멈첫다가 다시
>
> 『머리를 칼로 째주시오… 칼로…』하고 외치다. 주인댁은 또한번
>
> 『올아……』하고 생각하엿다. 위불없이 여자때문이라고 하엿다.

그리며
『요전에 왓는 두여자중에 누가 철주인가?』하고 생각하던 주인댁은 인차
『으레 그 이쁜 여자일테지』하고 스스로 대답하엿다.[14)]

여기서 보듯이 철주(사실상 철수다.)에 대한 태호의 환상은 홍명학의 부인 정경이 남편에 대해 갖고 있는 망상과 정신구조상의 상동관계라고 봐야할 것이다. 태호가 그토록 이상사회로 여기는 사회주의 운동을 터놓고 못하는 대신 철수만을 동경하는 심리나 불치병에 걸려 시한부 인생을 살면서 남편에 대한 극심한 질투를 느끼는 심리는 욕구 불만·소외 등에서 오는 정신질환이거나 싸이코라고 봐야할 것이다. 물론 태호는 단순한 의부증 증세를 보이는 정경과는 다르다. 그는 탁월하고도 진보적인 의식을 갖고 있으면서 역할 수행을 제대로 할 수 없는 현실 여건 때문에 스스로도 어쩌지 못하는 잠복된 광기라고 보여지기 때문이다. 그리하여 그 광기는 환상의 철수와 현실의 태호, 환상의 철주와 현실의 은히의 상동 관계로 나타날 수밖에 없는 것이다.

지금까지 논의한 형상화 특색을 요약하면, 탄압 속에서도 은밀한 사상 운동을 계속하여 내심 이데올로기를 삭히고 있는 지식인들을 일깨우고자 하는 구성원리로

첫째 박용과 박은히, 홍명학과 홍명순, 이철수와 이철주 등의 남매 관계 설정을 들 수 있다.

둘째 태호를 사이에 둔 은히와 명순, 은히를 사이에 둔 태호와 명학 등의 애정 삼각 관계가 있다.

---

14) 한설야, 앞의 책, p.p.48～49.

셋째 당시에 팽배했던 남존여비 사상을 초월한 태호와 은히의 남녀 평등 관계이다.

넷째 상동 관계로 보여지는 태호의 철수에 대한 동경과 정경의 홍명학에 대한 의부증세이다.

이상에서 처녀 장편 『황혼』의 경향과는 다르게, 소시민적 의식과 삶을 당대의 복잡다단한 관습을 통해 적라라하게 펼쳐보임으로써 주목을 받은 『청춘기』를 등장 인물의 유형과 형상화 특색으로 나누어 살펴보았다.

이를 한 마디로 요약하면, 인물 유형에는 이념의 오로라(極光)로 쫓고 사는 태호와 주체적으로 의식화 되어가는 은히, 타락한 지식인 박용과 현실 순응의 무골호인 우선, 타락한 자본 사회의 상징적 인물 홍명학과 변관수, 그 외에 명순, 숙경, 정경등의 소시민적 지식인이 있다. 또 형상화 특색으로는 끊임없는 사상 운동을 통해 지식인들을 의식을 되살리려는 구성원리로 남매 관계, 애정 삼각 관계, 남녀 평등 관계(새로운 여성관), 상동 관계(꿈, 환상, 환각) 등의 설정을 들 수 있다.

끝으로 한설야가 북한에서 『청춘기』를 개작했다.[15]는 사실에 주목할 필요가 있다. 1930년 당시 검열 때문에 노골적으로 표현하지 못했던 이데올로기 부분을 대폭 수정·보안하였음은 과연 무엇을 의미하겠는가?

---

15) 정호웅 외, 『장편소설로 보는 새로운 민족문학사』(한설야의 「청춘기」론, 열음사, 1993), p.191.

2.『마음의 향촌』

1939년 동아일보에 연재된『마음의 향촌』(일명『초향』)은 등장인물이나 배경이 약간 다를 뿐, 줄거리는『청춘기』와 비슷하다. 주인공 초향은『청춘기』의 은히처럼 출생, 성장과정, 이성교제 등이 기구하나 애시당초 의식이 뚜렷하여, 비전향축의 강한 의지를 드러낸다. 전문학교까지 나온 지식인으로서 부정적인 현실을 파헤칠 각오로 스스로 기생이 되어 형형색색의 인간상들을 만나나 이내 한계를 느끼고 마침내 지하운동을 하는 오빠를 찾아 떠나는 줄거리다. 총 13장으로 되어 있는 이 소설은 당대 현실의 부정적인 면을 제시하기에 안성맞춤인 '요리점'을 설정하여, 여기에 모여드는 갖가지 속물들의 타락상을 예리한 초향의 눈을 통해 그려낸다. '현대를 한 번 주물러주고 유혹해보고 싶은 충동에 뛰고 있'는 그녀는 의도적으로 많은 유형의 인물들을 만나면서 '오늘밤에는 행여나 인간 같은 인간을 만나나하고 기대'해보지만 지겨운 속물들 속에 부대끼면서 외려 실망만 더해간다. 30년대 후반의 사회상을 잘 반영하고 있는 '요리점'에 드나드는 군상들은 한결같이 혼탁한 인물들이어서 '이렇다 할 한 명의 인간'마저도 없는 터이다. '도대체 그들은 지금 세상에서 보고 듣는 그것만을 가장 아름답고 바르고 조흔 것이라고 생각한' 것이다. 요리점에 드나드는 인물들은 '명일'을 생각하지 아니하고 현실의 널부러진 모순에 흠뻑 빠져든 채, 쾌락만 추구하는 막가는 사람들이다. 금광 덕대 노릇을 하다가 갑자기 졸부가 되자 우선 오입부터 시작하며 첩을 셋씩이나 둔 수전노 박치호, 매일같이 빈둥대면서 요리집이나 기웃거리며 아버지가 빨리 죽어 많은 재산이 자신에게 돌아오기를 고대하는 양자 박용식과 그 패거리들, 초향이를 사이에 두고 라이발 의식을 갖고 요리집을 자주 드나드는 경성은행 전무 한상오와 행장의 측근인 유형식, 그리고 그들을 싸고도는 젊은 실업가들, 이들이 바로 작품에 나타난 속물들의 구체적인 모습이다.

요리점을 중심으로 한 이러한 속물 군상과 맞먹을 만한 또 다른 부정적인 인물로 초향의 아버지 이후작과 그의 양자 선근 그리고 집사격인 황주사가 있다. 이후작은 장안에 드소문한 명사지만 초향의 어머니를 첩으로 삼았다가 소망하던 아들이 아닌 딸을 낳자 초향과 그 어머니를 버린 비정한 사람이다. 우여곡절 끝에 처녀가 된 초향이 자기를 찾아왔을 때에도 그동안의 죄를 뉘우치기는커녕 초향 어머니의 원혼 때문에 자기가 병마에 시달리고 있다고 여겨, 저승에서의 죄값을 조금이라도 덜어보자는 생각으로 선영(초향의 본명)을 딸로 인정하고 재산을 나누어주려 한다. 한편 이후작의 양아들 선근은 어떻거든 선영이 이후작의 딸이 아님을 밝혀 이후작의 전 재산을 돌식하려는 음모에 여념이 없고, 황주사 역시 순진한 초향의 어머니를 호색한인 이후작의 첩이 되도록 주선한 장본인으로서 선근과는 반대 생각으로 어떻거든 선영이 이후작의 친딸임을 밝혀내고 그 과정에서 자신의 이익을 챙기려 한다. 이렇듯 이들 역시 요리집을 드나드는 속물들과 별반 다를 게 없는 추잡한 삶의 모습을 초향의 눈을 통해 구체적으로 드러내 보인다.

초향이가 요리점에서 만난 여러 사람 가운데 유일하게 긍정적으로 받아들이는 인물이 바로 권천민이다. 권은 직업이 무엇이며 그의 정체가 또한 무엇인지 뚜렷이 밝혀지지는 않지만, 뭔지 모르게 의식이 있어 보인다. 그는 초향의 오빠 상기와 동지인데 그의 부탁을 받고 수소문 끝에 초향을 찾아왔으며 그녀로 하여금 아버지 이후작을 찾아보도록 하는데 결정적인 역할을 한다. 이를 계기로 권천민과 초향은 사랑에 빠지고 마침내 그녀는 '이렇다 할 한 명의 인간'을 찾은 것이다. 그럼에도 불구하고 초향은 현실 개혁의 한계를 느낄 수밖에 없어, 권의 암시로 평생을 동경해 마지않는 오빠 찾아 나선다.

이상의 요지에서 보듯이 『마음의 향촌』은 『청춘기』에서 이미 형상화했던 부정적인 세태 현실을 재연하고 있는 것이다. 이 점을 뼈대로 삼아 『마음의 향촌』에 등장하는 인물의 유형과 형상화의 특색을 살펴보고자 한다.

2.1 인물의 유형

『마음의 향촌』에서의 인물의 유형은 『청춘기』에서와 마찬가지로 부정적인 인물들이 대부분이다. 요리점에 찾아다니는 여러 인물들은 한결같이 초향의 주위를 맴도는 타락한 사람들이다. 이 점에 착안하여 등장한 인물들을 주인공 초향, 속물적 군상, 초향의 생부와 그 주변 인물들, 그리고 긍정적 인물로 나누고, 그들에 해당하는 인물은 누구누구이고 그들의 성격은 어떠하며 그들 간의 갈등 구조는 무엇인가를 알아보고자 한다.

2.1.1 주인공 초향

한설야는 비전향축의 버팀목으로 초향을 등장시킨 것이 분명하다. '제왕인 듯 스스로 거룩하다. 누가 나를 깔보랴. 허공에 뜬 별과 같이 하계(夏季)의 못난이들을 비웃을 특권을 누가 내게서 빼앗으랴. 맘껏 웃으리라.' 라는 그녀의 외침만 보아도 이내 알아차릴 수 있다. 대부분은 먹고 사는 방편으로 어쩔 수 없이 기생의 길을 걷는데 비해, 초향은 전문학교까지 나온 지성인으로서 기생이 되기를 자원하였음에 주목할 필요가 있다.

> 초향이라는 예명을 지은 이유도 그가 문학을 즐기는 한 증거다. 그는 기생으로 나오기 바루전 기명을 짓기에 여러날동안 고심하였다. 처음에는 수향(水香)이라고 지었다. 그러나 종시 맘에 들지 않어서 여러 가지로 생각하던 끝에 『톨스토이』전기를 읽다가 편 뜻 좋은 생각이 났다. 『톨스토이』는 일즉 고가색 지방에서 발에 밟혀도 밟혀도 발만 떨어지면 인차 또 머리를 처드는 이름없는 풀을 보고 유명한 역사소설 『하지무라아드』를 썼다는 대문에서 귀가 띠여 풀초짜 말향짜를 따다가 초향이라고 한것이다.[16]

이 대목을 잘 음미해보면 이 작품의 창작의도를 어느 정도 찾아낼 수 있다. 이 이름은 초향의 삶에 대한 의지이자 작가 자신의 자존심이기도 하다. 그녀가 '밟혀도 밟혀도 발만 떨어지면 인차 또 머리를 처'들 만큼 강인한 여자이기에 요리집에나 드나들며 시류따라 생각 없이 살아가는 뭇 남정네들은 사람으로도 보이지 않는 것이다. 그들의 삶의 모습은 너나 없이 현실적 쾌락에만 빠져서 나날을 소비할 뿐이지 결코 '명일'이 없는 것이다. '말하자면 『오늘』을 영원히 사랑하고 오늘을 날마다 느려가는 것을 히망하는것이다.'

> 이밖에 또 여러 가지 사람이 많다. 도무지 상상할수없는 기기괴괴한 사람이 쉴세없이 드나든다. 요리점이란 실로 형형색색의 인간전람회와도 같은 것이다. 이따금은 양복을 별나게차린 딴쓰잘한다는 모던청년도 오고 또 죄없는 머리들을 주리질해서 요상하게 만들어논 거리의 예술가도 온다.

16) 한설야, 근대장편소설 대계 22(초향, 태학사, 1988), p.10.

허나 초향이에게는 모두 완전한 남이다. 그들에게서 초향이는 아무런 흥미도 느끼지 못한다.[17]

이러한 세속적인 인간들을 날카롭게 비판하는 초향의 마음 한 구석에는 비록 기생이지만 여염집 아낙보다 더 인간다운 삶을 살아보겠다는 오기와 자신의 가치관에 꼭 들어맞는 인간다운 인간을 찾고 싶은 마음이 도사리고 있는 것이다. 그런 차에 권천민이 그 앞에 다가선다. 강인한 야인(野人)의 풍모를 지닌 권은 초향이 그토록 동경하고 있는 오빠 민상기의 가까운 벗이며 오빠의 부탁으로 초향을 데리러온 청년이다. 그녀는 이런 상황에서 필연적으로 권을 좋아할 수밖에 없었다.

2.1.2 속물적 군상

『마음의 향촌』에 등장하는 속물적 군상의 구체적인 모습은 광산졸부 박치호와 그의 양아들 박용주, 경성은행 전무 한상오와 은행장 측근 유형식 그리고 그들 주변에서 빈둥거리는 젊은 실업가들이다.

『애 이런판에 신세 고쳐야한다.』
박치호의 영리한 병정은 이렇게 초향이편을 들듯 일깨워준다.
(중략)
『애, 돈 모으는일도 어려운 일이지만 쓰는 것도 어려운일이다. 허나 이사람들은 돈이 물이다. 물쓰듯한다 말이다.』
또 이렇게 말한다. 허나 박치호가 구두쇠인 것은 장안이 다아는 사실이다.(중략)
『이년, 너 아직 내손택 모르는 구나.』

---

17) 한설야, 앞의 책, p.12.

> 그리며 박은 억센 손으로 초향이팔을 끌어 그 몸을 제 촉각권내(觸覺圈內)로 웅켜넣으라 한다.
> 『영감 망발이십니다.』(중략)
> 그리며 초향이는 슬쩍 몸을 뽑았다.(중략)
> 박치호는 아무리 보아도 초향이가 귀엽고 탐스러워서 견딜 수 없었다. 초향이의 옥같이 히맑은 살결밑에서 붉은 핏줄이 야수와 같이 소리쳐 뛰노는듯 건강해보이고 또 한번 보면 볼수록 눈같이 녹아서 형상조차 없어져버릴것같이 아름답다.[18]

여기서 알 수 있듯이 박치호는 졸부의 전형적 속성을 여지없이 드러내는 것이다. 첩을 셋씩이나 둔 수전노가 자제할 수 없는 육욕의 포로가 되어 또 다시 돈으로 초향을 매수해보겠다는 속셈을 드러낸다. 하지만 초향은 여느 기생과는 다르다. 외려 그들 머리 위에 앉아 그들을 관찰하고 비판할 목적으로 기생이 된 그녀가 아닌가.

> 『박치호란 사람은 첩이 셋이오, 그 아들이란자는 제혈육이 아니라 먼 일가에서 들어온 양자다 네가 말하는 그사람말이다.』
> 『조선의 『보와이에』라던 그 사람 말이지오.』
> 『그래 그런데 박치호란 사나이가 졸지에 부자가되자 맨첨으로 개시한것이 오입이다. 그 양자도 애비보다 못지않니라, 그래서 돈의 뒤를 따라 그집으로 찾아든 것은 화류병이다. 아비도 아들도 바지고춤을 움켜쥐고 얼굴을 찡기고 그병 고치노라고 의학박사 하나를 도거리로 지정 의사로 정했다. 고치면 인차 또 제 도루메기될걸 고쳐서는 뭘하는겐지.』
> 초향이 쓴 입을 다시고 또 말을 이었다.
> 『그런데 또 우슨 것은 그 아비란 위인이 남더러 자랑삼아 아들 흉을 보는 그거란 말이다.저도 뻔히 그런 병을 앓건만 그건

---

18) 한설야, 앞의 책, p.16, p.21 p.26.

선반에 얹어놓고 저놈 남중학교 다닐 나이부터 몹쓸 병을 올려 가지고 다닌단 말야…… 이렇게 요리집에서 내놓고 욕하는걸 일종 제집자랑처럼 한단 말이다. 가난하던 사람이 졸지에 돈이 생기고 계집이 따르게되면 자랑하고싶어 못견디겠나 보드라.』[19]

박치호 가족들의 생활상을 잘 보여주고 있는 대목이다. 본인이야 내노라 하는 난봉꾼이니까 말할 것이 없지만 부전자전이 양자에까지도 맞아떨어져 아들 용주마저 그모양이니 더 말해 무엇하겠는가. 게다가 용주는 재산을 물려받을 욕심으로 병고에 시달리고 있는 양부를 정성껏 간호하기는커녕 하루 빨리 죽기를 고대할 정도로 타락한 불륜아다. 본인이 이러할진대 그 동무들이란 또한 어떠하겠는가. 하루는 초향이가 식도원에 불려갔는데 '손님은 금광나리낑 바치호의 양자박용주와 그의 동무들이'었다. 두말할 것도 없이 '용주의 동무란 거게 하는 일없이 번들그리고 건등으로 유흥할 구실을 만들어 가지고는 요릿집 오기를 일삼는 축들이다.'

또 다른 속물적 군상의 축으로 '요릿집 잘 다니기로 또는 기생욕 잘하기로 유명한 어느 은행전무 한상오와 늘 그들을 싸고 도는 젊은 실업가들'과 '그러루한 패들과 요리점 잘다니기로 유명하고 그담 하나는 같은 은행 전무와 기생 경쟁하기로 유명짜'한 '경성은행 젊은 행원 유형식'을 들 수 있다. 그 외에도 사업상 은행의 도움 없이는 살아남기 곤란한 실업가들로 은행전무의 비위를 맞추려고 요리집을 드나들며 아첨을 일삼는 패거리들을 들 수 있다.

『나도 그시각에 꼭 갈테니요. 만일 유상이 그시간에 안오면 열두 시까지는 기다리겠어요. 꼭요네, 잊으면 안돼요.』

---

19) 한설야, 앞의 책, p.63.

『내달 보름이라……』

『그렇지요 음력 보름이니까 자칫하면 잊고 넘어 가기 쉽지만 그걸 잊는가 안잊는가보자는 거니까요 호호……』

초향이는 속으로 또 웃었다. 그는 지금 그날 밤에 동원시킬 배우와 실연 광경을 머리에 그리고 있는 것이다. 한상오와도 청량리 솔밭으로 오라고 아까 말해 두었든 것이다.

형식이와 전무 상오 금광 나리낑 박치호와 그 양자 박용주……

우선 이렇게 골라놓고 보니 웃움이 안나올수 없다.[20]

이런 속물들을 골탕 먹일 계략으로 자기에게 추근대는 이 사람 저 사람들에게 동시에 만날 약속을 한 것이다. 이토록 초향은 속물들을 못마땅하게 여겨 가차없는 비판을 가하기도 하지만 한편으로는 그들이 개과천선해서 참 삶을 찾기를 바란다. 그러나 그런 바램은 당대 세태로는 어림없는 일이었다.

2.1.3 초향의 생부

요리점에 드나들는 속물들과 맞먹을 만큼 초향의 냉혹한 비판을 받는 등장 인물들이 바로 그녀의 아버지 이후작과 양자 선근이 그리고 황주사이다.

『저어 대감마님, 그전에 낙원동 살던 백씨라는 젊은 부인을 기억하시겠습니까.』하고 물었으나 이후작은 역시 무표정한 얼굴이다.

『제가 그 백씨의 딸입니다.』

---

20) 한설야, 앞의 책, p.222.

> 그래도 아무 딴동정이 없다.
>
> 이후작은 젊어서 수탄 계집을 참새같이 넘나들어서 기수 없는 계집의 인상과 기억이 늙어가는 사이에 머릿속에서 서루 반죽이 되고 또 맞부디쳐 산산히 부서저 버린심인지 백씨라는 존재를 얼뜬 기억해내지 못하는 상이다. 또 만일 그렇지 않다면 노환이 무거워서 의식이 아주 어질떠분 한것인지도 모른다.[21]

수소문 끝에 용기를 내어 찾아간 딸을 보고도 전사를 기억해내지 못할 만큼 여자 관계가 복잡했던 초향의 아버지다. 하지만 그가 바로 초향의 모녀를 버린 비정한 호색한어었으므로 '그 사실은 누구에게보다도 이후작 대감 가슴에 가장 깊이 간직되어 있을 것'이다. 그래서 이후작은 '염라대왕 앞까지 가지고 나갈' 걱정 때문에 종래에는 그녀에게 얼만큼의 재산을 떼어줌으로써 면죄부로 삼을까만 생각하지, 모녀를 그 지경으로 내팽개친 것에 대한 뉘우침은 눈꼽만큼도 없다.

그가 재산을 모은 과정도 가관이다.

> 생부형제는 본시 노름꾼이라 남의 빚이 많았다. 그래서 빚쟁이들이 이 소문을 듣기 무섭게 돈을 받으려고 덤비어 알아본즉 그들 형제 앞에는 땅땅 무일푼이었다.
>
> 그래서 빚쟁이들이 각방으로 수탐해본 결과 그돈은 선근이 아버지의 근친인 이주호(지금의 이후작)에게 들어간 것이 판명되었다. 그저 가져간 것이 아니라 이왕에 돌려준 빚으로 받아간 것이라고 이주호는 말하고 있었다.[22]

---

21) 한설야, 앞의 책, p.233.
22) 한설야, 앞의 책, p,256.

이후작이 얼마나 부정한 방법으로 축재했는지 그 형제간들이 얼마나 허랑 방탕했는지를 여실히 알 수 있는 대목이다.

이밖에도 초향의 생부와 관련해 등장하는 인물로는 재산 상속에 혈안이 되어 초향이 친딸이 아님을 증명하려 무진 애를 쓰는 양아들 선근과 반대로 초향을 친딸임을 확인시켜 자기의 금전적 이득을 꾀하고하는 황주사가 있는데, 초향의 눈에는 이들도 똑같은 부정적인 인물로 보인다.

2.1.4 긍정적 인물

초향에 혹해서 요리점을 찾는 위인들은 약속이나 한 듯이 모두가 부정적인 인물들인데, 그 중 흙탕 속의 진주와 같은 존재가 하나있다. 바로 권천민이다.

> 권이라는 청년은 나이 삼십전후다. 그다지 크지는 않으나 오똑하게 앉은품이 수월찮이 다부지게 보인다. 그리고 사람을 보는 눈이 이상히 날카로우면서도 한편 영롱하고 은윽한데가 있어 그 재기와 인끔을 아울러 보여주는듯하다.
>
> 차림은 양복일망정 시굴사람처럼 수수해보이나 그 언어동작과 얼굴은 근대적인 분위기를 가지고 있다.
>
> 종용히 앉어 남의 말을 듣다가 천천히 자기의 말을 꺼낼때, 벌써 그 얼굴에는 굳은 신념과 비판이 번득이기 시작한다. 그래서 마주앉은 사람으로 하여금 얼마든지 말을 하고싶게 하고 또 그 대답을 듣고싶게 한다.
>
> 초향이는 오래간만에 말동무를 만난듯이 반가운 맘이 들었다. 더욱이 어느사이 피차 그렇게 되었는지 대화에있어 조선말로 표현하기 어색하고 쑥스러운데는 상해서 하든 버릇으로 이내 외국어를 섞어서 이야기는 한결 더 수월히 진행되었다.[23]

권의 정체가 초향의 눈에 뚜렷하게 드러난 것은 아니지만 지금까지 상대한 부정적인 인물들과는 뭔가 다른 느낌이 든 것이다. 더구나 그렇게 목메어 찾던 오빠의 소식과 주소를 권이 알려주자 초향은 '그만치 권을 믿었고 또 인제 권과 자기의 몸을 갈라져 있을 존재로 도저히 생각할 수 없'게까지 된 것이다. '「아! 오빠의 주소……」 그는 오빠와 권을 한자리에서 만나는 듯 이름할 수 없는 감격에 차라리 떨고 있었다. 그것은 십년나마 두고두고 알려진 사뭇친 소원이다.' 그리하여 초향은 이 지겨운 현실을 훌훌 털어버리고 꿈에도 그리던 오빠를 찾아 나서는 것이다.

지금까지 『마음의 향촌』에 나타난 인물 유형과 갈등 구조를 알아보았다. 이를 요약하면 다음과 같다.

첫째 예리한 눈으로 30년대 후반의 타락상을 비판하고 있는 주인공 초향은 비전향축의 버팀목임이 확실하다.

둘째 초향에 반해서 오금을 못 펴는 속물적 군상들로는 광산 졸부 박치호와 그의 양아들 박용주, 경성은행 전무 한상오와 은행장 측근 유형식 그리고 그들 주변에서 빈둥거리는 젊은 실업가들이 있다.

셋째 또 다른 부정적인 인물로는 초향의 생부 이후작, 그 양자 선근과 집사격인 황주사가 있다.

넷째 유일한 긍적적 인물로는 초향의 이상에 꼭 들어맞는 지하운동가 권천민이 있다.

---

23) 한설야, 앞의 책, p.148.

2.2 형상화 특색

이 작품의 형상화 특색으로는 초향의 눈을 통한 세태 묘사(부정적 현실 묘사 치중)와 우연성의 남발 그리고 하나의 축이 또 하나의 다른 축을 향하는 창작원리(꿈, 환상)를 들 수 있다.

2.2.1 세태 묘사

이 작품은 주인공 초향을 통한 30년대 후반의 부정적 현실을 묘사하는데 치중하고 있다. 작가는 초향을 유목적적으로 기생이 되게 한 후 요리집에 출입하는 당대의 타락 인사들의 행태를 엿보게 하고 나아가 돈과 비리 그리고 아부와 몰염치가 판을 치는 30년대 후반의 세태를 구체적으로 드러내게 한다. 뿐만 아니라 그들이 초향에 빠져 있음을 미끼로 그들을 맘껏 놀려댄다. '아니 열시까지 그리로 혼자 오서요. 나도 그시간에 갈테니요.' '한께 가면 안되나? 집에서나 요릿집에서 만나서 말야' '않에요 안돼요.' 초향이가 이렇게 한강으로 또는 청량리로 그들을 불러내어 부자지간 또는 동료지간에 낭패가 되도록 연출 한다.

2.2.2 우연성의 남발

오늘밤은 뜻하지않은 일만 연성 생기는 날인가부다 하는 생각이 들었다.

손님은 바루 권이라는 청년이다. 단 한번 요릿집에서 만나보았고 그리고 별로 생각해본 일도 없는 이 청년이 꿈에 보인것을 지금 다시 생각해보니 세상일이란 모두 야릇한 장난으로만 마련된것 같다.

> 바루 어끄제 알지못하는 사람에게서 놀라운 편지를 받고 오늘밤 뜻하지않은 행낭아범을 만나고 그리고 지금 또 왕청되게 권이라는 청년을 만나고[24)]

세 가지 우연이 한꺼번에 생긴 것이다. 이 중 권천민이 꿈에 나타난 장면은 지나칠 정도로 노골적인 우연이다. 이러한 크고 작은 우연성은 작품의 도처에 나타난다. 초향이가 추잡한 현실을 박차고 뭔가 의식이 있을 것만 같은 오빠를 찾아가는 과정을 필두로 우연적인 이야기는 참으로 많다. 이것이 바로 『마음의 향촌』을 통속소설로 이끈 한 요인인 것이다. 한편 광산 졸부 박치호와 그 양자 박용주, 초향의 아버지 이후작과 그 양자 이선근 그리고 같은 경성은행 전무인 한상오와 행장 측근의 젊은 행원 유형식을 대조시키는 수법도 우연성의 일면으로 보여진다.

2.2.3 창작원리

> 30년대 후반기에 창작한 장편소설의 창작원리가 여지없이 드러난다. 그것은(중략) 어떤 한 축이 또 다른 한 축을 향해 끊임없이 나아가는 구조이다. 그것은 초향이의 "사람을 미워하고 세상을 비웃는 맘이 도리어 생명을 타오르게 하는 기름이 될 수 있다."는 말에서 잘 드러난다. 한 축이 끊임없이 의식의 성장을 보이면서 발전적인 방향으로 지향해 가는 과정에서 권이라는 청년은 훌륭한 매개자로서 기능한다.[25)]

초향이가 기생을 자원하여 의도적으로 형형색색의 군상을 만나려

---

24) 한설야, 앞의 책, p.147.
25) 이상갑, 「1930년대 후반기 창작방법론연구」(고려대 박사학위, 1994), p.116.

할 때부터 그에게는 자각적 의식이 있었다. 그런 그에게 권이 다가와 개조의 노력을 거드러줌으로써 '한 축이 끊임없이 의식의 성장을 보이면서 발전적인 방향으로 지향'하게 만들어 놓고, 끝내는 권이 '그렇게 찾던 오빠의 소식과 주소를 적어 놓고 소리도 없이 사라져 버리는 데서 집약적으로 드러난다.' 말하자면 초향의 의식은 현재 생활을 청산하고 혼자 오빠(이데올로기)를 찾아 나설 만큼 성숙했음을 의미한다. 이 의미는 단순히 초향 개인의 이데올로기라기보다 1930년대 후반기에 창작된 모든 장편소설의 창작원리로 비전향축의 이념성를 그나마라도 지켜나가려는 안간힘이라고 볼 수 있다.

이상에서 드러난 『마음의 향촌』의 형상화 특색을 요약하면 다음과 같다.

첫째 주인공 초향의 눈을 통한 30년대 후반의 부정적인 세태에 대한 구체적인 묘사다.

둘째 통속소설화 요인으로 보이는 지나친 우연성의 남발이다.

셋째 한 축이 또 다른 하나의 축을 향해 끊임없이 나아가는 30년대 후반 장편소설의 창작원리가 드러난 것이다.

지금까지 한설야의 내적 자존심 또는 자부심을 주인공 초향의 입을 통해 강하게 드러내고 있[26]는 『마음의 향촌』을 등장 인물의 유형과 갈등 구조, 형상화 특색으로 나누어 분석해 보았다.

이를 다시 인물의 유형별로 요약하면 비전향축의 버팀목인 초향, 초향을 찍쩝거리는 속물적 군상, 또 다른 부정적인 인물인 초향의 생부와 그 양자 그리고 유일한 긍정적 인물 권천민이 있다.

다음으로 형상화 특색을 요약하면 주인공 초향의 눈을 통한 부정적인 세태 묘사 치중, 지나친 우연성의 남발, 한 축이 또 다른 하나

---

26) 이상갑, 앞의 논문, p.115.

의 축을 향해 끊임없이 나아가는 창작원리다.

3. 『탑』

가족사 연대기 양식을 띤 『탑』은 1940년 8월 1일부터 이듬해 2월 14일까지 매일신보에 연재된 한설야 네 번째 장편이자, 해방전에 쓴 마지막 자전적 소설이다. 러일 전쟁 직후를 시간적 배경으로 삼은 이 작품은 우길이라는 한 소년의 시골 생활과 가출 후의 서울 생활을 다루고 있다. 30년대 후반의 현실을 드러내고자 한 『탑』은 함흥의 봉건 지주 후손이자 유교주의자인 박진사와 그의 호기심 많은 둘째 아들이자 개화주의자인 우길의 두 세대간에 벌어지는 역사적 변동이 이야기의 중심에 서 있다. 박진사가 제국주의와 자본주의라는 현실에 밀리는 구식 사람이라면 우길이는 근대화의 물결을 타고 새로운 인생을 시작하는 신식 사람이다. 그 중 박진사는 조상을 받들고 명예를 중시하는 전형적인 봉건 양반이다. 그는 러일전쟁 직후 함경도에서 의병이 봉기하자 수비대의 요청에 따라 이들을 투항시키기 위한 선무작업에 참여하나 의병의 저항이 거세지자 신변의 위협을 느낀 나머지 그 수비대에서 탈출하고 만다. 그후에도 그는 군수에 천거되나 의병 진압이 겁나서 서울로 피신한다. 이후 그는 집안을 다시 일으켜 세울 작정으로 조상 대대로의 숙원 사업인 황무지 개간을 시도해 보지만 구시대적 경영 방식으로 인해 몰락의 길을 걸을 수밖에 없었다. 이런 아버지와 달리 둘째 아들 우길이는 봉건적 사고 방식에서 과감히 벗어난 신세대의 기질을 가지고 있다. 그 단적인 예로 그는 집안의 여종인 게섬을 하나의 평등한 인간으로 대우하려 애쓴 점이다. 또 상투를 신분의 상징으로 알던 그 시대에 용감하게 단발 동맹에 참여하였거나 서당을 버리고 신식 학교에 다니려는 태도 역시 좋은 예가 될 것이다. 더 확실하게 신식 기질을 발휘한 예로는 아버지 박진사가 여동생 이순을 돈 많은 신흥 자본가 송병교에게 강제로 혼인시키려는 기미를 보이자 감히 아버지의 뜻을 거역한 채, 동생을 데리고 서울로 피신해버린 점이다.

이상의 요지에서 보듯 『탑』은 우길의 눈을 통한 근대화 물결의 수용이라는 역사적·사회적 진전을 보이고 있다. 하지만 지나치게 풍속 묘사에 치중한 나머지 후반부에 들어 주인공 우길의 활동이 상대적으로 약화된 단점이 있다. 이런 점들을 염두에 두고 『탑』에 등장하는 인물의 유형과 갈등 구조 그리고 형상화 특색을 살펴보고자 한다.

3.1 인물의 유형

『탑』은 가족을 중심으로 엮어졌기 때문에 그 인물 유형을 딱 부러지게 구분하기가 쉽지 않다. 하지만 작가가 이 소설을 통해 근대화에 대한 강한 집착을 보였다는 점에 착안하여 주인공 우길이와 신흥 자본가 송병교 등의 신식 사람과 아버지 박진사 큰아들 수길, 큰아버지 등의 구식 사람 그리고 딸 귀순과 이순 그리고 계집 종 게섬 등의 제3 인물로 나누어, 그들의 성격과 갈등 구조를 알아보고자 한다.

3.1.1 신식 사람

신식 사람으로는 한설야가 그의 신교육에 관심을 많이 보인 주인공 우길이를 맨먼저 들 수 있다.

> 그가 세상에나서 이제껏 본것 가운데에는 이 광경처럼 똑똑히 눈에 밟히는 것은 다시없을것이다. 아무리 하여도 그 그림자를 머리에서 지울수는 없었다.
>
> 그는 무심결에 몇번이던지 머리를 네흔들어보고 또 눈을 꼭 감아보고 더수기를 몹씨 두드려 보아도 머리에 박힌 그 그림자만은 영영 가시지 않었다.
>
> 우길이는 두주먹을 부르쥐고 장달음을 처서 안뜰악으로 나왔다.(중략)
>
> 그는 결국 사랑뜰악 저어 한모퉁이에 있는 뒤깐으로 달려 들어갔다. 들어가서 두손으로 눈물을 가리자 그는 불시에 눈물이 칵 쏘다졌다.
>
> 그러나 결코 슬푼것 같지는 않었다. 슬프다니보다 차라리 무섭고 분하고 절통하다고할까도모지 형언 할 수 없는 마음이었다.[27)]

이처럼 게섬의 죽음은 우길의 인격형성에 지대한 영향을 끼친다. '어릴적부터 게섬이를 가엽게 생각한 그맘이 자기에게는 가장 귀엽고 바른 생각이엇다는 것을 이제 새삼스레 의식'한 것은 비록 종이라할지라도 하나의 인간으로서는 동등하다고 여긴 것이다. 이렇듯 게섬을 대하는 태도에 있어서, 아버지나 형 수길과는 아주 딴판인 그는 게섬의 죽음을 보고 '뒤깐'에 달려가 '불시에 눈물'을 '칵' 쏟더니만 마침내는 '호강하는 사람을 경멸하고 근로하는 사람이 신성하다는 막연하나마 한 개의 신념'을 가질 만큼 의식이 급속도로 성장하기에 이른 것이다. 말하자면 사람 대접을 못 받은 게섬의 죽음

27) 한설야, 한국근대장편소설대계21, (탑, 태학사), 1988, p.460.

은 일 개인의 개죽음이라기보다 갖은 자들의 비인간적인 횡포요, 모든 힘없는 자의 떼죽음이라고 본 것이다. 나아가 아버지에 대한 반감인 동시에 집으로부터 마음이 떠났다는 신호이기도 한 것이다. 그리하여 우길은 신흥 부르조아 송병교에게 강제로 시집 보내려 하는 동생 이순을 구원하는 심정으로 서울로 데리고 도망침으로써 봉건적 양반인 아버지는 물론이고 추잡한 신흥 자본가들을 뛰어 넘고자 한 것이다. 이외에도 우길이의 개화 사상을 단적으로 나타내는 대목은 상투가 양반의 신분을 보장해 주는 표식임에도 '어떻게 하던지 저도 얼른 이놈의 꼬랑지를 뚝 잘라버리고 깍가머리가 되'려고 한 점이다. 우길이 더 확실하게 신식 사람이 된 것은 작품 후반부에서 서울로 유학 가면서부터이다.

또 다른 부류의 신식 사람으로 신흥 부르조아 송병교를 들 수 있다. 아버지 박진사가 새로운 시대에 적응하지 못해 몰락해 가는 봉건 양반 계급이라면, 수레를 끌던 일개 차꾼의 신분으로 자본주의 질서를 잘 꾀뚫어 합리적인 경영관으로 금융업 등에 능숙하게 대처함으로써 떼돈을 번 송병교는 부정적인 의미의 대표적인 신식 사람이다.

> 송은 본시 평안도에서 유리해온 일개 차꾼이었다. 즉 수레를 몰고 다니는 노동자였던 것이다. 하나 그는 식자가 없는대신 돈버는 재주와 사람 다루는 수완이 있었다.
>
> 그래서 이지방으로 들어오자 미련한 위인들이 양반이니 벼슬이니 하는 동안에 홀로 돈벌기에 전력을 하였다. 그래서 그는 어느새 소문나지 않은 큰부자가 되었다. 헌데 그때는 이미 서양의 자본주의가 어두운 이땅에까지 불어오기 시작한 때라 새부자 송병교의 이름이 언제까지든지 그대로 묻처 있을리는 없었다.(중

략)

그뒤 송병교는 역시 박의 주선으로 토관도 지나고 통영갓에 탕건을 썼다.

그런뒤로 그는 범에게 날개로 돈이 있어서 그의 명성은 날로 높아졌다.

송은 그러한 옛은혜를 생각해서라도 박의 오늘 청탁을 거부할수는 없었지만 그밖에 또 하나 숨은 야심이 있는 것은 박진사도 진작 알지못했다. 송은 벌써부터 박에게 노리는 것이 있어서 언제 무슨 방법으로 던지 그뜻을 이루랴는 중이었다.[28]

이토록 노회한 송병교는 타락한 신흥 부르조아의 한 예이면서 동시에 초기 자본주의 사회의 한 단면이기도 하다.

3.1.2 구식 사람

자본 주의의 속성을 아랑곳하지 않고 봉건 양반의 완고함만으로 시작한 개간 사업과 철광 사업은 시대에 동 떨어진 경영으로 인해 몰락을 자초할 수밖에 없었지만, 몰락의 과정을 자세히 들여다보면 박진사 개인의 수완 부족 쪽보다 구시대의 운명이 더 큰 몫을 하였음을 읽을 수 있다.

그리하야 그소문을 듯자 맨 처음으로 그에게 식지(食指)를 움직인 것을 박진사다.

박은 고루한 토반들이 송을 상놈이라고 멀리하는 사이에 벌써 그를 나꾸어 그덕으로 세도하는 데나 과거보러 다니는데 돈을 진탕 퍼부을수 있었다. 하나 박은 남의 은공을 모를 사람이 아니

28) 한설야, 앞의 책, p.p.504～505.

> 었고 또 송은 의리 부동한 사람에게 헛돈질을할 눈무딘 사람이 아니었다.
>
> 그래 박은 어느해 연분에 송으로 하여금 생일잔치를 들색 하게 차리게 하고 새도하는 양반들을 모조리 가도록 마련 하였다.[29]

몰락한 양반의 비굴함이 잘 나타나 있다. 송병교가 그토록 많은 돈을 번 것은 바로 식민지 수탈 정책의 덕분인 것을 잘 알면서도 박진사는 '그를 나꾸어 그 덕으로 세도'해보려 할 정도로 형편없는 인간이 된 것이다. 후보초시(候補初試)라는 기상천외의 발상을 보면 박진사의 막됨을 더 분명하게 드러난다.

> 이 지방에 이른바 후보초시(候補初試)라는 것을 만들어낸것은 두말할것없이 박진사였다.
>
> 세상이 다 아는바와 같이 그때는 매관매직하든 시대지만 역대로 내리내리 어떻게 글갱질을 했는지 벼슬은 살만한 사람은 죄다 사고 팔만한 자리에도 다 팔아서 그동네 관찰사가 은근히 배를앓고 있는데 박진사가 들고 나선것이 『후보초시』라는 것이었다.
>
> 즉 초시될만한 사람은 다 되었지만 그 아래가는 좀 인끔이 떠러지는 사람에게 이른바 후보초시제라는것을 주기로 하였다.
>
> 우에서 내주면 싫여도 안받을수없고 받는날이면 돈은 으레 좌수우봉으로 발여야하는때이다. 그래서 그동네 관찰사와 박진사는 받어라 내라 막우 팔어 대였다.[30]

이처럼 박진사라는 인물은 신흥 재벌이나 부패한 관료들과 한통

---

29) 한설야, 앞의 책, p.504.
30) 한설야, 앞의 책, p.p.34~35.

속이 되어 백성들을 착취하는데 앞잡이 노릇을 함으로써 '보라는 듯이 전보다 크고 훌륭한 집을' 짓고 살게된다. 그러나 이러한 수완에도 불구하고 개화기 자본주의에 적응하지 못해 그의 부는 오래가지 못하고 파산하고 만다. 이는 단순한 박진사 개인의 몰락이라기보다 '당시의 전형적인 양반계층의 말로'라고 보아야 할 것이다.

이렇게 몰락한 또 다른 근본 원인은 양반 계층의 타락상이 아닐까 한다. 이를 단적으로 증명해주는 사람이 바로 박진사의 형이다.

> 『여보 사둔장. 그동리에 젊은 과부하나 없오. 있거던 내게 지시하소』
>
> 하고 당부하곤 하였다.
>
> 그리고 양기를 돕는다는 약이란 약은 다 먹었다. 메뚝이를 닥가서 가루를 내먹고, 개고리 뒤다리를 구어먹고, 도마뱀을 산채로 삼키고, 밥도적을 미역에 싸서먹고, 살구씨를 날것으로 회를 처먹고, 또 술에담거서 그 술을마시고, 심지어 청국서 호골교(虎骨膠)까지 사다먹었다.
>
> 그러나 인삼은 혈기를 너무 상초식헌다고 않먹고, 녹용은 몸이 비대해지고 군둔해진다고 안먹엇다.[31]

시대는 근대화를 향해 정신없이 변해가고 백성들은 일제 폭압에 신음하고 있는 때에 일국의 지도자격인 양반들이 하는 짓은 참으로 한심스러웠던 것이다. 양기를 위해서는 '청국의 호골교'까지 사다 먹는 박진사 형의 행태는 그 당시 양반들이 어느 정도까지 타락했는지를 보여주는 바로메타가 되는 것이다.

여기에 대표적인 구식 사람을 하나 더 보테라면 박진사의 장남

---

31) 한설야, 앞의 책, p.p.166~167.

수길이를 들 수 있다.

> 우길이 형 수길이는 나이 열세살인데 밤낮 글만 팔줄알지 우길이처럼 부줄이 세게 뿌처지지 않는다.
> 그래서 할머니는 그것도 또 걱정이었다. 글때문에 수길은 몸이 약해진다고 책을 감추고 쌈질하고 심지어 글안읽도록 방자까지 하였다.
> 그렇건만 수길은 남의일 알안곳 할것없이 제 공부만 하는 아이였다.
> 『애 수길아 이리 내려오너라.』
> 그렇게 여러번 불른 때에야 수길은 비슬비슬 수레에서 내려와서 우길이더러 가재 보았으나 그래도 우길은 듣지 않었다.
> 그런데 그리는중에 수길이도 어느새 야바우에 흥미가 끌렸다. 그래서 그도 사람들 뒤틈에서 빼근히 그안을 넘겨다 보고 있었다.[32]

수길이는 공부를 열심히 하는 학생으로 아버지 박진사처럼 신흥자본가와 야합하여 선량한 백성들을 울리거나, 큰아버지처럼 양기를 얻으려는 추잡한 짓은 하지 않는다 하더라도 여성을 심히 차별하여 우길이가 제 동생 이순이를 업어주는 것마저 못난 짓이라고 여겼다. 특히 계집 종 게섬을 사람으로 보지 않는 구태의연한 의식을 가진 영락없는 새끼 양반이다. 게다가 몸도 약하고 박력도 없어 나약하디 나약한 구식 선비의 전형으로밖에 볼 수 없다.

---

32) 한설야, 『한국근대장편소설대계21』,(탑, 태학사, 1988), p.p.26~27.

3.1.3 제3 인물

계집 종 게섬은 딱 부러지게 신식 사람이라고 하기도 어렵고 그렇다고 구식 사람으로 치부할 수도 없는 인물이다. 또 우길의 누이 귀순과 이순도 이런 종류의 인물로 분류될 수 있다.

> 게섬이불평은 그것뿐 이아니었다. 아무데로나 마구튀었다.
> 그래도 이집웅밑에서 조곰이라도 정이 가는 인간이라면 우길이 뿐이다.
> 수길이는 그다지 도두나지도 못한주제에 여자라면 애당초 사람으로 보려고 들지않고 귀순인 응하고 쪼만 빼고 노마님은 개고기라고, 욕지거리만 하고, 젊은 마님은 머리채 잡고, 방망이 찜질하 기가 일수고, 영감마님은 좀 인자 스러운것같으나 내정범절에 눈치가 무듸고, 그러니 물덤벙 술덤벙하고 그래도 섭슬리기 쉬운 우길이밖에 맘가는데가 있을 택이 없다.
> 우길이와는 하루 두세번 안부듸치는때가 없고 또 그럴적마다 할머니 어머니한테 제가 욕은 도거리로 처먹지만 그래도 우길이가 일등 좋다.
> 업히든지 말을 타든지간에 우길이밖에 더럽다 아니하고 제몸에 즙적 그려주는 사람은 없는 것이다.[33]

우길이를 제외한 그 누구도 게섬을 사람으로 보지 않았다. 그랬음에도 당시의 사회 관습상 어떻게 할 도리가 없었던 것이다. 하지만 게섬의 내적 자존심과 갈등은 우길의 누이인 귀순이나 이순이보다 더 강했다. 그리하여 사춘기에 처한 여자의 본능 때문에 륭능과 사통(私通)하지만 환영 받지 못한 출산으로 아기까지 빼앗기고 그 괴로움으로 정신이상자가 되어 끝내는 집 밖으로 한 발짝도 나가보지

---

33) 한설야, 앞의 책, p.79.

못한 채 방화 사건으로 죽게 된다. 게섬의 이러한 욕구는 너무나 인간적이다. 자기보다 네 살이나 어린 상무가 첫날밤을 못 치뤄내는 것을 엿보고 또 연이은 귀순의 혼사를 지켜보면서 제 구실도 못하는 어린아이들의 혼인은 서둘면서 성숙한 자신에게는 관심조차 두지 않는 박진사 가족에 대한 증오심이 가슴 속 깊이 우굴거렸던 것이다.

또 다른 제3 인물로 분류되는 우길이의 누이 귀순과 이순은 똑같은 형제자매임에도 여성이라는 이유로 아버지 박진사로부터 지독한 비인간적 대우를 받으나 저항하려는 의식마저 없는 무표정한 인물들이다. 다만 귀순은 몸이 약해 약을 먹으라면 그게 싫어서 도망 다니는 정도고 이순이는 송병교와의 정략 결혼을 피해 오빠 우길의 도움으로 서울로 피신하는 용기를 보이는 정도다.

> 그 담번에 박과 이가 맞났을 때 술이 오고가는 사이에 그말이 나자 매파고 중신이고 할것없이 술취한 협협결에 그만 정혼하기로 결정하고 그리고 사둔이 되었다는 경사바람에 술병깨나 좋이 더 비였다.
>
> 맏아들 상무의 혼사를 술집에서 결정한 박진사는 이렇게 해서 딸의 혼사도 또 손쉽게 실노담배쌈지 하나 사기보다 더 개벼이 질정해버렸다.34)

평생을 좌우할 가장 중요한 혼사를 술집에서 '담배쌈지 하나 사기보다 더 개벼이' 결정해버린 것은 물론 막상 시집 가는 날 잔치상도 상무의 혼인 잔치와 할머니의 환갑 잔치의 반도 안될 만큼 초라하게 차렸는데도, 그리고 박진사는 그나마 모습마저도 보이지

---

34) 한설야, 앞의 책, p.318.

않았는데도 귀순이는 설움을 깨물고 돌아서서 눈물만 씻을 뿐 군소리 없이 받아들일 정도다. 그뒤부터 우길은 어쩐지 귀순이가 불쌍해서 늘 그 편역을 들어를 주었고 또 그러한 심정은 어린누이 동생 이순에게로 도 쏠녀서 전보다 더귀엽게 그를 생각해 주었다[35]는 것이다.

그밖에도 괄목할 만한 등장 인물로는 농민전쟁의 전단계라 할 수 있는 의병 전쟁을 이끈 최문환이나 차도선 등이 있다.

이상에서 『탑』에 그려진 인물 유형과 그 갈등 구조를 살펴보았다. 이를 다음과 같이 요약할 수 있다.

첫째 신식 사람으로는 가족 중 유일하게 개화에 눈을 뜬 주인공 우길과 약삭빠른 경제 행위로 신흥 재벌로 성장해가는 송병교를 들 수 있다.

둘째 구식 사람에는 몰락하는 봉건 지배층을 대변할 박진사와 타락의 상징인 그의 형, 나약한 선비의 전형이랄 수 있는 수길 등이 있다.

셋째 또 다른 인물로는 계집 종 게섬과 우길의 누이 귀순, 이순 등이 있으나 이들은 한결같이 종 또는 여자라는 이유로 비인간적 대접을 받는다.

3.2 형상화 특색

이 작품은 당대의 문제를 정면으로 형상화할 수 없는 시대 상황 때문에 과거의 역사나 가족사 연대기 또는 풍속 묘사라는 창작방법을 통해 당대의 현실을 우회적으로 표현함으로써 리얼리즘 정신이

35) 한설야, 앞의 책, p.321.

다소 손상된 감이 있다. 그럼에도 불구하고 작가는 특유의 오기로 미미하게라도 사상 재검 작업을 곁들이고 있다.

3.2.1 가족사 연대기

한설야가 '자신의 기억을 이용한다는 편의적인 생각과 자신을 돌아본다는 회고 정신'으로 가족사 연대기 형식을 취한 것은 전적으로 일제 탄압을 비켜 서면서 자신의 의식을 토로해보려는 장치로 보여진다. 이런 식으로 서술해 가면 시대 정신이 드러나기 어렵다는 사실을 잘 알면서도 당시 일제 철권 통치 아래서는 어쩔 수 없었을 것이다. 작가는 가족사 연대기라는 방법을 쓰고도 안심이 안되어, 시대의 반영이라는 전형성까지도 포기하면서 철없는 소년을 주인공으로 내세워 식민지 한반도의 정세를 무난히 타고 넘고자했던 것 같다. 말하자면 법망을 피하면서 간접적으로 저항하고자 했던 것이다. 이미 발표된 많은 가족사 소설들을 보아도 '대체로 전쟁과 기타 사회적인 변동이 심한 경우'에 '한 가족의 운명의 기복을 통해' 간접적으로 시대 상황을 알리고자 했던 사실이 이를 잘 뒷받침 해주고 있다. 그러니까 '리조 봉건 말기의 력사적 전변 과정에서 암흑과 광명, 몰락과 신생의 물결 속을 헤엄치는 인간들의 운명을' 우길의 가족사를 통해 추구하고자 했던 것이다.

박씨 일가는 전대부터 벼슬아치가 많고 재물이 풍성한 동리에서 살았다. 그 중에서도 팔대를 내리 진사를 역임한 우길이 집이 당연히 드소문했다. 우길의 할아버지 박급제는 관찰사와 짜고 백성을 가렴주구하다가 관찰사 몰래 재물을 빼내어 부를 누렸으나 후일에 암행어사가 된 관찰사에게 되려 잡혀가던 중 자결하였다. 우길이 아버지 박진사 역시 할아버지처럼 관찰사에 빌붙어 온갖 만행을 다 저지르든 끝에 '후보조시'라는 제도를 만들어 백성들을 착취하는데 앞장서다가 민요(民擾)를 만나 '집은 육모방망이 바람에 형지없이 뭉어지고' '토고리 안에 우물 정자로 쌓아 두었든 엽전이 하루 동안에 말장 날아갔다.' 그 밖에도 놋제기, 놋그릇, 은합 주발, 놋초대, 놋요강 등의 고급 기물을 몽땅 빼앗기는 수모를 겪었다. 이는 부패한 양반 계층에 대한 사회의 준엄한 심판이자 봉건제도에 대한 반기라고 볼 수 있다. 이러한 환경을 지켜보며 자란 우길이는 소극적인 형 수길과는 달리 신교육을 통한 개화에 힘써 새로운 세대의 이념과 가치에 적응하려는 모습을 보여주고 있다. 이 모든 가족사는 곧 당대의 사회상을 표현하고자 하는 한 방편이었음은 두말할 필요가 없겠다.

3.2.2 풍속 묘사

『탑』은 가족의 역사를 통시적 축으로 하고 세태의 변화와 풍속의 묘사를 통해서 공시성을 획득하고 있다. 그러므로 『탑』에 대한 온당한 평가는 행간을 어떻게 읽느냐 하는 독법에 달려 있다고 해도 과언이 아니다.[36] 이러한 기준에 따라 행간을 들여다보면 한설야가 비록 박진사 일가의 몰락 과정을 구체적으로 그렸다고는 하나 그렇게 몰락할 수밖에 없었던 까닭은 가족 내적 원인보다는 급격한 사회적 변화, 즉 개화기라는 시대적 배경이 더 직접인 원인이었던 것으로 읽혀진다. 그런데 이 경우 시대적 배경이란 대부분 '풍속 묘사'로 집약되고 있다. 지금까지 분석된 한설야의 작품 속에는 어떤 방법으로든지 그의 고집, 즉 전향에 대한 저항이 배여 있어 왔는데, 제아

36) 장석홍, 『한설야 소설 연구』,(박이정, 1997), p.228.

무리 극에 달한 탄압 속에 씌어진 『탑』이라고 할지라도 그 불씨는 어디엔가 남아 있게 마련일 터이고, 비록 미미하기는 하나 풍속 묘사에서 그 위장된 모습으로 남아 있음을 찾아볼 수 있다.

> 아이들은 봄날이나 단오철이면 이언덕 버드나무에 그네를 매고 뛰었다.
>
> 여름이면 그언덕앞 평전에 또랑모래를 파올리고 씨름을 또 하였다.
>
> 그리고 가을이면 이아래위 두언덕에 높고 낮은 병풍을 둘러치고 지직을 깔고 차일을 치고 그리고 가가호호에서 날러오는 전물상을 벌려놓고 동리 『예신』이라는것을 지냈다.
>
> 『예신』이란것은 동리가 일년 두루 태평하기를 비는 동리제사인데 그날은 정월대보름보다도 사월팔일보다도 오히려 더 굉장하다.
>
> 그날이면 동리 시악씨들이 새옷 입고 노리개 차고 진물상을 차려서 이고 이언덕으로 모여든다. 가세에 따라서 크게도 적게도 차릴수 있으나 빠지는 집온 거의 없다.
>
> 또 이날 새악씨들은 유달리 이쁘다. 그러나 그 이쁨이란 반들거리고 잣갑스러운 것이 아니다. 수수하고 은근하고 천연스워서 나어린 소년들은 때아닌 꽃구경이나 하듯이 이리로 모여들어 왔다. 모여와서는 누군 발이 좀 크니, 누군 눈이 좀 적으니 하고 씨물그려댔다.
>
> 그것은 바루 해마다 무장다리 꽃이 피는 무렵이다. 산이 없는 이 동리에서는 이 언덕이 유일한 산이오 꽃이 없는 이 벌판에서는 이 무장다리 꽃이 한참은 볼만한 꽃이다. 나비도 이꽃을 딸아 날러왔다.37)

37) 한설야, 앞의 책, p.p.33～34.

이상에서 보듯『탑』에는 세세한 풍속 묘사가 꽤 많다. 작가의 고향 풍속을 연상케 하는 농촌의 고유한 전통에다가 개화에 따른 서구의 영향을 받은 새 풍속이 공존한다. 그 중에서도 괄목할 만한 풍속 묘사는 향수를 느끼지 않을 수 없게 한 마을 공동체의 평화롭고 화기애애한 모습이다. 봄철의 단오, 여름의 씨름 그리고 가을의 동제(洞祭)『예신』을 통해 공동체 의식을 다지고 동네의 번영을 기원함을 물론 민족적 긍지 마저 심어 주었던 것이다. 이러한 미풍양속 가운데에서도 그 영향력이 가장 큰 행사가 바로 혼인이다. '웬만치 유족하고 범절이 가즌 집이면 대개 '늘메'로 하여서 한 결혼식에 두 번 나들이를 치르는 것이 보통이었다.' 그러니까 조선을 국가로 인정하지 않고 일본의 한 부분으로 여기는 소위 내선일체 속에서도 우리의 고유한 풍속이 행해지고 있음을 묘사함으로써 그 무서운 탄압에도 불구하고 전통 문화를 이어 가고 있다는 공동체 의식을 넌지시 암시한 것이다.

> 신랑은 사모쓰고 관복 입고 관디 띄고 목화 신고 백마를 탔다.
> 신부가 탄 가마에는 안악네들이 줄네줄네 달려서 업치고 밀치어 한사코 드려다보고 있다.
> 신부는 머리에 칠보 족도리를 쓰고 몸에 원삼을 입고 얼골에 분바르고 연지 찍고 곤지 찍고 해서 그 눈부시는 치장에 정말 얼마나 이쁜지 때기 알려지지 안었다.[38]

그밖에도 전통적인 신랑 신부의 차림새 나 신랑 친구들이 신랑을 다루는 광경 그리고 설날 이후 이어지는 세시풍속, 정월 대보름의 달맞이와 불놀이 등 민족 고유의 풍속 묘사는 도처에서 찾아볼 수

38) 한설야, 앞의 책, p.126.

있다. 그런가 하면 개화의 영향으로 돈이나 이익을 앞세우려는 일그러진 세시 풍속의 묘사도 간간히 보이기 시작한다.

3.2.3 사상 재검 작업

> 탑(塔)은 일단 단순한 세태소설이 아니라는 점에서 주목된다. 한설야는 심경소설과 세태소설이 명일에 대한 지도정신을 갖지 못한다고 지적한다. 작가는 세태소설의 경우 세상에 명멸하는 사상을 모두 다 드러내는 것이 아니라 선택 원리가 작용될 수밖에 없다. 그러므로 작가는 이 선택을 결정하는 세계관 또는 사상이 있어야 한다. 이럴 때 작가의 세계관은 일상적 상식을 넘어서서 작품으로 하여금 독자를 높은 세계로 끌어 올리고 지도할 수 있다.
>
> 탑(塔)은 이런 관점에서 1930년대 후반기 작가가 지닌 사상의 재점검 작업과 그 확인 과정이라는 특이한 사유형태로 등장한 작품이다. 일단 이 작품은 한설야가 카프가 해산된 이후에도 이전에 지녔던 강한 이념성을 일관되게 유지하고 있음을 잘 보여준다.[39]

『탑』은 단순한 세태소설과는 다르게 일종의 사상 재검 작업임과 동시에 그 확인 과정이라는 주장이다. 얼핏 보기에 당시의 전반적인 문학 경향인 전향문학의 일종으로만 보이는 『탑』은 자세히 들여다 보면 '한설야 문학이 지닌 특이한 일 유형을 형성하게 된다.'는 말이다. 이 말은 '한설야의 내적 자존심 또는 자부심'과도 통하는 데, 작품 배경이나 주인공 등이 다를 뿐 『청춘기』 또는 『마음의 향촌』에도 마찬가지로 해당되는 일면이 있다.

---

39) 이상갑, 「1930년대 후반기 창작방법론 연구」, (고려대 박사학위 논문, 1944), p.110.

지금까지 알아본 『탑』의 형상화 특색을 요약하면 다음과 같다.

첫째 기존의 가족사 소설들에서와 마찬가지로 간접적으로 시대 상황을 알리는 형상화 방법으로 가족사 연대기를 취택했던 것으로 보인다.

둘째 어떤 탄압 속에서도 공동체 의식을 바탕으로 한 우리의 전통 문화는 면면히 이어가고 있음을 말해주기 위해 풍속 묘사의 수법을 쓴 것으로 여겨진다.

셋째 명일에 대한 지도성을 갖는 사상만을 선택적으로 반영하는 작업의 일환으로 이 소설을 집필한 것 같다.

이상에서 개화와 봉건이라는 신·구 대립 속에서 신흥 재벌에 대한 인식과 사상의 재점검을 복선으로 깐 한설야의 자전적 장편 『탑』을 등장 인물의 유형과 갈등 구조, 형상화 특색으로 나누어 고찰해 보았다. 한 마디로 결론 지으면 『탑』은 몰락해 가는 박진사와 날로 성장하는 우길의 대립 속에서 헌 것과 새 것 간의 갈등을 주제로 하고 있으며, 『황혼』, 『청춘기』, 『마음의 향촌』등과 더불어 일관되게 자기 개조의 세계를 그린 작품이다.

이를 다시 인물의 유형별로 요약하면 신식 사람인 우길과 신흥 재벌인 송병교, 구식 사람인 박진사와 그의 형 그리고 장남 수길이, 구식이나 신식으로 말하기 여려운 계집 종 게섬과 우길의 누이 귀순과 이순 등이 있다.

또 형상화 특색을 보면 가족사라는 형식에 착안한 연대기, 민족의 정체성을 세우기 위한 풍속 묘사, 일관된 이념성을 유지하기 위한 사상 재검 작업 등이다.

이와 같은 많은 특색에도 불구하고 『탑』은 가족사 파편의 디테일 묘사에 치중한 나머지 등장 인물의 전형성 획득에 실패함으로써 당대 현실을 총체적으로 형상화지 못했을 뿐만 아니라 난관을 헤쳐 나갈 어떠한 비전도 제시하지 못한 흠이 없지 않다.

Ⅵ. 해방후 단편의 세계

한설야는 해방후 정치적 활동과 창작 활동을 함께 하면서도, 정치활동에 더 힘써, '인민정권 수립과 민주 개혁실시 등 사업에도 참가해야 하였고 또 외국으로 다니는 일과 평화를 위한 사업에도 한 몫 끼우지 않으면 안되었'기에 소설 쓸 틈이 없었다. 또 그는 문학과 정치의 일원론[1]적 사고에 바탕을 둔 레닌의 '당조직과 당문학' 노선에 충실하였는데, 이러한 행위는 북한 사회주의 건설 이념에 들어맞는 것으로 그가 북한 현실에 잘 적응하고 있음을 시사한다. 이 같은 그의 적응력은 레닌 문학 이론이 제시한 세 가지 범주중 기능적 범주[2]를 재빨리 인식한데서 비롯된 것으로 보여진다. 빨치산 운동

---

1) "작가의 이상과 현실이 합치되는 시대." 한설야, 『선집』14권,(작가동맹출판사, 1960), p.20.
김윤식, 『한국 현대 현실주의 소설 연구』(문학과지성사, 1990), p.272. 참조.

2) "발생적 범주란 작품의 창작 과정과 그 근원을 밝히는 것으로 작품을 일정한 역사적 원인과 조건이라는 문맥에서 설명하는 것이다. 모방적 범주란 작품의 인식적 측면을 고찰하는 것으로 리얼리즘론의 중심부를 이루는 반

을 하다가 사회주의 국가를 건설해야 하는 북한 실정은 문학의 기능적·효용적 측면이 중요시될 수밖에 없었는데, 한설야는 이에 맞춰 김일성 항일 유격대 활동을 높이 평가하고 소련 문학을 전범으로 삼은 것이다. 이런 정치적 작가로서 활약을 하다보니 문학에 전념할 겨를이 없어 1946년 1월에야 해방후 첫 단편 소설 「혈로」를 쓰고, 이어 「모자」, 「탄광촌」, 「개선」, 「승냥이」 등을 써내려가지만 이 작품들은 현실 탐색이나 인간 탐구에 의해 창작되었다기보다 그의 정치적 선택을 직접적으로 투사한 것들이라고 볼 수 있다. 즉, 김일성과 소련이라는 두 가지 정치적 직접성이 곧바로 그의 소설들에 연결되었던 것이다.3)

1. 김일성과 친소

여기서는 김일성의 과거 항일 유격대 활동이나 당대의 영웅성을 형상화한 소설 「혈로」, 「개선」, 친소(親蘇)를 형상화 소설 「모자」, 「얼굴」, 「남매」, 「기적」, 「레닌의 초상」등을 분석하고자 한다.

1.1 김일성 영웅화

해방후 첫 단편 소설인 「혈로」는 1946년 1월에 탈고해 그 해 8월

영론에 관련되며 기능적인 측면이란 교육적 효능에 관련된 논의를 가리킴이다. 이 세 가지 논의 범주 중에서 무엇보다 먼저 문제되는 영역이 기능적인 범주 쪽이었음을 지적하는 일은 매우 적절하다." 김윤식, 위의 책, p.269.

3) 김외곤, 『한국 리얼리즘 문학 비판』(태학사, 1995), p.257.

에 <우리의 태양>에 발표하였다.[4] 주로 낚시를 통해 김일성 항일 유격대 투쟁을 미화한 이 작품은 뒤이어 발표되는 단편들의 전범이 된다는 점에서 해방후 한설야 문학의 원조라 불러도 좋을 것 같다.

'압록강 푸른 물이 언뜻언뜻 내려다 보이'는 국경지대에서 일본군에 대항하여 싸우는 김일성 유격대는 '싸움이 삶인 사람의 기쁨 그것이었'고 '불과 피로 여는 길만이 광명으로 가는 길이었다.' 그런가 하면 한편으로는 고난의 길도 되었다. '탄알은 아끼지 말라'는 왜군이 남북 만주에 지천으로 쏟아진 속에서 기쁨과 광명만 있을 수는 없는 일이다. 그러나 '이미 적을 소멸하기에 알맞는 지대에 들어 선 것을 알' 정도로 신출귀몰한 김장군의 작전술과 자진하여 일본군에게 선무 삐라까지 뿌려가며 김일성을 돕는 주민들이 있는 한, 왜군은 전멸될 것이고 미래에 대한 희망은 남아 있는 것이다. 이 작품에서 특히 주목되는 것은 보천보 진격을 한 해 앞둔 1936년의 김일성 낚시질이다. 보천보 강가에 다다른 김장군은 그 곳에서 뛰놀던 소학 시절을 그리며 왜놈 역을 맡은 중국 동무를 얼음판에 메따때린 일, '소소한 일에 끓고 볶고 들떠서는 안 되'고 '이담에 자라나서 진짜 왜놈들과 싸워야 한다.'는 아버지 말씀이 떠올라서 감회가 깊었다. 잠시 소학시절에 잠겨 있던 김장군은 이 곳에서 낚시질을 시작했다. '정녕 드리운 낚시줄을 더듬어 그 때마다 물 속에 왜놈잡기 쌈판을

---

4) "설야가 해방후 첫 작품을 쓴 때는 1946년 1월이다. 「혈로」가 그것인데 이 작품은 8월에 발표되었을 가능성도 있다. 즉 전집에는 1월로 부기되어있지만 「모자」가 1946년 7월 비판 받은 후 그는 김일성에 대한 형상화로 나갔다는 이기붕의 언급은 문맥상으로 보면 신빙성이 있다." 서경석, 「한설야 문학 연구」(서울대 박사학위논문, 1992). p.133.
특별히 주를 달지 않은 한설야 해방후 단편은 조선작가동맹출판사가 1960년에 간행한 『한설야 선집』은 물론 다음의 글들을 참조했다.
서경석, 「한설야 문학 연구」(서울대 박사, 1992).
김윤식, 『한국 현대 현실주의 소설 연구』(문학과지성사), 1990.

그리는 것이다.' 말하자면 낚시하면서 보천보 진격을 구상한 것이다. 그뿐 아니라 그 낚시를 하는 '장군의 생활은 철두철미 창조의 련속' 일 만큼 갖가지 명상에 잠긴다.

> 장군은 지금 만주 땅에 앉았으나 낚시는 국경을 넘어 국내 여러 지점에 떨어져 있었다.
>
> 장군은 일찌기 1936년 초에 조국광복회를 조직하고 동만주에서 장백산, 두만강, 압록강 전 지구에로, 전 만주에로, 또는 조선 국내에로 손을 뻗쳐 혜산, 회령, 종성, 무산, 경흥, 은성, 부령, 갑산, 성진, 길주, 명천, 원산, 홍남, 등지에서 줄을 늘이고 있었다.
>
> 이것은 당시의 국제 공산주의 로선인 「인민 전선」운동의 조선에서의 실천이었다.[5)]

이 지적은 1955년 북한에 팽배했던 김일성 주체사상과는 상반된 시각이다. 이 점을 고려한다면 당시 작가 한설야는 남다른 역사적 안목이 있었던 것으로 보인다. 아무튼 「혈로」는 '작가의 이상과 현실이 합치되'어 한설야의 정치적 선택을 직접 소설화한 대표적 작품임과 동시에 북한 문학이 최대의 역량을 발휘해 썼다는 「불멸의 역사」(총서 15권)의 기본 골격에 해당된다고 할 수 있다.[6)]

「개선」은 1948년 3월에 탈고하여 <선집> 8호에 수록된 작품인데, 「혈로」와 마찬가지로 '장군을 다루는 소설'의 전범에 해당된다. 다시 말해 이 두 작품이 다룬 김일성 신성(神聖)화는 이후에 쓰여지는 수많은 김일성 소설류의 모형이 되었다는 평가를 받는다. 이 중 「개선」은 김일성의 만경대 유년시절이나 일가친척 등 주로 김일성 집안 이야기 즉, 가문 소설의 원조가 되었다는 점에서, 뒷날 이를 따

---

5) 한설야, 『선집』(조선작가동맹출판사, 1960), p.29.
6) 김윤식, 앞의 책, p.274 참조

라 쓴 아류들을 이끈 것이다. 그 줄거리는 다음과 같다.

김일성이 돌아왔다는 소문을 들은 그의 숙모인 창주 어머니는 식구 중 자기만이 장군이 귀국한 사실을 모르고 있었음을 야속해 한다. 그래도 창주 어머니는 장군이 보고 싶어서 남편 말도 듣지 않고 시민대회장까지 찾아가 '오늘은 작은 어머니가 내 어머니의 대립니다.'라고 말하는 장군과 함께 자동차를 타고 바로 집으로 향하여 달렸다. '정작 장군의 집에 가놓고 보니 숙모는 무슨 말부터 꺼냈으면 좋을지 또는 20년 풍파 속에 쌓인 이야기가 하도 많아서 잠시 갈피를 추지 못하고 있'다가 장군의 어린 시절 이야기부터 항일 투쟁에 이르기까지 다정한 모자간처럼 여러 이야기를 주고 받았다. 그런 다음 장군의 외가집 칠고리를 지나 만경대에 닿았다. '아이구 네가 참말 오는구나!' '장군을 붙들자 눈물부터 앞서는 할머니 - 그 주위에 사람들이 촘촘 둘러섰다.' 장군은 골고루 손을 잡고 흔들며 웃음으로 인사를 하였다. '사람도 반갑고 산천도 반가왔다.' 어린 시절이 땅을 떠나면서 조선이 독립하여 다시 돌아오리라던 그 약속과 그 맹세를 이행한 것이다.

이상에서 보듯이 「혈로」나 「개선」은 한결같이 일인 숭배로 일관되어 있지만, 전체 구성으로 보아 그 형상화에 별로 손색이 없다. 특히 「개선」에서 숙모를 비롯한 일가 친척을 대하는 김일성의 따뜻하고도 자상한 인간미를 그리려했다는 점과 낳고 자란 산천에서 고향의 포근함을 느끼는 토착성을 보인 점이 덧보인다. 이는 당대에서 정치적 감각이 뛰어난 한설야만이 쓸 수 있는 작가적 역량이라 할 것이다.[7]

---

7) 김윤식, 앞의 책, p.275 참조

1.2 친소주의

해방후 북한에 진주한 한 소련 병사의 향수가 주제인 「모자」는 1946년 8월에 <문화전선> 1호에 발표했다가 그후 내용을 많이 고쳐 「한설야 선집」에 실는다. 이 작품은 「혈로」와 함께 해방후 한설야 문학의 본질을 밝혀낼 수 있는 자료로써의 중요성을 갖는다. '어떤 쏘베트 전사의 수기'라는 부제가 붙은 이 소설의 줄거리는 이러하다.

우크라이나가 고향인 한 소비에트 병사가 K시에 진주하여보니, 조선의 하늘과 땅이 우크라이나와 닮았기에 향수를 느끼는데, 고향을 생각할 때마다 그에게는 고통스런 과거가 떠오른다는 것이다. 그가 독일과의 전쟁에 참가했을 때 고향의 노모, 젊은 아내, 그리고 아직 어린 두 자식이 독일 파시스트에 의해 무참히 살해 당했던 기억이 바로 그것이다. 이 병사는 가방 속에 모자 하나를 소중히 넣고 다니는데, 그것은 독일군에 학살 당한 어린 딸 프로싸에게 주려고 산 것이다. 한 번은 '어느 극장에 근무하는 박춘이라는 동무가 구경오라고 해서 간 일이 있었'데 환영대회에서 그가 좋아하는 '볼가의 뱃노래'를 불러 깜짝 놀라며, 조선의 고전 춤 '승무'를 보고 감동하기도 한다. 그러던 어느 날, 이 작품 전개의 핵심에 접근할 사건을 보게 된다. '사람들이 모여 선 곳에 이르러 가만히 보려니까 그 사람 답새기 속에서 한 남자가 무엇때문인지 녀자 한 사람을 겹쳐 잡고 실갱이질을 하고 있었다. 그것만으로 유쾌하던 나의 신경이 갑자기 날카로워지기 시작한' 것이다. 박춘의 설명에 의하면 해방이 되기 전에 이 가게에서 부인이 딸에게 모자를 외상으로 사줬는데, 해방이 되자 가게 주인은 쫓겨 가고 사환이었던 지금의 주인이 가게를 차지한 후, 그때 외상 값을 이제와서 독촉하고 있다는 것이다.

병사는 가게 주인의 행동을 못마땅해 하다가 '어린이 모자!' 라는 말에 프로쌰에게 주려고 산 모자를 연상하고 이내 가게 안으로 뛰어들어가 그 모자 값을 지불한다. 그 일이 있은 후 이 병사는 우연히 그 소녀를 만나 죽은 프로쌰에게 주기 위해 소중히 간직하던 모자를 꺼내 씌어 준다. 그것은 '죽은 자식에게로 가는 나의 마음 ― 아버지의 맘이었다.' 그래서 그는 그에게 안긴 계집아이가 그 '모자를 쓰고 이 거리로 아장아장 걸어가는 귀여운 모습을 방불히 머리에 그려 보았다.' 그러면서 '이 거리는 지금도 날마다 낡은 것이 가시여지면서 새것이 생겨 나고 있다.'고 그는 믿었다.

이 작품은 정치적 의도가 너무 직접적으로 투사되었으며 소련 편향적이라는 비난을 받을 만큼 점령군 소련 병사에 대한 호의가 지나쳤다든지, 주인공인 병사의 내면적 심리가 너무 감상적이라는 비판에도 불구하고 대체로 작가의 역량과 정치적 감각이 적절히 결합되어 소련에 대한 이념을 드러낸 수작이라고 볼 수 있다.[8)]

이 작품에서 또 하나 주목할 것은 원작과 개작 사이의 내용상 차이다. 이 병사가 고통스런 일이 생기거나 고향이 그리울 때면 발작적인 총기 난사로 이를 달래는 장면을 새로운 사회를 보며 우울함을 달래는 장면으로 개작했는가 하면, 모자 가게 주인이 해방전에 일본인에게서 산 모자 외상값을 자기에게 갚으라고 여자에게 윽박지르는 것을 보고 난폭하게 총을 쏘아 해결하던 장면을 '그까짓 해방 전 빚 무슨 소용이야.'하며 못마땅해 하는 정도로 개작했고, 또 조선인 동무 박춘과 고전춤 승무를 구경하던 끝에 이 춤이 종교의 탈에 가리워지자 참지 못해 총을 빼어들었으나 박춘의 만류로 극장 밖으로 나와 난사하던 대목을 종교적인 것을 빼서 승무에 그냥 감

---

8) 김윤식, 앞의 책, p.276 p.280 참조

동하는 장면으로 개작한 것이다. 즉 개작에서 빼버린 가장 특징적인 내용은 병사의 발작적인 총기 난사부분이다.[9] 이런 개작의 의미를 다음과 같이 부여할 수 있다. 첫째 소련군의 심리 불안에 의한 난폭성을 교양 있는 모습으로 바꿈으로서 원작에 비해 자연스러워지기는 했으나 당대 소련군의 모습을 사실 그대로 반영하지 못함으로서 현실주의 소설의 기본을 망가뜨렸다. 둘째 「혈로」에서도 '당시의 국제 공산주의 로선인 「인민 전선」운동의 조선에서의 실천'이라며 60년대 주체사상과의 갈등 징후를 보여 주었지만, 「모자」에서 소설쓰기보다는 소련군을 보는 것이 더 의의가 있을 정도로 소련의 사회주의 이념을 이상적인 사회라 받든 완고한 당파성 때문에 60년대 주체사상과의 갈등이 이미 예고되었다.[10]

친소(親蘇) 소설의 하나인 「얼굴」은 1948년 10월에 완성하여 <선집> 8호에 수록된 작품이다.

'날마다 부두에 나가서 삯짐을 져 나르는 고역이 아직 서툴고 또 뼈가 휘도록 벅차기는 했으나' 왜놈을 치기 위해 북으로부터 날라오는 공습(空襲) 싸이렌을 그리며 '희망을 버리지 않'고 살고 있는 주인공 병수를 최형사와 더불어 돼지바우라는 왜놈 형사가 총을 들이대며 경찰서로 강제 연행해 갔다. 일제 말기에 최후 발악으로 요시찰인(要視察人)이라는 명부를 만들어 놓고 사람들을 잡아들이는 것

9) 서경석, 앞의 논문, p.136 참조

10) "김일성 유격대 역시 국제 공산주의 운동의 일환으로 파악한 한설야인 만큼 그것의 총본산인 소련의 사회주의 국가 및 그 문화란 현실적인 것이자, 동시에 이상적이었던 것. 그 구별점이 한설야에게는 없었다.(중략) 스탈린이나 김일성의 개인 숭배의 의미란 언제나 퇴색될 수 있지만, 그 속에 놓여 있는 인민민주주의의 이념, 파시즘에의 항전의 이념 그리고 사회주의 사회의 이념은 퇴색될 수 없는 것, 바로 이것이 한설야의 신념이었을 것이다. 그의 숙청의 참된 원인도 바로 이 점에서 말미암았을 것이다." 김윤식, 앞의 책, p.280.

이다. 밤이 깊어가자 웬일인지 형사들이 모두 유치장을 빠져나갔다. '놈들이 우리를 잡아다 죽일 참인데' '소련 군대가 의외로 빨리 들이닥'친 것이다. 새벽녘에 대포 소리가 울리고 이윽고 감방에 불이 붙기 시작했다. 이내 소련군이 나타나 이들을 구해준다. 병수는 감사하는 마음에서 '소련 군인의 손에 입을 박고 한 손으로 무턱대고 그의 얼굴을 어루만져 보았다.' '한 밤 사이에 어쩐지 말끔 딴 세상이 된 것 같'은 '그날 오후에 소련 군대는 산으로 갔던 조선 사람들을 모조리 불러 내렸다.' '모다들 그 얼굴, 그 차림을 볼 것이 기뻤다.' 목숨을 구해준 그 고마운 얼굴을 보려고 야단들이다. 이제 조선은 완전히 당신들 것이라는 소련군 한 장교의 연설이 끝나자 한참만에 사람들은 헤어져 돌아갔지만 '병수는 마지막까지 그 자리에 남아 있다가 통역하는 사람에게로 갔다. 지난 밤의 사건을 말하고 그 병사들을 찾아 달라고 하였다.' 결국 찾을 수는 없었지만, '그 뒤 병수는 거리로 다니는 소련 군인들을 볼 때마다 그들의 손과 얼굴을 먼첨 보았다. 그러면 병수는 그 어느 얼굴에서도, 그 어느 손에서도 그 날 새벽 제가 만져 보던 소련 군인의 따뜻한 얼굴과 손을 느꼈다.'

이 작품은 「모자」와 마찬가지로 친소(親蘇)가 너무 노골적으로 노출되었으며 점령군 소련 병사에 대한 호의가 지나쳐 마치 해방군이라도 되는 것처럼 묘사함으로서 정치색이 짙어 보인다. 또 소련군을 사모하는 주인공 병수의 마음도 지나치게 감상적으로 표현되어 현실감이 떨어진다. 왜군의 잔악상도 치밀하게 묘사되지 못하여 생동감이 부족하다. 하지만 김일성이나 스탈린의 개인 숭배는 유한하나 사회주의 종주국인 소련은 영원하다거나 소설쓰기보다 소련군 보는 것이 더 의의가 있다는 한설야의 평소 신념은 잘 형상화되어 있다.

그런 점만을 감안한다면 정치·문학 일원론적 역량이 다소 덧보이는 작품이다.

「남매」는 중편의 분량에 가까운 친소(親蘇) 소설인데 1949년 8월에 완성하여 <선집> 8호에 수록했다.

주인공 원주는 3년 가까이 심장병으로 앓고 병원에 누어 있다. 그는 누이 동생 순이가 가져다준 꽃을 손질하다 '지나간 날의 어두운 세월 속에서 맺어진 남달리 뼈에 사무치는 동기간의 애절한 사랑을' 회상한다. 남의 소작인이었던 부모가 돌아가신 뒤 원주는 야장간 심부름꾼으로, 순이는 외편을 찾아 지주집 종살이로 갔다. 그러다가 해방을 맞아 순이는 버젓이 학교에 다니게 되고 원주는 '종형이 경영하는 조고만 철공소에서 일을 하면서 순이의 뒷바라지를 해주었다.' '그러나 원주가 병으로 끝내 몸저 자리에 눕게 된 뒤부터' '순이는 사실상 또다시 종살이나 다름 없는 생활을 하지 않으면 안 되었다.' '그러다가 원주는 요행 동무들의 도움으로 소련 적십자 병원에 입원하게 되었다.' 원주가 심장병을 얻은 것은 해방되던 전 해에 왜놈들에의해 강제 징집되어 가혹한 체벌을 받은 때문이다. 원주는 다시 자리에 눕자 누이 동생 순이와 입원을 도와준 동료 선반공 남칠과 필수의 얼굴이 떠올랐다. 그리고 저를 죽음에서 건져준 크리블랴크의 파아란 눈동자가 떠올랐다. 크리블랴크 선생은 원주와 마찬가지로 다른 환자에게도 최선을 다해 치료하면서 '조선 인민의 행복을 위하여, 생명을 위하여 싸우고 있는 것이다.' 소련 여의사가 정성껏 도와준 덕분에 원주는 식당으로 밥을 먹으러 다닐 만큼 병세가 호전된 어느 일요일에 누이 동생 순이가 오빠 병실에 꽂아 둘 꽃과 동료 선반공 남칠의 편지를 가져왔다. '우리 공장은 왜놈들이 파괴한 것을 도로 복구한다거나 그 기술을 그대로 답습하거나 연장하고 있는 것이 아니라 우리의 기술을 창조해 내고 있는 것이며 이것은 전체 로동자들이 한 개 불덩이로 뭉친 가운데서 자라난 귀중한 싹이다.'는 내용이었다. 원주는 입원한지 석달 반만인 해방 두돌의 칠월 상순께 퇴원했다. 여의사 크리블랴크 선생에 감사 인사를 하고 순이를 데리고 흥남으로 떠날 요량으로 순이 졸업식에 참석한다. 순이의 상장 내용을 읽어내려가던 원주는 '옳다 순이는 이겼다. 나도 이겨야 한다.'고 외쳤다. '애 순이야, 너도 나도 금년 8·15에는 흥남에서 시위에 참가하겠구나.' '하고 원주는 다시금 순이를 바라보았다. 금별같이 빛나는 순이의 얼굴 저편에 말할 수 없이 큰 선반이 방불히 보는 것 같았다.'

이 작품은 「모자」나 「얼굴」같이 직접적인 친소(親蘇)라기보다 여의사 크리블랴크를 통한 인간적 접근이다. 다시말해 심장병을 앓고 있는 주인공 원주를 극진히 치료해 줌으로서 고마운 소련 의사 이미지를 심어주고 있다. 또 「모자」나 「얼굴」과는 달리 친소(親蘇)로만 일관하지 않고 주인공 원주가 흥남 공장 선반공으로 가서 사회주의 건설에 앞장서고 '흥남에서 시위에 참가도 해야겠'다는 결심을 보여주는가 하면, 남매애가 뜨거운 오누이로서 그 험한 세파를 야무지게 헤쳐나가는 모습도 함께 보여준다. 따라서 「남매」는 주제면에서 친소 접근 방법이 더 세련되었고, 사건면에서 사회주의 건설 문제도 넌지시 끼워 넣었으며, 소재면에서 뜨거운 남매애를 중심으로 다양화를 꾀했다. 또 정치·문학 일원론적 입장에서 고찰해 보면 지금까지의 작품보다는 보다 함축적인 접근을 시도했다고 볼 수 있다.

친소(親蘇)를 주제로한 「기적」은 1950년 8월에 완성하여 <선집> 8호에 발표한 작품으로 그 줄거리는 다음과 같다.

주인공 인춘 영감은 오늘 밤도 기적소리가 열흘이나 끊어진 정거장을 지키고 있다. '왜놈들은 뿔뿔이 쫓겨갈 것이고…… 소련 군대는 어김 없이 들어 올 것이고…… 그런데……' 기다리는 소련군은 소식이 감감하여 그새 왜놈들이 공장과 철도를 파괴할까봐 노동자 자위대들이 밤새워 지키고 있는 것이다. 그러던 어느 '초가을 볕아래 하늘도 바다도 그지없이 푸르렀'던 날 아침 마침내 기다리던 소련군이 오고 소련군 이와노브 대위는 일본인 사장 다끼를 불러 이 정거장의 최고참 공부(工夫)인 인춘 영감에게 사장자리를 넘기도록 지시했다. '오늘부터는 당신이 이 회사의 주인이이요. 이제 인민 정권이 설 때까지 당신이 이 회사의 책임을 져야하오 알았소?' 인춘 영감이 사장이 되어 '조선 사람의 손으로 돌아온 이 철도는 당연히 새 조선의 지방 건설에 크게 이바지할 것으로 그 운전은 매우 시급' 했다. 그래서 우선 홍남 – 함홍 간 운전을 개시하게 되었다. 그것은 순전히 소련군 사령부의 혜택이었다. '이 기차는 함홍까지만 운전할 것이 아니라 오로리, 신홍 부전강까지…… 그리고 장통, 황초령, 하갈 장진까지 이내 개통해야 하오. 이것은 동무들의 책임이요.' 함홍행 첫 기차 앞에서 이와노브 대위가 말했다. '이윽고 오래 끊기었던 기적 소리가 되알지게 첫 가을의 푸른 하늘을 울리며 서서히 움직이기 시작했다.'

이 작품은 해방후 점령군 소련의 힘을 빌어 포악한 왜놈들을 몰아내고 공부 출신인 인춘 영감을 사장으로 추대하여 정거장을 접수한 다음 지금까지의 왜놈식 횡포를 말끔히 씻고 서민 중심의 운영을 꾀한다는 내용의 반일 친소류 소설이다. 「모자」, 「얼굴」, 「남매」 등으로 대표되는 친소(親蘇)소설들에 공통적으로 나타나는 현상이기는 하지마는 특히 「기적」에서 주목되는 것은 낫 놓고 기역자도 모르는 인춘 영감을 최고참 공부(工夫)라는 이유 하나만으로 사장으로

앉혀, 얼굴 모양을 그려가며 기관수들의 업무를 책크했다는 묘사는 작품의 필연성을 무시한 무리한 노동자 계급의 옹호다. 하지만 이 작품도 한설야의 정치적 선택에 따른 한 단면을 그린 소설임에는 틀림이 없다.

「레닌의 초상」은 1957년 9월 13일에 완성한 레닌을 신격화한 이념 소설로 같은 해 11월에 <조선문학>을 통해 발표한 작품이다. 또 1960년 조선 작가 동맹 출판사가 간행한 한설야 선집(단편 14편) 맨 끝에 수록되어 있다.

주인공 허영은 중학생 독서회 사건으로 왜놈 경찰에 검거되어 각혈까지하는 혹독한 취조를 받는다. 그때 같은 유치장에서 레닌의 초상을 감방 바닥에다 곧잘 그리는 동혁이라는 청년과 빨치산 출신의 성순이라는 사람을 알게 되었다.

> 동무들이 한 일을 들어 보면 동무도 레닌의 제자로 될 수 있소. 무슨 사물을 배워 아는데 그치지 않고 그 사물을 새것으로 고쳐 만들려는 정신을 가져야 하오. 문제는 이건 이렇고 저건 저렇다고 아는 체 하는 데 있는 것이 아니고 이건 나쁘고 저건 좋으니 좋은 것으로 고치자…… 그래서 그것을 고치는 일이 제일 가장 중요하오. 동무의 생각도 그렇다고 나는 생각하는데……[11]

이런 동혁이의 이야기를 매일같이 들으면서 허영은 점차 자신이 생겼다. 말하자면 의식화가 되어가는 것이다. 이런 허영의 의식화에 영향을 준 또 하나의 사람이 성순이었다. 그는 '일제를 반대하여 싸울 것과 조선은 반드시 해방되어 민족 독립을 쟁취'해야 할 것을 주장했다. 허영이 먼저 감옥으로 넘겨졌으나 이감 뒤 그의 폐병은 더

11) 한설야, 앞의 책, p.601

욱 악화되어 각혈이 심했다. '그래서 감옥에서도 하는 수 없이 다음 해 봄에 그를 보석으로 내보냈던 것이다.' 그는 출옥 후 결핵이 아니라 지스토마인 것을 알고 동혁 등을 탈옥시킬 계획을 세웠다. 그러나 실패함으로써 경찰에 붙잡혀 레닌의 초상이 있는 감옥으로로 다시 수감된 것이다. '그는 들어 가는 날로 좌우 옆방과 통방하여 감옥 안 형편을 들었고 또 자기가 한 일도 알려 주'는 한편 '네 놈들이 어떤 짓을 하든지 나는 내 할 일을 해야겠다. 첫째 살아야 한다. 그리고 배워야 한다. 레닌을 배워야 한다.'고 결심하였다. 그러던 어느 날 허영은 독방에 새로 입방한 사람들에게서 성순은 탈옥하고 동혁이는 여전히 그가 옮겨간 감방마다 레닌의 초상을 그려 놓고 교양 사업을 한다는 소식을 들었다. 그리고 세월이 흘러 그들은 통방으로 태평양 전쟁 소식을 들었다. 그리고 허영은 창밖을 내다보며 미국은 곧 멸망할 것이며 소련과 이 나라 유격대들이 승리할 것을 믿고 있었다.

이 작품은 허영이라는 주인공이 감옥에서 동혁이를 만나 레닌을 흠모하게 되는 개인 숭배 사상을 바탕으로 하여, 일제의 잔혹성, 태평양 전쟁의 부당성과 독일과 미국의 횡포를 곁들이고 있는 일종의 친소 소설이다. 해방 후 한설야가 쓴 정치 소설의 범주를 크게 벗어나지 못한 이 소설은 유치장 안 풍경이나 취조하는 모습들을 생생하게 그리고 있고 허영의 무모한 파옥 사건도 결국은 실패로 돌아가게 하는 등 비교적 무리없는 구성과 치밀한 묘사를 하였으나 레닌에 대한 신격화에서 작위성이 너무 들어나 보이는 등 이데올로기의 경직성이 큰 흠이다.

2. 사회주의와 반미

여기서는 사회주의 건설을 형상화한 소설 「탄갱촌」, 「자라는 마을」, 반미(反美)를 형상화한 소설 「초소에서」, 「전별」, 「승냥이」, 「황초령」, 「땅크214호」 등 한설야가 장편소설 『설봉산』을 발표하기 전까지 쓴 단편을 대상으로 어떤 식으로 정치적 선택과 문학적 형상화를 연결하여 정치·문학 일원화를 꾀했는지를 분석하고자 한다.

2.1 사회주의 건설

사회주의 건설을 주제로 한 「탄갱촌」은 1946년 8월에 탈고하여 <선집> 8호에 발표한 또 다른 성격의 정치·문학 일원화 소설이다. 이 작품은 한설야가 해방전에도 즐겨 다루던 농촌이나 공장 현장에서 일하는 노동자들을 묘사한 것이라, 「혈로」나 「모자」와는 퍽 다른, 몸소 체험했거나 평소 주위에서 익히 보아왔던 내용이다. 말하자면 그가 이상사회라고 여기는 사회주의 건설을 소재로 한 만큼 매우 익숙한 작업이었을 것이라는 말이다. 하지만 그의 정치적 소신을 작품화했다는 점에서는 위의 소설들과 맥을 같이 한다.

주인공 재수는 대학생이 된다는 부푼 꿈을 안고 갓 입학한 탄광기술 공업 학교 학생이다. 그런데 막상 입학하고 보니 실망이 이만저만 아니다. 사각모와 교복도 없고 교사(校舍)도 채광(採鑛) 사무실인데다 교수도 탄광에 근무하는 사무원들이었다. 그리고 '개학하자마자 댓바람에 여니 광부와 같이 굴 속으로 들어가라는 명령이다.' 막상 굴 속에 들어 가려니 '안해의 기대를 저버린 것 같은 생각이

가슴에 걸려서 내려가지 않는다.' 그때 '성춘이란 로학생만이 우리가 머리를 고쳐야 한다'는 용기를 북돋아 주었다. 거기에다 해방 조국의 근대화 앞에 '좀더 용기가 났다.' '설마한들 죽기야 하랴.' 뱃심도 슬며시 생겼다. 그래서 '오백 팔십메터의 굴을 다 내려 온 것이다.' 막 캐낸 윤기 어린 무연탄을 보자 재수는 그동안 왜놈들이 약탈했던 노동착취가 새삼 떠올라 몸서리 쳐진다. 굴 속에서 남포질까지 해야하는 어려운 채탄 작업은 물론 탄도(炭道)를 내는 일 등 견학을 마친 재수는 모두 피곤을 못이겨 곯아 떨어진 밤에 편지를 쓰려고 책을 덮었다. 그리고 자기 집 생각에 잠긴다. '재수의 집은 대대로 이름 없는 소작인이다.' 재수 아버지는 악랄한 일본 순사에게 죄 없이 모진 매를 맞고 마침내 아들 대신 징용으로 끌려가 종래에는 거의 맹인이 되다시피했다. '신발이 없이 맨발로 다니는 안해가 유리 쪽을 밟아서 발을 절룩거리는 것을 보고 온 그다.' '그래서 가족들의 뼈에 사무친 원한을 풀어 주리라고 마음에 거듭 다짐한 재수였다.' 그는 편지를 어떻게 써야할지 난감해 하다가 '공부 잘 하노라고 두루뭉실하게 썼다.'

그것은 모르면 몰라도 이것을 정복하여 제것으로 만드는 창조의 기쁨이 그들을 붙들고 놓지 않기 때문이리라. 그 로동자들더러 만일 진종일 화려한 살론에 앉아 있으라고 한다면 필시 이런 학정은 없다고 두덜거릴 것이다. 거기에는 그들의 창조가 있을 수 없기 때문이다. 그들의 생활이 열릴 수 없기 때문이다. 그래서 그들은 이 굴을 고향으로 하는 것이요, 여기에서 향수를 느끼는 것이다.[12]

---

12) 한설야, 앞의 책, p.98.

'인민' 시간에 강의를 듣고 이렇게 깨달은 학생들은 손수 석탄을 캐기 시작했다. 착암기 사용 등 난관에 부딪칠 때마다 재수는 아버지의 눈을 '생각하니 땀 흐르는 것이 아무 것도 아니었다.' 재수와 같은 정신으로 채탄에 임한 학생들이고보니 강제로 마지 못해 임했던 해방 전보다 채탄율이 높을 수밖에 없었다. 뿐만 아니라 '로동자들은 여기서 자기들의 힘을 깨닫고 또 동시에 자기들의 손으로 이 탄광을 왜놈 시대보다 훨씬 나온 것으로 만들지 않으면 안 되겠다는 결심으로 싸워 왔다.' '이러한 분위기에서 싸우는 재수는 어느덧 딴 사람 같이 변했다.' '재수는 불을 밟고 있는 자기의 발을 통하여 나라를 느끼고 겨레를 느꼈다. 그것은 결코 먼데 있지 않았다. 발 앞에 있었다. 아니 제 몸 속에 있었다.'

한설야 작품 중 사회주의 건설을 주제로하는 소설의 전범이되는 「탄갱촌」 역시 정치·문학의 일원론적 사고에서 막바로 나온 정치소설에 해당된다. 주인공 재수는 대학생이 된다는 부푼 꿈을 안고 탄광 기술 공업 학교에 입학하지만 실망이 이만저만이다. 그런 재수가 교장이나 고참 광부 성춘이에 의해 차츰 의식화되어 가다가 왜놈들의 노동착취가 새삼 떠 올라 손수 석탄을 캐기 시작한다. 재수와 같은 정신으로 채탄에 임하는 학생들이 늘고 어느덧 이 탄광을 노동자의 손으로 다시 젊어지게하자는 운동이 시작되었고 이런 분위기에서 싸우는 재수는 딴 사람같이 변한다. 말하자면 사회주의 건설의 역군으로 다시 태어난 것이다.

「자라는 마을」은 「탄갱촌」과 같이 사회주의 건설을 주제로 한 작품으로 1949년 8월에 탈고하여 농민소설집 <자라나는 마을>에 「마을 사람들」이라는 제목으로 처음 실었던 것을 그의 단편집 <초소에서>에 재수록할 때 「자라는 마을」로 제목을 바꾸었고 <선집> 8호에 이르러서는 등장인물의 이름과 문장 일부를 약간 수정하여 수록하였다. 이 작품의 내용을 보면 「탄갱촌」에서와 마찬가지로 한설야가 해방전에 몸소 체험했거나 즐겨 다루던 익숙한 소재들이다. 그래서, 김일성 항일 유격대나 친소(親蘇) 관계를 형상화한 작품들과는 구조적 성격이 다소 다르다. 즉 당대 현실을 소재로 창작하려는 태도에다 당대의 정책적 입장을 반영했다는 점이다.[13]

한설야 자신이 말하는 집필 동기를 들어 보자.

> 1949년 가을에 있어서 농한기를 맞는 농민들에게 읽힐 농민소설을 쓰라는 장군의 격려를 받은 것을 계기로 몇몇 작가들이 곧 농촌으로 동원되었다.(중략) 나의 「마을 사람들」이 그것이다.[14]

농민 계몽을 목적으로 쓰여진 이 작품은 생산력 증대, 문맹퇴치, 반혁명 분자들의 색출이라는 원칙 아래 농촌을 형상화하였다. 또 이 작품에 나타난 주요 갈등으로는, 황무지 개간을 위해 헌신하는 주인공 락운과 이를 방해하는 사람들 사이의 갈등, 문맹 퇴치를 위해 애쓰는 락운의 아들 영민과 이를 받아들이지 못하는 마을 사람들과의 갈등 등이다. 이는 당대 북한의 대표작에 공통으로 나타난 현상들인데, 이 갈등은 락운과 그 아들 영민의 헌신적 노력으로 마침내 해소된다. 그러나 갈등 해소 과정에서 영민이 가르치는 예문들이 굳이 '김일성 장군' '민주주의 인민 공화국' '미운 미국'으로 된 것이라든지 김일성의 지침에 의해 창작했다는 사실로 보아, 결국은 그의 정

---

13) 서경석, 앞의 논문, p.138-139. 참조

14) 한설야, "김일성 장군과 문학예술",『선집』14권,(조선작가동맹출판사, 1960), p.13.

치적 선택을 작품화한 점에서 위의 소설들과 마찬가지로 정치·문학 일원론적 작품의 범주를 벗어나지 못했다. 그 줄거리는 다음과 같다.

‘영민은 석후 아버지 말대로 동네 몇몇 집에 보리 씨를 나누어 주려 나섰다.’가 ‘참 너의 아버지 같은 사람 어디 또 있겠늬, 무구지(황무지)를 굴죽처럼 걸켜서 낟알을 뽑고…… 그나마 나라에 세곡 물구, 애국미 바치구 그리구두 혼자 먹는 게 앙이구 이웃 사촌으로 남들도 함께 심자고 씨까지 노나주니……’하는 감탄의 말을 듣는다. 하지만 알고보면 ‘영민의 아버지 락운의 고심은 컸다.’ 촌민들이 황무지 개간을 믿지 않자 ‘락운은 자기 혼자서 그 일을 먼저 시작했’고 이듬 해에 적잖은 소출을 보았다. 이것을 계기로 락운이 앞장서 농민들의 개간 의욕을 북돋게 된다. 또 영민이는 영민이 대로 문맹퇴치에 고심이 컸다. 완강하기만 하던 금복이네 어머니를 부단한 노력과 맞수인 륙국통사와 경쟁을 시킴으로서 결국 글 눈을 뜨게 하지만, 많은 문맹자들을 설득해 내는 일이 결코 쉽지 않았다. 다행히 금복이가, 중도에서 일 핑계 대고 안 나오려고 하는 아낙네들의 문맹퇴치를 책임지고 도와 줌으로서 큰 힘이 되었다. 한편 락운은 아들 영민과 상론해 가면서 추경을 권하거나 봄감자를 심는 등의 농사 개량 법으로 증산 운동을 계속한다. 그러나 간이 농업 학교를 나와 면기수로도 다녀서 농사에 밝다는 최기수란 자가 자꾸만 추경과 벼 이모작을 반대하고 또 개간 사업을 방해하자, 그의 ‘말은 자기 혼자만 잘 살구 우리 동네 다른 집에서는 옛날처럼 무지와 빈궁에 그대로 남아 있게 하자는 심사요. 그것은 우리 동네에 해로울 뿐아니라 나라를 헤치는 장본인이라고 우리는 생각’한다며 ‘청년 남녀들이 홍분한 얼굴로 너두 나두 들고 일어났다.’ 일이 이 지경에까지 이르르자 최기수는 마지 못해 자아비판을 한다. 그뒤 락운 부자의 눈부신 활약으로 '논에 감자를 심은 집도 작년보다 많이 늘었다.' '그런 중에 가장 즐거운 일은 한글 학교 졸업식이었다. 한 사람도 빠짐 없이 국가 시험에 합격하였다.' 금복 어머니, 박과부 할 것 없이 모두 기뻐한다. '영민이는 김일성 노래를 부르고 금복이는 동무들과 패를 지어 풍년 놀이 춤을 췄다.' 항상 맞수였던 륙국 통사와 금복 어머니마저도 손을 마주 잡고 너울너울 까부르며 무대로 빙빙 돌아 갔다. 졸업식이 지나자 영민이네는 모내기 준비를 착수하였다. 학생 연예대가 와서 노래도 불러주고 공동 취사도 하며 '남녀 로소가 섭쓸려 모내기하는 정경도 그지 없이 탐탐해 보였다.' '모두들 일에 성수가 났다. 아래웃반이 서로 지지 말려고 맹렬히 경쟁하였다.' 그 광경을 본 '영민은 별안간 금복의 팔목을 꽉 거머쥐였다.' '금복의 볼편은 금시 앵도 빛이 되였다. 영민의 주먹에서 제 팔을 뽑기에 더욱 얼굴은 붉어졌다. 그러나 그는 아무 말도 할 수 없었다. 다만 가슴에서 불꽃이 탁탁 튀는 것 같았을 뿐이다.'

이상에서 보듯이 「자라는 마을」은 한설야가 즐겨 다루던 소재인 농촌을 계몽 측면에서 형상화하였는데, 갈등 해소 과정에서 주인공 락운과 영민 부자의 희생정신과 헌신적인 노력은 바로 휴머니즘에 입각한 새 인간형의 창조로 보이며, 끝 부분에서 영민과 금복이 수줍은 사랑을 펼치는 장면은 딱딱한 황무지 개간, 문맹 퇴치 등의 이야기를 한층 부드럽게 감싸는 효과를 가져왔다.

2.2 전쟁과 반미

1949년에 탈고한 것으로 되어 있는 중편 분량의 「초소에서」는 1950년 1월에야 <문학예술>에 발표하였다.

38선 부근의 이북 영덕과 룡소의 조그만한 마을에 포탄이 날아들었다. 세포 위원장 인수는 뒷골로 마을 사람들을 피난시키느라 바쁘다. 이들은 이번 공격은 미군의 지시와 지휘에 의한 것이며 우리는 그들의 작전계획을 다 알고 역으로 대처하고 있다는 부대장 윤동무 이야기며, 경비대원 태식이 들려주는 월북 병사와 미군의 횡포 이야기를 듣고 치를 떤다. 일행이 참호에 도착한 후 전투가 벌어졌는데, 파죽지세로 공격해 가다가 태식이가 그만 어깨에 총상을 입자 모두들 힘을 합해 태식을 후송시킨다. 남산을 중심으로 다시 대대적인 전투가 벌어졌고, 공방은 더욱 치열해져 시체가 산더미처럼 쌓였다. 마침내 적들은 대부분 섬멸되었고, 영덕 방면에서 적을 격퇴시킨 부대도 이튿날 합류하였다. 한바탕 전투가 끝난후에도 동근이를 필두로 어부, 농민 할 것 없이 도처에서 잔당을 잡아왔다. 그래서 '이번 싸움은 농민들한테 보이지 않는 많은 힘을 주었고 경비대와 인민들의 단결을 더욱 굳게 하였다.' 그리고 그 다음날 부터는 장이 서는 등 도무지 싸움이 있었던 고장 같지가 않았고 오히려 경비대 축하회 준비로 아침부터 인민학교가 떠들썩하였다. 이윽고 김일성 장군과 스탈린 대원수의 초상을 앞세운 '경비대 동무들이 위풍 당당히 줄지어 입장하였다.' 예술대까지 불러 잔치 준비를 하면서 미국과 리승만을 비난해 쌓던 동네 사람들은 일제히 '우렁찬 박수와 환호로써 그들을 환영하였다.' 이어 꽃다발을 목에 건 조국 전선 대표가 '경비대는 상승 불패의 무장 세력으로 되는 것이지요. 전체 인민의 지지를 받을 것입니다.'라고 연설하였다. 또 모범 전투원 태식을 비롯한 공로자 표창이 있었다. 그리고 무용담과 찬양의 말들이 쏟아져 나왔다. '우리는 전투할 때마다 더욱 분명히 경비대와 인민들이 굳게 단결되어 있는 것을' 본다는 태식의 말을 끝으로 축하회는 막

을 내리고 '어린애들은 마당에 사람들이 많아진 데서 더욱 기세차게 뛰놀며 노래를 불러댔다.'

동족상잔의 6·25 동란을 소재로 한 이 작품은 종군 작가의 작품이라할 만큼 전투이야기로 시작해서 전투 이야기로 끝을 맺졌는데, 동네 사람들이 피난하는 모습이라든지 병사들의 전투 장면 등이 매우 사실적으로 형상화되어 있다. 또 마을에 숨어 있는 국방군 잔당을 잡아 경비대로 넘기는 동근이를 비롯 바다로 도망하려는 패잔병을 잡은 어부 동무, 집에 침입한 패잔병을 잡은 수산봉 어떤 늙은이, 감투골 어느 집, 솔개골 마루턱 외딴집 등 도처에서 경비대를 믿고 용감하게 싸운 인민들이 속출하는 등 경비대와 인민이 혼연일체가 되었음을 실감나게 그렸다. 그러나 전체 구성에서 권선징악적인 의도가 너무 드러나 보인다. 아무리 정치적 목적을 복선으로 한 소설이라고 하더라도 전쟁의 실상까지 왜곡하면서 미국과 이승만 정권을 매도한 것은 오히려 공감대를 떨어뜨리고 있다. 어쨌던 이 작품은 그 주제나 소재로 보아 반미(反美) 성향을 띤 전쟁 소설이라고할 수 있다.

1951년 3월 25일에 탈고하여 역시 <선집> 8호에 수록한 「전별」은 죽음을 무릅쓰고 적진에 숨어들어 다리를 폭파하고 돌아오다 미군에 붙잡혔으나 용케도 총상만 입고 민가에 스며들어 살아나는 용감한 유격대원, 용주의 이야기를 주제로한 반미(反美) 전쟁소설이다.

부상병 용주는 장수 어머니의 극진한 간호로 건강을 되찾게 되자 다시 전선으로 떠나게 되었다. 용주가 처음 입대했을 때는 '농사일에 잔뼈가 지루 굳어진 굼뱅이'였는데 차차 행동이 민첩해지고 믿음직해져, 분대장과 함께 '백주에 다리를 폭파하는 일에' 뽑혔던 것이다. 미군의 망원경을 피하여 아슬아슬하게 벼랑을 기거나 몸을 모로

눕혀 뱀장어처럼 풀과 가둑나무 사이를 빠져 나오는 등 갖가지 난관을 뚫고 침투한 끝에 다이나마이트로 다리를 폭파하여 소기의 목적을 달성한다. 그러나 돌아오던 중 용주는 총상을 입고 미군에 붙잡히고 말았다. 두말할 것도 없이 용주는 미군에 의해 총살 당했는데, 두 방의 총을 맞고 죽은 시늉을 하며 미군을 따돌린 끝에 의식을 잃을 때까지 마을을 향해 기어내려옴으로서 장수 어머니의 간호를 받게 된 것이다. '용주는 아침을 먹고 장수 어머니가 꾸며 준 걸마니에 점심 보따리를 넣어 가지고 밖으로 나갔다.' '인정은 서로 태산 같으나' '재생의 집과 은인들'과의 '작별은 호젓하였다.' '용주는 수천 수만의 우리 군대가 그리고 오늘은 또 형제인 중국 지원군 부대가 걸어간 또 걸어 갈 그 길을 빠른 걸음으로 걸어 갔다.' 같은 전쟁소설이지만 「초소에서」와 같은 일방적 승리가 아닌 독일 게스타포를 연상케 하는 전형적인 특수대 소설이다. 진부한 스토리 전개에 비해, 주인공 용주가 분대장과 함께 다리 폭파를 위해 침투하는 장면만을 보면 마치 작가의 체험담을 쓴 것 같은 현실감을 준다. 그러나 총살을 당하고도 살아나는 장면에서는 되려 현실감이 떨어진다.

한설야의 대표적 반미(反美) 소설인 「승냥이」는 1951년에 완성하여 <선집> 8호에 수록했다. 이 작품은 제목에서 알 수 있듯이 우화를 통한 창작이라는 특징을 갖고 있다. 말하자면 승냥이, 암여우, 이리 새끼 등을 통하여 미국인 선교사 집안 사람들이 동물적 수준의 악인임을 강하게 전달하려 한다. 중편에 가까운 분량에 비해 그 줄거리는 매우 단순하다.

주인공 수길이 어머니는 미국 선교사집 과수원과 농장에서 일하는 잡역부다. 그의 남편은 정평 농민 조합 재건 사건으로 왜놈에 붙들려 복역 중 심장마비로 옥사했다. 외아들 수길이는 동네 아이들과 섭쓸려 노는 게 가장 유쾌하였다. 이런 수길이네 집을 돌봐주고 있는 동건이라는 사람은 태평양 로동 조합 사건에 관계하여 수길이 아버지와 같이 감옥살이를 하다 출소한 사람이다. 사건의 발단은 수길이가 젖소 외양간 구석에서 고무공 하나를 주어 와 동네 아이들과 재미 있게 노는 데서 비롯된다. 동네 아이들이 한참 재미있게 놀고 있을 때 선교사 아들 시몬이 불쑥 나타나서 수길이에게 공을 훔쳤다는 누명을 씌워 초죽음이 되도록 드들겨 팬다. 계륵이 어머니가 허겁지겁 수길이를 집으로 데려왔지만, 수길는 이미 의식 불명 상태였다. 수길이 어머니는 선발로 동건에게 달려가 도움을 청했다. 그래서 동건의 의견대로 입원시킬 궁리를 하였다. 이때 선교사 부인이 찾아와 비싼 약도 많고 무료로 치료해 주는 교회 경영 병원으로 입원시킬 것을 제의한다. 수길 어머니는 별 도리가 없어 이를 수락한다. 그러나 그의 제의는 호의에서라기보다는 '조선 사람이란 맘 놓을 수 없는 존재였'기에 봉변을 당할까 겁이나서 짜낸 간계였다. '먼저 응급 주사를 놓아서 하루 이틀 그렁그렁 지난 다음에 이것은 다른 무슨 열병이라고 하란 말이요. 그래야 죽더라도 문제될 건지가 없소.' 합법을 가장하여 처리하겠다는 선교사 부인의 간계는 착착 진행되었다.

원장 선생! 좋습니다. 그러나 그보다 더 좋은 방법을 또 생각해야 합니다. 가령 말입니다. 전염병을 감염시키는데 성공한다 하더라도 그것만 가지고는 아직 부족합니다. 그러므로 정말 전염병이 된다하더라도 그것이 한 시간만에 죽는 것이 필요하다면 그때는 더 주저할 것이 없습니다. 미국에는 좋은 주사약이 얼마든지 있지 않습니까. 우리 병원에 그것이 없습니까.15)

이토록 선교사 부인은 교회 병원 여원장을 만나 미국인 자존심을 들먹여가며 설득한다. 수길이를 타박상이 아닌 전염병 때문에 죽은 걸로 만들자는 수작을 꾸미고 있다. 결국 그들의 수작대로 타박상이 심해 죽은 것이 아니라 법정 전염병으로 죽었다는 의사의 합법적인 진단이 내려진 가운데 수길이는 죽고 만다. 수길이 어머니는 선교사 집에 쳐들어가 처절한 절규를 하지만 결국 시몬의 신고로 왜경에 끌려가고 만다. 끌려가던 '수길 어머니는 문득 하늘을 쳐다보았다. 깃을 찾는 새들이 낮은 하늘을 날아 가고 날아 오고 하였다.'

"조국 전쟁이 스탈린의 지령에 의한 남조선 해방전이었음을 누구보다 정확히 알고 있었을 것이며 그것을 '이념과 현실의 일치'로 보았"[16]던 한설야는, 스탈린이 갑자기 죽자(1953) 다시 이념과 현실의 괴리 현상을 느꼈고, 이를 막기위해 바로 반미(反美)라는 이념을 설정한 것이다. 말하자면 자신이 믿는 이념따라 소련식 사회주의를 건설해 나가는데 방해가 되는 세력은 일본이 아니라 이제 미국이라는 것이다. 이러한 반미 사상의 대표작이 바로 「승냥이」이다. 이 작품에는 흑인은 하나님의 자식이 아니므로 때려 죽일 권리가 있다든가, 조선 사람은 도적놈이니까 개가 물어 죽인다는 등 과도한 증오심으로 미국 선교사와 그 아들 시몬을 비인간화한 표현이 부분 부분 있기는 하지마는 '수길 어머니가 매일 같이 짜 올리는 우유에 기름살이 오른 시몬의 넘치는 혈기가 굶주린 수길이를 단절에 까무러치게 하였다.'는 묘사라든지 수길이가 병원에서 죽었다는 소식을 듣

---

15) 한설야, 앞의 책, p.463.
16) 김윤식, 앞의 책, p.284. 이하 연속되는 인용은 주를 달지 않고 쪽수만을 밝힐 것임.

고 선교사 집에 가서 울부짖는 수길 어머니의 처절한 모습의 묘사는 매우 뛰어난 형상화로 보여진다. 그리고 이 작품에서 주목해야할 것은 "시대적 배경을 일제로 국한시키고, 그 범위 속에서 이른바 미제의 잔악성을 고발하는 방식을 취한것"(p.284)이라든지 "한설야 작품에 지속적으로 반복되"는 "미국 선교사 콤플렉스" 현상이 나타난 작품 중에 하나라는 사실이다. 또 "이른바 미제의 한반도에 대한 깊은 역사성을 윤리적 차원에서 형상화할 수 있었다."(p.282)는 사실이다.

6·25 전후를 배경으로 한, 반미(反美) 전쟁소설 「황초령」은 1952년 2월 6일에 탈고하여 <선집> 8호에 발표한 작품이다.

간호원 복실이는 자기 피를 수혈하여 준식이의 목숨을 건져냈다. 그리고 미군 폭격을 피해 안전하게 사단 병원까지 후송시키기 위해 대낮부터 서두르고 있다. 준식이는 자원해서 황초령 상의 포탄 수송을 맡은 인민군 군관이었는데, 어느 날 포탄을 갖으려 '골짜기로 막 들어서다가 그만' 미군 포로가 되어 트럭으로 황초령 고개를 넘어오던 중 '핸들을 죽어라고 벼랑 쪽으로 잡아 돌'려 구사일생으로 살아난 것이다. 복실이와 군의 선생이 준식이를 살려냈지만 지금 '큰 병원에 가서 잘 치료하지 않으면 절름발이가 될 우려가 있다.' 복실이가 후송을 서두르는 이유가 여기에 있다. 복실이는 준식이를 후송시키기 위해 길가에서 차를 기다리고 있을 때 미군 비행기도 지나가고 인민 군대나 트럭들도 지나가 '긴 하나 좀체 서 주지 않았다.' 그때 마침 '한 동리에서 20여년을 같이 살아 온 다정한 사이'의 트럭 운전수인 안민 동무가 나타났다. 복실이는 안민의 차에서 마주 앉아, 환자가 누울 자리를 마련하면서 전쟁이 터진 후 안민이 동네에 다녀온 이야기를 들었다. 아버지 어머니 안부도 들었다. 그리고 나서 준식을 비롯한 환자들을 차에 실어주고 '내리려니까 복실은 별안간 어쩐지 몹시 쓸쓸해졌다.' '꼭 편지 해 주어요.' 안민이 트럭을 움직일 차비를 하면서 외치는 소리를 듣고 '복실이는 별안간 울음이 쏟아질 것 같았다. 무엇 때문인지 알 수 없었다.'

"1952년 2월 6일 모스크바 교외 사나또리 <발비하>에서.

날마다 산보와 휴식과 영화 구경과 텔레비죤 구경에로 떠밀어 보내는 쎄스트라양들의 고마운 눈을 속여 짬짬이 적어 모스크바에 사는 즐거운 날의 기념으로 이 한편을 엮었다."

작품 끝에 이상과 같은 부기를 단 「황초령」은 6 · 25를 소재로 한 반미 소설로써, 주로 미군 비행기의 폭격과 인민군 간호 장교의 헌신적인 의료 활동을 리얼하게 묘사하여, 한설야의 전쟁 구상화 능력을 덧보이게 한다. 해방후 정치 · 문학 일원론에 입각하여 쓴 많은 작품 중의 하나다.

6 · 25를 소재로한 반미 전쟁 소설인 「땅크 214호」는 1953년 3월 1일에 탈고하여 <선집> 8호에 발표한 작품이다.

주인공 전기련은 어려서부터 높다란 다리나 나무에 오르기를 좋아 했고, 숫자 계산에 빨랐다. 그외에도 기계 다루기를 좋아 했는데, 그는 마침내 철공소로 들어 갔다. '그러던 기련이도 해방 후에는 아주 딴 사람같이 학업에 신이 났다.' '그러나 그는 재학 중에 마침내 일이 자기를 부르고 있는 것을 들었다.' 그래서 1949년 5월에 인민군대에 들어 갔고 그 해 9월에는 벌써 척후 땅크 214호의 운전수가 되었던 것이다. 그의 임무는 '적의 력량과 무력 배치를 정찰하여 보병 부대의 진공로를 열어주는 데 있다.' 오늘도 전기련의 땅크는 '미군 놈들의 대가리를 으깨여 주는 장쾌한 광경을 머리 속에 그리며' 파죽지세로 적진에 돌진하고 있었다. 그러던 중 적탄 두 발을 정면으로 받았다. 두 번째 포탄이 전기련의 어깨죽지를 갈겼다. 전기련은 죽을 힘을 다하여 땅크를 몰았다. '어깨를 상하기 전보다 오히려 더 힘차졌다.' 마침내 망가진 땅크를 몰고 경기도 포천 땅을 점령했다. 피난 갔던 시민들이 돌아오기 시작할 무렵 연천 쪽에서 적군의 잔당들이 쳐들어 왔다. 그러나 이내 섬멸하고 말았다. '이윽고 보병부대가 도착하였다.' 땅크는 포탄을 싣고 서울 진격을 위해 포천을 떠났다. 또 다시 파죽지세로 돌진한 것이다. 진뢰 밭을 무사히 통과하여 의정부가 눈 아래 빤히 내려다 보이는 곳까지 진출하였으나 적군의 저항도 만만치 않았다. 그래서 땅크는 크게 부서지고 기련은 설상가상격으로 다리에 또 부상을 입었다. 하지만 안간힘을 다해 땅크를 수리한 기련은 '214호의 흰 글자를 번뜩이며 의정부에 진입하였다.' 뒤따라 보병부대가 도착하였다. '이윽고 피난 갔던 주민들이 거리로 돌아 왔다.' '의정부까지의 척후 임무를 마친 214호 땅크는 여기서부터 보병 부대와 협동 작전을 취하며 엔진 소리도 드높이 서울을 향하여 진공을 계속하였다.' '서대문 형무소의 육중한 철문을 들이 박지르며 그 안으로 진입한 것은 그로부터 얼마 뒤였다.'

이상에서 보듯이 「땅크 214호」는 6·25 전쟁 때 인민군 척후 땅크 한 대가 38선을 넘어 포천, 의정부를 거쳐 서울로 진격한다는 남침 이야기이다. 마치 전쟁에 참가한 전사마냥 실감나게 묘사한 역량이 여러 곳에서 보이는 데도, 척후 땅크 한 대로 파죽지세의 전과를 올렸다는 '홍길동'식 과장 때문에 현실감을 반감시켜버린 흠이 있다. 이는 한설야 정치소설이 갖고 있는 공통적인 한계이다. 하지만 전쟁 소설로써의 구조적 성격이나 세부 묘사에는 비교적 능숙한 편이라고 볼 수 있다.

지금까지 월북 후에 쓴 단편 14편을 대상으로 한설야 소설이 어떤 식으로 정치적 선택과 문학적 형상화를 연결하였는지를 살펴보았다.

위의 작품 분석에서 잘 드러나 있듯이 한설야는 자기의 정치적 선택을 그대로 작품화 하려는 창작 방법을 즐겨쓴다. 이는 정치·문학의 일원론이라는 사회주의 국가의 문학 존재 방식과 관련하여 주목할 만한 것이다. 월북 후 첫 작품인 「혈로」에서 보천보 전투를 앞둔 김일성 장군의 신출귀몰한 능력을 그린 것은 당대 북한의 정치적 현실을 그대로 전달하고 있음을 말해주고 있다. 월북 후 두 번째 작품인 「모자」의 경우도 소련군 한 병사가 베푸는 따뜻한 인간애와 조국애를 통해 소련이 사회주의 건설의 모델이라는 정치적 선택을 그대로 전달해 주고 있음을 알 수 있다. 미국 선교사 콤플렉스를 내세워 미국과 종교에 대한 반감을 나타낸 「승냥이」나 6·25 전쟁에 대한 문학적 대응 방식을 다룬 「땅크 214호」, 사회주의 건설을 주제로한 「자라나는 마을」등도 한결같이 정치적 현실을 그대로 전달해 주고 있다. 한설야의 이러한 직접성이 북조선문학예술총동맹 위원장을 비롯한 정치적 요직까지 차지하게 한 것이다. 반면에 스탈린 사망 후 그의 격하 운동이라는 정치 감각에 더뎌 종래에는 복고주의자나 종파주의라는 죄목으로 숙청 당하게 된다. 즉 해방 후 한설야의 단편에 나타난 직접성이란 이기영 등의 반영론적 접근과는 다른 문학 예술의 기능적 범주를 중시한 방식으로, 그의 정치적 선택을 직접적으로 단편 소설에 형상화하여 정치·문학의 일원화를 꾀한 것이다. 이 점에서 한설야의 정치·문학의 일원론적 감각은 뛰어나다고 평가할 만 하다.

Ⅶ. 해방후 장편의 세계

1. 대동강

문화인쇄공장 젊은 인쇄공들이 구실을 만들어 가며 평양일보 발간을 지연시키다가 마침내 활자를 바꿔치기 하는 방식으로 발행하여 군정(軍政)의 하수인들을 교란시키는 「대동강」, 유엔군에 쫓기는 인쇄공들이 토굴에 모여 인민군의 승전보를 전하는 삐라를 만들어 뿌리는 방법으로 저항하는 「해방탑」, 평양이 해방되자 문화인쇄공장 지배인인 인철이가 돌아와 문학예술총동맹의 지시에 따라 점순이를 필두로 한 인쇄공들과 더불어 출판사를 복구하는 「룡악산」의 3부작인 『대동강』은 1950년 10월 19일부터 12월 4일까지 3개월간 유엔군이 평양을 점령했을 때, 문화인쇄공장을 중심으로 애국심에 불타는 젊은이들이 어떤 식으로 저항했는가를 그린 해방후 첫 번째 장편이다.

제 1부 「대동강」에서 문화인쇄공장 인쇄공이었던 점순이는 유엔군이 점령하고 있는 평양 거리에 남장한 연탄 배달부로 등장하나

곧 인쇄소에 복귀하여 비밀 공작원 덕준과 함께 벽보 붙이기, 전선 끊기 등에 가담한다. 유엔군은 평양을 점령한 뒤 어느 정도 질서가 잡히자 서울서 온 간부들을 중심으로 신문 발행 계획을 세워보지만 막상 실무자들이 없었던 것이다. 그래서 궁여지책으로 전에 근무하던 인쇄공들을 모으게 되었는데 이때 점순이도 문선공 상락의 권유로 기계공 태민 등과 더불어 평양일보 제작에 참여한 것이다. 그러나 그들은 이 핑계 저 핑계로 신문 제작을 질질 끌다가 활자 바꿔 넣기, 조판 녹여버리기, 모터 파괴하기 등의 방법으로 엉터리 신문을 만들고 만다. 그리하여 신문사 사장은 미군 사령부에 불려가 혼쭐이 나고 신문 발행은 일시 중단된다. 그렇지만 이들의 방해 공작은 당국의 집요한 색출 작전으로 꼬투리가 잡히게 되며 드디어 점순, 상락, 태선, 신복 등이 연행되고 만다. 하지만 견습공 문일과 어린 동수의 교묘한 구출 작전 성공으로 이들은 문일의 집 토굴에 아지트를 틀고 새로운 과업을 착수한다.

> 그들의 투쟁 일변도의 사상은 뚜렷한 것으로 평가된다. 곧 이것이 사회주의 리얼리즘이 말하는 혁명적 낙관주의이다. 또한 이 점은 한설야의 창작방법의 특징이기도 하여 주목된다.(중략) 소설이 혁명적 낙관주의의 창작방법에 의해 창작되어야 한다는 기본 원칙이 소설의 시작·중간·끝을 뚜렷이 구획짓는 이른바 변증법적인 창작방법인 것이다.(중략) 『대동강』의 청소년들은 그들이 할 수 있는 한도에서 근로 현장을 통해 투쟁하는데, 그 투쟁 과정이 시종일관 낙관주의로 일관되어 있다.[1)]

이러한 낙관주의는 다음에 쓰여진 『설봉산』에 더 뚜렷이 나타나

---

1) 김윤식, 『한국현대현실주의의 소설연구』 (문학과 지성사, 1990), p.366.

는데 이는 그가 기치로 내걸고 있는 정치·문학 일원론를 포함하여 문학의 교육적 효과(기능적 범주)에 해당된다고 볼 수 있다.

제 2부 「해방탑」은 점순·상락·태선·신복·천식 등이 피신하여 점령군에 저항하는 토굴 생활부터 시작된다. 이들은 비밀 공작원 덕준과의 긴밀한 연락 아래 인민군의 승전보를 알리는 삐라를 요소요소에 뿌리는 게릴라 활동을 시작한다. 점순이 등은 변장하고 거리에 나서서 왕성하게 활동을 하는 반면에 평양일보는 지지부진한다. 그러던 중 맥아더가 직접 전쟁에 참여한다는 호외를 문일이 가져오는가 하면 핵심적인 활동가인 상락이 붙잡혀 가고 아지트인 방공호를 옮기지 않으면 안되는 딱한 형편에 이른다.

이 과정에서 우리가 주목할 것은 단편 「승냥이」에서처럼 '전도부인과 미국에 대한 증오'다. 이 문제는 앞서 거론한 문학의 교육적 효과에 속하는데 미국에 대한 적개심을 불러일으키려는 의도로 쓰여진 것이 확실하다. 이처럼 노골적으로 작자의 의도를 드러내면 당시 평양인의 일상적 삶의 표정을 여실하게 표현하기가 어렵게 되고 따라서 작위성을 앞세우는 반(反) 리얼리즘적 묘사가 될 것은 뻔한 이치다.

제 3부 「룡악산」은 평양이 해방되자 문화인쇄공장 지배인인 인철이가 피난지로부터 돌아오는 이야기부터 시작된다. 평양에 있는 출판사들을 복구하라는 문학예술총동맹의 지시를 받은 인철이 먼저 만난 사람은 점순이다. 이어 태민이, 동선이(자재), 순일이(조판), 춘하(업무), 청룡이(경리) 등이 모여들었고 그들은 기자재를 수집하여 운반하는 일을 계속하는 등 복구에 안간힘을 썼다. 이들 중에 이단자가 하나 있었는데 피난 갔다 돌아와서야 새로 들어온 기계공 기석이가 바로 그 사람이다. 그는 피난하지 않고 남아 있는 자들의 그

동안의 행적이 의심스럽다는 투의 시비를 만들곤 하였다. 그리하여 고급 당 간부인 피난파와 대부분이 청소년인 평양 잔류파 간에 갈등이 생긴다. 하지만 피난파와 잔류파가 생긴 것은 '당의 지령'에 의한 것이라는 인철의 연설로 싱겁게 해소된다. 그러나 기석은 이에 그치지 않고 식모와 짜고 배신 행위를 한다. 또 이 작품에서는 『청춘기』에서처럼 점순과 태민 또는 점순과 상락 사이의 사랑 문제가 대두되지만 더 이상의 사건으로 발전되지 못하고, 기석이의 배신 행위와 함께 낙관주의 노선 속에 묻히고 만다.

1.1 인물의 유형

『대동강』에의 등장 인물은 말 그대로 만물상이다. 주인공 점순을 비롯해서 문화인쇄공장 인쇄공이 가장 많고, 기계과장 김정만을 위시한 중간 간부, 신문사사장 등의 최고 간부, 스미쓰 대좌 등의 최고 권력자 그리고 비밀 공작원 덕준, 정찰 분대장 문상, 이층 사나이 박시현, 전공 최용범, 딱총 그밖에 점순과 문일의 어머니, 여급 영란, 리 녀맹위원장 춘실, 유일한 배반자 기석, 교활한 경천이까지 수 없이 많다. 따라서 이들을 일정한 관점으로 유형화하기에는 상당한 무리가 따를 것으로 보인다. 하지만 리얼리즘 소설 연구의 중심은 어디까지나 독자들의 관심사인 작중 인물들의 갈등에 있음을 감안하여 잔류파(근로자), 피난파(중간 간부, 최고 권력자, 긍정적인 간부), 영웅적 전사, 배신자 등으로 구분하여 이에 해당하는 인물들의 성격과 갈등 구조를 살펴보고자 한다.

1.1.1 잔류파(청년 근로자)

여기서 근로자는 주로 인쇄공을 이르게 되는데, 그 중 주인공은 단연 18세 소녀인 점순이다.

> 어디가서 얼마간이라도 그 절통한 가슴부터 부리워 놓고라야 누굴 만나 이야기도 할 것 같았다.
> 그래서 점순이는 먼저 무연탄부터 날라다주기로 하였다. 그가 가는 집은 바로 상수리 유축에 있었다.
> 그래 그리로 가는 골목길로 잡아 들었으나 종시 맘은 걷잡을 수 없었다. 어떻게 하면 원쑤놈들에게 몇천갑절 더 큰 갚음을 줄가하는 앙심에 그의 가슴은 들끓고 있었다. 그는 여러번 길가 전봇대을 받을번 했고 길바닥 돌멩이를 걷어찼다.
> 『죽더라도 원쑤를 갚자...』[2)]

점순의 강인한 성격이 그대로 나타나 있다. 차에 치어 죽은 아이를 그대로 두고 유유히 사라져 가는 미군과 그 앞에 어쩔 줄을 모르고 목놓아 우는 엄마를 보고 분을 삼키지 못해 가슴을 저미는 모습이 눈에 선하다. 우선 연탄 배달을 마저 하고 대항해 볼 작정이지만 삭힐 수 없는 분노 때문에 '여러번 길가 전봇대를 받을 번했고 길바닥 돌멩이를 걷어'찼으며 더군다나 '죽더라도 원쑤를 갚자.'는 굳은 결심을 한 것은 그가 진정한 투사임을 어김없이 증명해준다. 말하자면 점순이는 사회주의를 지키려는 한설야의 자존심이자 분신인 셈이다.

> 점순이는 그가 상락이란 문선공인 것을 곧 알 수 있었다. 상락

---

2) 한설야, 앞의 책, p. 22.

은 지난날 자기들의 인쇄 공장에서 열성 분자로 인정 받던 사람이다. 그런데 오늘 그는 원쑤의 손에 넘어간 인쇄공장에서 일하고 또 그뿐만 아니라 물귀신처럼 남까지 끌어 넣으려는 것이다.

그런데 또 점순의 불쾌는 거게만 그치지 않았다. 상락은 한때 점순에게 남다른 호의를 가지고 있었다. 점순에게 사랑을 고백한 일도 있었다. 그러나 점순은 아직 그런데 대해서는 아무런 생각도 가지고 있지 않다는 것을 말하였다.

그러나 상락은 점순이가 이렇게 따는 리유가 딴데 있다고 생각하였다. 그것은 틀림없이 점순이가 기계공 태민이를 아니, 태민이가 점순이를 사랑하기 때문이라고 생각하였다. 이렇게 생각하면서부터 상락의 맘은 더 꾀 까다로워지고 배틀리기 시작하였다.

(느등대 같은 태민이가 무얼 믿고 점순일 넘겨다보누, 어림 없다.)[3]

주인공 점순을 가운데 둔 문선공 상락과 기계공 태민 사이의 애정 갈등이다. 한설야는 '프롤에타리아 문학에 있어서 연애를 취급할 필요성을 느낀'다고 일찍이 갈파한 바 있고 해방전 장편 『황혼』, 『청춘기』, 『마음의 향촌』에서도 한결같이 사랑문제를 비중 있게 다루었다. 이로 미루어 볼 때 "혁명적 낙관주의가 남녀 사랑으로 처리되게끔 이끌어간 『대동강』의 결말은 한설야의 특징이라 할 수도 있다."[4]

상락은 본시 입이 싸고 심사가 약삭바른 사나이다. 제가 하자는 말은 좋고 나쁘고를 고려할 사이 없이 톡톡 쏘아 부치고 또 언제나 입버릇 모양으로 말허두와 말끝을

---

3) 한설야, 앞의 책, p.11～12.
4) 김윤식, 『한국현대현실주의 소설연구』(문학과 지성사, 1990), p.369.

『동무들 이걸 알아야 하오』

하는 판박이 말로 제뜻을 남에게 강요하는 버릇이 있었다.

그는 무슨 토론이나 비판같은게 시작되면 언제든지 선코를 차고 나섰고 남을 깎아내리는 것으로 한 수 보았다. 그는 남의 약점과 아픈데를 찾아내는데 매우 초끼 빠르고 또 각박하다. 그러나 어쨌던 그것으로 한몫 든든히 본 심이었다. 그는 그것으로 준비된 일꾼으로 인정 받았고 열성 분자로 지목되었다.(중략)

사실 상락은 남보다 결근 또는 지각들이 많으면서도 자기는 민청에 무슨 볼일이 있었느니 열이 40도나 돼서 나오다가 길에 엎으러져 도로 돌아갔느니하는 따위 거짓말로 자기를 싸면서도 정말 병으로 못나온 다른 사람들을 꾀병이니, 대공이니 하고 공격하군하였다.

그러면 그말은 그대로 통과되는 것이 통례었다.

또 상락이는 평상시에 자기도 함께 우스께로 또 잡담으로 한 이야기까지 회의때 쳐들고 나와 남들을 사상이 어쩟느니, 교양이 어쩟느니 하고 공격하였다.[5]

상락의 인품과 결점이 매우 사실적으로 나타나 있다. 이처럼 이기적이고 거짓말 잘하며 경솔하고 남을 곤경에 빠뜨리기 좋아하는 최상급 속물인 상락은 인쇄소에 복귀한 점순의 영향으로 뒤늦게 깨우쳐 동지가 된다. 문일, 동수, 점순 등과 짜고 미군정의 신문 발행을 방해하는 일을 하는가 하면 그 일이 들통나 잡혀가는 도중에 문일 등의 도움으로 간신히 도망쳐 나와서도 토굴 생활을 하며 그 삼엄한 경계를 뚫고 삐라를 살포하는 일에 앞장선다. 주로 덕준이 전해준 인민군의 승전보나 선동을 내용으로 삐라를 만들어 곳곳에 뿌리기를 계속하다가 상락은 재차 붙잡혀 가 모진 고문을 당하고 죽을

---

5) 한설야, 『대동강』 (작가동맹출판부, 1955), p.p.13～14.

고비를 넘기면서도 끝내 굽히지 않고 점순이 버금 가는 투사로 성장한다. 이는 한설야 모든 소설을 꿰뚫고 있는 '오기'와 '프롤레타리아의 기질' 그리고 '문학의 교육적 효과'를 대변하는 한 유형이라 할 것이다.

반면에 태민은 처음부터 '정말 훌륭한 인물이었다.' 매사에 선량하고 남이 알아주거나 말거나 주어진 일에 충실하며, 철저한 학습으로 사상 무장을 단단히 한 대표적인 열성 분자다. 어쨌거나 점순이가 태민을 칭찬하는 다음 말을 주의 깊게 살펴보면 작가가 태민의 의식화 과정을 은연중에 역설하고 있음을 곧 알아차릴 수 있다.

> 점순은 그것을 늘 보아왔고 또 보는 때마다 늘 감격해 왔기 때문에 별로 말을 다듬들 필요없이 본대로 이 자리에서 그에대해 말할 수 있었다.
> 『우리들 중에는 정말 열성분자가 많소. 나는 구체적 실례를 들어 말하겠소. 태민 동무는 정말 첨은 일만하는 동무였소. 그러나 조국 해방 전쟁이래 기계과장이 출전하자 그 대리를 보면서부터 그는 밤을 자지않고 지배인의 지도서를 연구하고 매일 그것을 실천해서 적은 사람을 가지고 전쟁전의 숫자를 보장하고 있는 것은 누구나 다 알고 있소. 이 사실은 공장 벽보에도 발표되었소.』[6)]

태민이가 어떤 사람인가를 거침없이 말하고 있다. 태민이는 평양이 유엔군에 함락되어, 연일 폭격이 이어지는 험한 시기에도 인쇄공장을 시골 지하로 옮겨, 기계 설치에 여념이 없으리 만큼 열성으로 일만 하는 모범 동지다. 이래 놓으니 점순이가 태민이를 좋아하지

---

6) 한설야, 앞의 책, p.14.

않을 수 없는 노릇이다. 그래서 이 작품의 끝 부분에 점순이가 태민에 반해서 『태민 동무!』라고 부르면 그 소리에 놀란 태민이가 『아이, 눈이시여』 라고 사랑의 응답을 하도록 표현하고 있다. 이런 식의 사랑의 행각은 혁명적 낙관주의 소산일 것이라는 짐작을 할 수 있게 해준다.

젊은 근로자는 애정의 삼각관계에 놓인 점순, 상락, 태민 외에도 많다. 그중 견습공 문일의 인품을 점순이의 눈을 통해 보면 다음과 같다.

"이 소년은 어른보다 기운이 세여서 남의 두 몫 일을 하고 또 원래 말수 적고 사람이 어리 무던하니까 신참으로 상락에게 걸려들었을 것이"[7]다. 문일의 활약상은 나이에 비해 참으로 눈부시다. 신문제작 태업 혐의로 점순, 상락, 태선, 신복 등이 경찰에 연행되어 가자 동수와 더불어 구출해 냄은 물론 이들을 자신의 어머니와 의논하여 토굴에서 생활하게 해주고, 어리다는 이유로 의심하지 않는 중간 간부들의 눈을 피해, 점순 등이 없는 인쇄소에서 그들이 하던 일까지 계승하여 태연히 태업을 계속하거나 삐라용 활자를 훔쳐 와 토굴에 건네주고 덕준과 접촉하여, 토굴 사람들에게 새로운 정보를 일러주거나 삐라 내용으로 삼게 하는 등 실로 상상하기 힘든 엄청난 교란 작전을 펴는데 중요한 역할을 해낸다. 물론 이런 중차대한 일을 할 때는 어김 없이 동수가 짝이 된다.

> 공장에 동수라는 소년이 새로 들어왔다.
>
> 동수는 해방전 평양서 인쇄소 식자 견습공으로 다니다가 해방후 인민학교를 거쳐 초급중학교에 다녔는데 미군이 쳐들어오는

7) 한설야, 앞의 책, p.24.

> 통에 어머니와 함께 외편인 중화군에 피난 갔다가 거기서 빨지산에 들어가서 련락 공작을 보고 있었다. 그래 덕준에게로 몇번 련락 온 것을 덕준이가 그때마다 담화해 본 결과 동수의 의견도 평양서 공작하기를 희망하고 또 덕준이도 그를 인쇄소에 보내여 점순이와 함께 공작하게 하는 것이 적당하다고 생각되여 먼저 점순이 집으로 보내 보았다.
>
> 그래서 점순이가 여러가지로 문답해 보았는데 이내 맘에 들었다. 나이는 겨우 열여섯살이나 다기차고 눈치빠르고 믿음성 있는 소년이었다.[8]

비록 나이는 어리지만 투철한 투쟁 의식을 갖고 있어서 남의 두 몫을 거뜬히 해내는 문일과 손발을 맞춰 가며 어른들이 하기 어려운 일들을 척척해내는 동수는 빨지산에 들어가 연락 공작을 해보았을 만큼 이미 숙련된 일꾼이었다. 그래서 그는 숙련된 일꾼답게 입사한 지 이틀만에 여러 식자공을 포섭하거나 좋은 관계로 만들어 임무 완수에 최선을 다하는 무서운 데가 있는 아이다.

> 『우리가 예견 못했던 과업이 별안간 동수 동무에게 위임되었는데 벌써부터 준비하고 있었기 때문에 일은 큰 지장없이 곧 실행되었소. 그러므로 나는 먼저 동수 동무의 공로에 대해서 말하면서 다음으로 동수 동무에게 한가지 요구할 것이 있소. 좀 더 침착하라고… 어떻소? 동수 동무...』
>
> 하고 점순이가 웃었다. 그런즉 동수는 잠시 고개를 숙였다가 이내 들었다. 언제든지 새 것, 새 일을 요구하고 있는 그의 눈은 유난히 영채 돌았다.[9]

---

8) 한설야, 앞의 책, p.45.
9) 한설야, 앞의 책, p.59.

동수가 어떤 소년인가를 점순이가 단적으로 말해주고 있다. 그 어린 나이에 기라성 같은 선배 인쇄공들이 펼쳤던 험난한 암약생활을 거뜬히 해내어 그들이 없는 공백을 잘 메꿔 나가고도 '언제든지 새 것, 새 일을 요구하'는 그는 신동에 가깝다.

그 밖에도 인쇄소를 둘러 싼 젊은 근로자들로는 서울 나막신 천식이, 말더듬이 태선, 여공 신복 등이 있다.

1.1.2 피난파(간부)

젊은 근로자들을 철저하게 탄압하고 착취하는 그룹으로 당의 지령을 받고 피난 갔던 간부들을 설정할 수 있다.

> 이남에서 온 배불뚜기 영선 과장이 배포 유한 소리로 웨쳤다. (중략)
>
> 『안오면 경찰에 의뢰하구려. 달구 치면 안맞는 놈이 어딨단 말이요. 곰도 질들이기 탓인데 채쭉 들고 시켜보오. 열흘이면 그런대로 대용품은 될테니』(중략)
>
> 역시 남에서 온 기계과장 김정만이란 자가 또 제꺽 받아 넘겼다.
>
> 『아따 이북 놈들은 뱃대기에 총알도 안들어가나』
>
> 이 자는 본시 너구리처럼 게으르면서도 큰 소리만 탕탕치는 버릇이 있었다. 기계 수리며 조립을 하다 말고는 나자빠져 육담, 패담, 악담을 펴기가 일수고 그리면서도 누가 함부로 건드리지 말라는 방패로 리승만이니, 부라운이니 하는 따위치들과 무슨 교분이나 있는 듯이 그들의 덕담을 느러뱃으며 거기에 턱없는 제자랑까지 덧붙이는 주제 넘고 뒤넘스러운 심술망나니라 아무도 갈바 말하지 않는터이다. 그러나 이 자는 영선과장의 비위만은 늘 잘 맞추었다. 그래야 혹시 술잔간이나 얻어 마실 수 있기 때

문이다.

영선과장은 본시 속이 먹통인데 영선과는 돈과 물자를 만지니 만큼 그의 주머니는 항상 불룩했다.[10)]

중간 간부를 대표할 수 있는 영선과장과 기계과장의 사람 됨됨이가 실감나게 묘사되어 있다. 영선과장은 영업국장 사람이어서 기계 설립을 핑계로 무시로 회사 돈을 착복하고 때로는 그 돈을 기계과장 등과 유흥가에서 흥청망청 써댄다. 또 신문제작에 필요한 기술자들이 입사를 꺼려하자 경찰에 의뢰하여 채찍질을 해서라도 데려 올 것을 주문하는 극악무도한 사람이다. 이에 맞먹을 기계과장 김정만은 게으르고 음담패설을 곧잘 하며 돈이나 권력이 있는 자에게는 철저하게 아부하는 속물 중의 속물인데, 특히 리승만 호위장을 했다고 뻐기다가 나중에는 인쇄공들이 훔치려다 미수에 그친 활자 주머니를 기계과장이 누었던 자리에 얼른 감춤으로서 누명을 쓰고 형사에 의해 '팔목에 수갑을 절컥'물리는 수모를 겪는다.

또 이들은 스스로 방탕한 생활을 하는 것 못지 않게 부하 직원에 대한 횡포도 심했다.

『이 륙실할놈의 새끼들! 잇바디에 나사 못이 끼여 있는걸 그래로 돌려. 포도청 갈놈의 새끼들!』

이런 말과 동시에 기계과장은 주먹을 번쩍들어 문일이를 노려 보았으나 그에 기름 투성이 억샌 얼굴을 피해 새로 들어온 조수의 멱살을 거머쥐었다.[11)]

---

10) 한설야, 앞의 책, p.32.
11) 한설야, 앞의 책, p.p.47~48.

전쟁 중이라 기계 구하기가 어려워 부서진 기계 조각들을 수집해다가 가까스로 조립하는 처지여서 새 기계 만들기보다 훨씬 힘겨움에도 불구하고 사장은 물론 기계과장 마저도 그 어려움을 몰라주고 도리어 조그만 실수를 저질러도 그것을 빌미로 폭언과 폭행을 일삼는다. 이런 식의 기계과장의 횡포는 간부들이 얼마나 근로자들을 괴롭히고 있는지를 보여 주는 일 예에 자나지 않는다.

근로자들을 이해하지 못하고 외려 못 살게 구는 것으로는 양이 안차서 스스로 끝없는 타락 생활로 치닫기는 최고 간부들도 마찬가지였다. 아니 한 수 위였다.

> 사장, 편집국장, 영업국장 또 무슨 국장 하는 따위 우두머리들이 신문이 나온다는 구실로 어젯밤에 패패 경제리 으슥한 골목으로 행차한 소문이 벌써 공장 안을 한바퀴 돈 모양이었다. 이것은 사장. 편집국장, 영업국장 무엇한 것의 비서 또는 타이피스트들 입에서 난 말이니끼 틀림 있을 까닭이 없었다. 비서들은 어젯밤에 경제리로 미국 깡통과 양주와 미국 담배를 몇 차례나 날라갔다.
>
> 최고 간부들이 그렇게 밤새 술 처먹고 기생과 갈보들 발치에 늘어진 그시간에 공장 기계공들은 밤을 새워가며 신문을 찍었다. 인쇄는 아침결에 끝났다.
>
> 편집국장은 여니때보다 세시간이나 늦게 나왔다.[12)]

기계공들이 야간작업을 하는 동안에 사장을 비롯한 최고 간부들은 기생 발치에서 양주, 양담배 등을 즐기며 밤새 노닥거렸으면서도 다음날 쓰린 배를 움켜쥐고 출근하자마자 근로자를 터무니없는 이

---

12) 한설야, 앞의 책, p.61.

유로 닥달하기 시작하는 것이다.

그렇다면 이들은 과연 어떤 인품을 지닌 사람인가 사장부터 알아 보자.

> 즉 그는 일단 아첨이 성공하면 그담은 자기가 노리고 있던 사람을 밟고 올라서며 그를 찢어 발기기 위해 비수를 던지군 하였다.
>
> 일본 류학 당시 그는 시세에 아첨하여 좌익 학생들을 붙좇아 다녔으나 류치장에 들어가면 사혐 있는 학생이나 제가 추근거리다가 미끄러진 녀학생을 찍어넣고 그댓가로 저는 먼저 빠져 나왔으며 조선에 돌아와서는 큰 사상가가 사상 전향이나 한 것처럼 떠버린 덕으로 어용 신문사에 취직하여 경무국 출입 기자로 근무하는 사이에 차차 제 자리를 쌓아 올려 부부장 의자에 앉게 되었다.13)

아부 아첨의 천재라 할만큼 아첨에 능하며, 출세를 위해서는 수단 방법을 가리지 않는 성품이다. 경쟁 대상을 모함하거나 권력자의 끄나풀 역할을 자임하는 통에 부부장 직위까지 올랐으나 승진을 노리고 자기 부장을 모함하다 잘못 되는 바람에 되려 그 자리마저 빼앗기는 불운을 맛본다. 그 뒤 오직 경무국 끄나풀 역할만 해오다가 해방이 되자 빈자리 덕분에 복직하였다. 하지만 그는 신문사 일보다 경찰과 미군정에 아첨하는 일에 치중하였으며, 전쟁이 터지자 미군 사령부에 매달려 평양일보 사장 자리를 차지한 것이다.

어디 사장뿐이랴. 보안부장도 '역시 미국 순경이 방망이 들고 사는 것처럼 반생 남아 칼만 내두루고 사는 사람이었다.' 그는 '사람

---

13) 한설야, 앞의 책, p.73.

을 함부로 잡아들이고 가두고 남의 재물을 마음대로 긁어 들이는데 습관되어 있'는가 하면 최고 권력자인 미군 사령부 군정부장 스미쓰 대좌나 '그의 상담역으로 와 있는 안대선(본명 안더슨)이란 조선 이름을 가진 미국 사람'에게는 철저하게 아부하며 심지어는 그들의 눈에 들기 위해서 신문사 사장과 치열한 경쟁까지 펼쳐 보이는 한심한 사람이다.

지금까지의 부류와는 정반대인 피난파 간부가 하나 있는데 그가 바로 문화인쇄공장 지배인인 인철이다.

> 공장이 가까워 올수록 인철의 가슴은 울렁거렸다. 원쑤놈들이 그동안에 공장을 어떻게 만들어 놓았는가? 사람의 생가슴을 도려내는 놈들이 무엇인들 그저 두었을까?
>
> 그러나 아무리 처참한 몰골로 만들어 놓았다 하더라도 어쨌든 어서 가보자고 인철은 지친 다리를 추며 죄여 걸었다. 그리며 일변 마음을 단단히 다지었다.
>
> 아무리 원쑤들이 별 지랄을 다 부렸다 하더라도 거기서 자기들이 남긴 땀냄새와 생활의 그림자를 말끔 가셔버릴 수는 없으리라. 놈들이 어떻게 만들어 놓았던지간에 우선 공장부터 옛모습보다 더 번듯하게 만들어 놓으리라고 인철은 생각하였다.[14]

부정 부패를 저지르고 향락에 빠져 스스로를 파멸의 길로 인도하는 한편 부하 직원을 들볶는 간부들과는 전혀 다른 인철(문화인쇄공장 지배인)은 간부중 유일하게 긍정적으로 설정된 인물이다. 인쇄공들과 힘을 합해 폭격으로 폐허가 된 공장을 복구하기 위해 만난을 무릅쓰고 솔선 수범하는 모양은 참으로 아름다워 보인다.

---

14) 한설야, 앞의 책, p.233.

1.1.3 영웅적 전사

주인공은 아니지만 신출귀몰한 재주로 위기를 탈출하거나 타락한 권력자들을 놀려주는 인물들이 등장해서 독자들에게 손에 땀을 쥐게 하거나 속을 후련하게 해주는 장면들이 『대동강』 곳곳에 포진해 있다. 이를 영웅적 전사라 명명하여 그들의 성격과 갈등 구조를 고찰하고자 한다.

대표적인 영웅적 전사로 미군 앰·피들의 가혹한 심문 도중 이층에서 용감하게 뛰어내려 무사히 탈출해간 박시현을 들 수 있다.

> 점순은 무슨 일을 하려 한때 또 어떤 공포나 곤난이 닥쳐 올 때 그 청년을 생각하였고 그 청년에게서 기운을 얻었다.
>
> (그 청년은 죽음의 고개를 용감히 뛰어 넘었다. 나도 이 고개만 넘자...)(중략)
>
> 이 정경을 볼 때마다 놈들을 메따곶고 이층에서 뛰여 내리던 그 청년을 생각하였고 동시에 지금 놈들에게 갇히여 있는 무수한 사람들을 또 생각하였다. 그러면 속으로 부르짖었다.
>
> (당신들도 어찌하든지 뛰쳐 나오시오. 놈들의 손목을 물어 젖히고라도 나오시오. 부인들도 정말 죽을려고 들면 놈들을 이길 수 있소.)[15)]

점순이는 '어느 날 무연탄 달구지를 끌고 중앙 우편국 앞을 지나다가 놀라운 광경'을 목격한 것이다. 미군 앰·피에 붙들려 심문을 받던 한 청년이 이층에서 뛰어 내려 유유히 빠져나가고 비상 걸린 미군 앰·피들은 그를 찾기에 혈안이 되었지만 감쪽같이 숨어버린

---

15) 한설야, 앞의 책, p.10.

그 청년을 끝내 잡지 못했다. 그날 이후 점순이는 잡혀 문초를 당한 사람을 볼 때마다 이층에서 뛰어내린 그(박시현)를 생각하며 모두가 영웅적 전사가 되어 용감한 탈출을 시도해 줄 것을 간절히 바라는 마음이었던 것이다.

다음의 영웅적 전사로 문일에게 뱃심이 두둑해지도록 영향을 끼친 그의 형 문상을 들 수 있다.

> 문상은 자기 집 뒤 울안에 토굴을 파고 있으면서 여러날 동안 미군과 괴뢰군의 형편을 염탐하였다. 문상은 자료를 얻기 위해서 국수집 배달 노릇을 하였다.
>
> 그때 문상은 한번 문일에게 이런 이야기를 하였다.
>
> 『우리 군대가 금강 도하 작전을 한때 이야기다. 그때 도하 작전에 성공하고 나서 미군의 중요한 거점인 진주 부근의 805,4고지를 빼앗을 목적으로 우리 정찰대가 아무런 엄호도 받지 못한 채 적진으로 정찰 들어간 일이 있었다.16)

문상이 분대장으로 있는 정찰대는 미군의 중요 거점을 정찰할 목적으로 으스름 달밤에 아군의 아무 엄호 없이 적진에 뛰어들었다. 적군은 정찰병들의 모습을 보았는지 맹렬한 사격을 퍼부었다. 그때 한 정찰병이 소이탄 파편을 맞아 옷에 불이 붙기 시작했으나 동료들이 발각될까 염려되어 까맣게 타 죽을 때까지 소리 한 번 지르지 않았다. 그 정찰병의 거룩한 죽음의 대가로 문상이 이끄는 정찰대는 아군의 진격로를 여는데 성공하였다. 이는 '군대는 죽음으로도 깨뜨릴 수 없는 규율이 있어야하고 동지애가 있어야 한다.'는 문상의 말을 실천에 옮긴 영웅적 전사인 것이다.

16) 한설야, 앞의 책, p.124.

그 밖의 영웅적 전사로 점순이가 중요한 공작을 펼치다 난관에 봉착할 때면 어김없이 나타나서 전선을 끊거나 전원을 다시 넣어줌으로써 과업 완수를 결정적으로 도와주는 전공(電工) 최용범을 들 수 있다.

> 점순은 이제 전기만 오면 곧 일어날 참이었으나 불은 좀체 오지 않았다. 아마 또 전공이 와야 할 것이라 생각하며 점순은 어쩐지 그 전공이 기다려졌다. 그는 반드시 이 식당에 대해서 무슨 중대한 공작을 맡아 가지고 있을 것이라고 점순은 생각하였다. (중략)
>
> 그가 소스라쳐 식당쪽을 돌따보는데 또 다시 벼락치는 소리가 들렸다. 그것은 바로 동아식당 삼층에서 나는 소리였다. 벽락 소리와 함께 식당 삼층에서 번갯불 같은 불빛이 하늘을 찌르고 올라갔다.
>
> 『옳다.! 틀림 없다!』
>
> 순간 점순은 그렇게 부르짖었다. 이름도 모르는 전공의 모습이 마치 끓는 불덩이처럼 이글거리며 그 속에서 미국 장교들이 무리 죽음으로 타버리는 광경이 점순이 눈 속에서 춤을 췄다.(중략)
>
> 도리여 그 때, 점순의 가슴은 더욱 벅찼다.
>
> 『아! 그사람― 대동강변의 영웅!』(중략)
>
> 「영웅」의 모습과 「비수」들의 모양이 한데 얼려서 복잡하고 빛나는 것으로 점순의 눈 앞에서 어른거렸다.
>
> (하나의 영웅은 수 많은 비수, 무한한 힘... 그리고 어둠에서 빛을 낳는구나!)[17]

처음에는 신분은커녕 이름마저도 밝혀지지 않은 채 '대동강변의

---

17) 한설야, 앞의 책, p.p.131～132.

영웅'만으로 불리었던 전공의 행적은 무협소설에 나오는 의인같은 존재다. 곤경에 처할 때마다 신출귀몰하듯 나타나서 전기 공급과 차단을 통해 위기를 막아주는 그는 영웅적인 전사가 아닐 수 없다. 예를 들어 놈들이 '중요 기관 건물들과 중요 도로와 큰 다리를 파괴하기 위해서 지뢰를 매설하고 또 전기 폭파 장치를 하'면 전공은 어느새 나타나 이를 말끔히 제거하곤 하는 것이다. 또 미군이 패하여 퇴각할 때도 그들을 섬멸하기 위한 각종 전기 장치를 순식간에 해내기도 한 것이다. 하지만 이러한 큰 일들을 해낸 사람은 어떤 신분이며 그가 쌓은 투쟁 경력에는 무엇 무엇이 있는가를 알아한다는 점순의 간절한 요청으로 그의 이름이 최용범이요, 그가 대동문 앞에서 검정 안경을 쓴 미군 장교를 살해했고, 동아식당 삼층을 폭파한 장본인이었음이 밝혀졌다.

이들 외에 영웅적 전사에서 딱총을 빼놓을 수는 없다.

상락이 수용소에서 죽음을 기다리고 있을 때의 이야기다. '수용소에서는 벌써부터 감금된 사람들 중에서 놈들이 믿을 만한 자를 뽑아 가지고 산에 가서' 수용소에 갇혀 있는 사람들을 생매장시킬 구덩이를 파고 있었는데, 활자 주머니를 훔친 혐의를 뒤집어 쓰고 수용소까지 끌려온 기계과장 김정만이가 '빨갱이는 다 파묻어야 한다.'며 그 앞잡이를 자청한 것이다. 그 때 정상락은 자꾸 자신을 숨기려 애썼으나 결국 김정만의 눈에 띄고 말았다. 그러자 김정만은 '나리, 저 놈이 미국 앰·피 죽인 놈입니다. 내가 다 압니다. 내가 보았어요.'라고 고자질하고 말았다. 상락은 어떻거든 그 자리를 모면해보려고 '이 사람이 아마 정신에 이상이 있는가 봅니다.'하고 둘러댔지만 형사는 상락의 말을 들은 둥 마는 둥하고 곧 바로 잡아가서 '정갱이를 죽어라고 걷어 차'는 것을 시작으로 비행기 타기, 물 먹이기 등의 심한 고문을 시작하였다. 이 때 '이놈을 단단히 족쳐야겠습니다. 내게 맡기십시오.'하고 본격적인 고문을 할 태세로 달려든 청년(가장 신임을 받고 있는 대한 청년단 간부다.)이 바로 '딱총'이다.

딱총에 걸려든 상락이는 계속되는 김정만의 고자질로 그 죄상이 백일하에 드러나고 고문의 강도는 높아져 마침내 초죽음이 된 채, 총살 현장으로 끌려 갔다. 그러나 천만 뜻밖에도 딱총은 상만이 대신 김정만을 총살하고 말았다. 그리고 상만의 포승줄을 말없이 풀어주었다. 그가 바로 적군에 잠입해 있는 영웅적 전사였던 것이다. 이 같은 영웅적 전사의 등장은 한설야의 작품 외에도 정치·문학의 일원론을 펴려는 프로 문학에서 흔히 쓰이는 수법이지만 자칫 지나친 작위성을 내보여 작품의 질을 떨어뜨릴 우려가 많다.

1.1.4 배신자

이 작품에서는 갈등이 별로 없어 반동 인물인 배신자는 새 기계공 기석이 뿐이다.

> 새 로동자 중에, 후퇴에서 돌아오는 도중에 간부 과장을 만나 새로 들어온 기계공 기석이란 사나이가 있었는데 이 사람은 일에는 열성이 없고 걸핏하면 남과 싸우기를 잘하였다. 그런데 기석은 상대방을 공격하는데 자주
> 『너는 후퇴 안했지?』 라든지
> 『후퇴 때 뭘 했어?』 하는 말을 썼다. 즉 기석은 후퇴 안했다는 사실을 한 개 흠집으로 그 사람에게 찍어주려 하였다.[18]

18) 한설야, 앞의 책, p.256.

이렇듯 남의 약점 만들기를 좋아하고 피난하고 안한 사실 하나만으로 그 사람의 사상과 행적까지 판별하려는 기석이는 '간부 과장 기호가 후퇴에서 돌아오는 도중에서 데리고온 로동자다.' 그가 직장 분위기를 늘상 들 쑤셔 놓은 것도 문제이지만 문일이나 동수같은 일꾼에게 잔류파라는 이유로 시비를 걸어 다투곤 하는 게 더 큰 문제였다.

> 동수는 기석의 뒤를 밟기 시작한 이후 그와 식모 사이에 무슨 일이 있다는 것을 눈치채었다.
>
> 혹시 눈이 맞았거나 그렇지 않으면 기석이가 제 집어낸 부속품들을 식모에게 주어서 다른 대로 돌려 팔아 먹는 것이 아닌가-이런 의심을 가지게 되었다.[19]

공장 기계 부속품들이 자꾸만 없어졌는데 아무래도 기석이 의심스러워 동수가 뒤를 밟아 봤더니 아닌게 아니라 식모와 짜고 반동의 소굴, 리 위원장의 집에 도적 물품을 빼돌리는 광경을 목격한 것이다.

이상은 『대동강』의 인물 유형과 그 갈등 구조를 분석해 본 것이다. 이를 요약하면 다음과 같다.

첫째 6·25 때 피난하지 못하고 평양에 남은 젊은 근로자들로 강인한 성격의 여주인공 점순이, 기계공 태민이, 문선공 상락이, 견습공 문일이, 소년 동수 그 밖에 서울 나막신 천식이, 말더듬이 태선, 여공 신복이 등을 들 수 있다.

둘째 평양이 함락되자 일단 후퇴했다 평양을 탈환하자 복귀하여 근로자들을 괴롭히는 영선과장, 기계과장과 같은 타락한 중간 간부

---

19) 한설야, 앞의책, p.341.

와 부정부패, 향락 등에 빠져 헤어나지 못하는 신문사 사장, 편집국장, 영업국장, 아첨의 명수 보안부장 등의 최고 간부가 있다.

셋째 타고난 영웅적 능력 발휘하여 요소 요소에서 독자를 통쾌하게 해주는 이층 사나이 박시현, 정찰 분대장 문상이, 전공 최용범, 상락이를 살려준 딱총 등이 등장한다.

넷째 이 작품은 혁명적 낙관주의를 향해 가파르게 치닫다보니 갈등이 별로 없어 유일한 배신자로 새 기계공 기석이가 있을 뿐이다.

1.2 형상화 특색

한설야가 월북해 쓴 소설들은 그의 정치·문학 일원론의 사상 때문에 '혁명적 낙관주의'라는 교육적 효과(기능적 범주)를 벗어나지 못 한다. 6.25에 대한 반응을 보이는『대동강』도 당연히 이 범주에 속한다. 따라서 유엔군이 평양을 점령하고 있을 때 문화인쇄공장의 젊은 근로자들이 점령군에 저항하는 모습을 중심으로 그린 이 작품의 형상화 특색은 당연히 혁명적 낙관주의다. 그리고 이 낙관주의에 부수적으로 따를 수밖에 없는 단선적 구성과 작위성의 흔적을 그 특색으로 덧붙일 수 있다.

1.2.1 혁명적 낙관주의

주인공 점순이를 보면『대동강』의 형상화 특색은 단번에 들어난다.

> 사실 여태까지도 어머니는 점순의 그 눈을 바라보고 살아온 심이다. 언제나 락망을 모르는 점순의 눈이었다. 이제까지 수 많은 고난을 겪어 왔어도 점순의 눈은 언제나 웃음으로 어머니에

> 게 대답하였다.(중략)
>
> 사실 점순이는 무연탄 운반부가 된 뒤 새로운 훈련을 받았다. 점순이는 덕준이를 믿었고 그의 지시를 무겁게 받았다.
>
> 덕준이가 무슨 중요한 비밀 공작을 맡고 있는 것을 점순이는 대강 짐작하고 있었다. 그래서 그가 시키는 일은 실상 그의 뒤에 있는 그보다 훨씬 큰 무엇이 시키는 일이라고 생각하였고, 따라서 점순이는 반드시 그것을 리행하였다.[20]

점순이는 '수 많은 고난' 속에서도 '락망'을 모르는 눈이 있다. 그래서 어머니는 여태까지 그 눈을 바라보고 살아온 것이다. 알고 보면 그 눈을 바라보고 사는 사람이 어디 어머니뿐이었겠는가. 신문사를 중심으로 한 근로자들은 물론이고 등장인물 거의가 그의 눈을 바라보고 살아왔음이 확실하다. 이런 기술 방식이 바로 한설야식 혁명적 낙관주의의 범주에 속한다. 따라서 그녀의 낙관주의는 이 작품에 등장하는 여러 인물에게도 마찬가지로 해당된다고 보아야할 것이다. 그런 눈을 가진 점순이가 비밀 공작원 덕준의 영향으로 날로 의식화 되어가는 과정 역시 한설야가 즐겨쓰는 교육적 효과의 일환이다. 덕준의 지시에 따라 전화선 끊기부터 시작한 그녀는 벽보 붙이기, 삐라 뿌리기 등의 위험 천만한 일을 하면서도 겁이 나기는커녕 스스로 자랑스로울 뿐인 타고난 투사다. 그것은 바로 혁명적 낙관주의가 뒷받침해 주기 때문이다.

1.2.2 단선적 구성과 작위성의 흔적

'혁명적 낙관주의'라는 교육적 효과(기능적 범주)를 전제로 하다

---

20) 한설야, 앞의 책, p.6~7.

보니 자연히 작품 전체가 단선적 구성이 될 수밖에 없었고 그런 구성하에서 이야기를 전개해 나가자니 작위성이 곳곳에서 엿보이기일 수다.

> 점순의 의복은 람루하고 얼굴은 검데기로 알아볼 수 없는데 더욱 녀자가 졸지에 남자로 변모해버린 것이다. 말투까지 어덴지 꺽꺽하게 들렸다.
>
> 그러나 점순을 따라 뒷뜰에 내려 갔을 때 상락은 어쩐지 점순에게 머리가 숙여지는 것을 느꼈다. 상락이 자신은 갑자기 변해진 환경 속에서 살길을 찾아 무척 당황했고 비겁해졌는데 점순은 그 판에서도 쪼그라진 것이 아니라 도리여 씩씩한 남자로 변모한 것이다. 행색으로 보아 석탄 운반부인 것은 더 물을 것이 없는데 이 어지러운 직업이 어찌하여 점순을 이처럼 건전한 사람으로 보이게 하는가.[21]

비약이 너무 심하다. 점순이를 본 상락이는 이유 없이 고개가 숙여진 것이다. 또 남루한 차림의 석탄 운반부 인데도 '건전한 사람'만으로 보인 것이다. 이는 유엔군의 평양 점령이라는 절대 절명의 절망 속에서도 점순은 결코 낙망하지 않는 초인간적인 의지가 있음을 드러내기 위한 것으로 보이는데 무조건적인 존경의 표현은 작위성만 쉽게 눈에 띄게 할 뿐이다.

그밖에도 이 작품에는 '어쩐지 점순의 말은 무엇을 깊이 생각하게 하였다.'라는 식의 노골적인 작위성이 여러 곳에서 나타나고 있다.

미국에 대한 증오심도 너무 강조하려다보니 수긍이 안간 대목이

---

21) 한설야, 앞의 책, P.24.

많다. 미군이 어린 아이를 차에 치어 죽이고도 죽은 애의 어머니의 울부짖음을 아랑곳하지 않고 질주해버렸다는 장면이나 미군 장교들이 아편 거리에 나와서 아편을 사려다 젊은이에게 곤죽이 되게 두들겨 맞았다는 사건이 그렇다. 이야기가 미군 사령부 군정부장 스미쓰 대좌의 포악성을 드러내는 대사에 이르면 그 작위성은 극에 달한다.

『나는 부라운이란 미국 인류학자가 이 책에서 재미 있는 말을 했다고 생각하오. 그는 인류가 구원 받을 길은 단 하나 뿐이라고 말했소. 즉 그것은 오늘 인류의 삼분의 둘을 무슨 방법으로든지 줄이는데서만 달성될 수 있다는 대담한 결론을 내렸소. 그리고 그는 이것을 처음으로 실행하려고 든 것이 히틀러라고 말했소.』 (중략)

『원자탄은 빛을 가리지 않소. 붉은 빛도 검둥이도 센둥이도 좋소. 다만 숫자를 요구하오. 핏덩이도 좋고 젖먹이도 좋소. 이것은 어린애들이라고?... 그런 자비심은 필요 없소. 죽이지 않으면 제가 죽는 판이오.(중략) 이건 붉다, 이건 희다... 하고 간색부터 하려고 드오. 그러지 말고 먼저 싹 쓸어버리고 보란 말이요. 그것이 용감한 일이요. 그런 속에 당신들이 찾는 빨갱이도 반드시 있을 것이오.』 (중략)

『당신들 신문사는 지금 촌 계집들처럼 물감 고르기를 하고 있지요. 필요 없소. 아무 놈이라도 좋소. 뽑아버리고 그래도 그버릇 고치지 않으면 또 뽑고 또 뽑고... 무엇 때문에 인간을 아끼오. 오늘 세계에서 제일 과잉하고 제일 값 없는 상품이 인간이오.』[22)]

섬쩍지근한 느낌마저 주는 이 대화 속에는 인간의 존재 가치라고

---

22) 한설야, 앞의 책, P.P.75~77.

는 찾아볼 수가 없다. 미군 특히 북한을 침공한 미군의 수뇌부가 이처럼 비인간적이고 간악무도하다는 점을 부각시키려는 의도가 너무 안이하게 드러나 있는 것이다. 인류를 구원할 수 있는 길은 그 삼분지 이를 죽이는 것이고 이를 실천한 사람이 히틀러라는 둥, 원자탄은 색을 구분하지 않고 수 많은 사람을 죽임으로써 그 속에 빨갱이도 들어간다는 둥, 심지어는 오늘날 세계에서 제일 값이 없는 상품이 인간이라는 말을 서슴지 않고 있다. 아무려나 지구상에 이런 인간이, 이런 군인이, 이런 지도자가 있을 수 있겠는가. 도저히 납득할 수 없다. 너무 무리하게 작위성을 드러낸 것이다.

지금까지 살펴본 형상화 특색은 크게 두 가지다.

첫째 어떠한 난관 속에서도 낙망하지 않는 점순이를 비롯한 등장인물들의 낙관주의이다.

둘째 미국에 대한 증오심을 부각시키기 위한 무리한 작위성이다.

이상에서 조국 해방 전쟁의 형상화로 일컬어지는 『대동강』의 인물의 유형과 형상화 특색을 고찰해 보았다. 먼저 인물 유형은 평양에 남아서 끝까지 저항하는 젊은 근로자들과 피난 갔다 돌아와 허랑 방탕한 생활을 일 삼는 간부급으로 구분할 수 있고 그 밖에 신출귀몰하는 영웅적 전사들과 배신자를 첨가할 수 있다. 또 형상화 특색으로는 작품 전체를 관통하는 혁명적 낙관주의와 단일 구성에 따른 무리한 작위성을 들 수 있다.

2. 설봉산

『설봉산』은 1955년 11월 <조선문학>에 「악수」라는 제목으로 그 일부(동광출판사판의 24~26장 분량)가 발표되고 나서 1956년 7월에 완간(동광출판사판의 1~71장 분량)된 한설야의 일곱 번째(해방 후 세 번째) 장편 소설인데, 이 작품에 대한 북한 문학사의 평가는 정치적 입지에 따라 수시로 변해왔다. 즉, 1959에 간행된 <조선문학통사>에는 "해방 후 한설야의 모든 창작에서 가장 훌륭한 성과로 될 뿐만 아니라 우리 현대문학의 커다란 수확"[23]으로 높이 사다가 1981년에 간행된 <조선문학사>와 1986년에 간행된 <조선문학개관>에서는 『설봉산』에 대한 언급조차 하지 않았다. 다만 후자에서 『황혼』이 다시 등장할 뿐이다. 이는 한설야의 정치적 숙청과 함께 그의 문학적 업적도 숙청 당했음을 말해준 셈이다. 그 중에서도 『설봉산』은 그 내용 때문에 재등장마저 저지 당한 것으로 보여진다.[24]

해방 후 한설야의 단편 소설들은 앞에서 살펴본 대로 김일성과 소련이라는 정치적 직접성을 가지고 정치·문학의 일원론적 입장에서 형상화하였다. 즉, 「혈로」, 「모자」, 「개선」, 「자라는 마을」, 「승냥이」등은 한결같이 민감한 정치성을 드러낸 것들이다. "이에 비해 정치와 문학의 일원론적인 직접성에서 다소 벗어나 사회의 총체적인 형상화를 보여주는 작품"[25]이 바로 장편소설 『설봉산』이다.

---

23) 사회과학원 문학연구소, 『조선문학통사』(인동, 1988). p. 343.

24) "북한의 역사학 내에서 30년대 초반의 국내 사회주의자들에 의해 이루어진 농조운동은 55년 무렵에서 67년경까지 활발히 연구되어 그것의 일정한 역할과 의의를 인정받았었다. 하지만 1980년 이후에 간행된 <조선전사>에 이르러서는 이에 관한 언급이 빠져버리는 정도로 평가절하 된다. 그러므로 적색농조의 활동을 부각시키고 있는 이 작품은 북한의 공식적인 역사학의 전개와는 대립되는 측면을 가지고 있다고 할 수 있고, 이러한 점이 「설봉산」의 문학적 복권을 어렵게 만드는 것이라고 생각된다." 김재영, 「한설야 소설 연구」(연세대 석사학위논문, 1990), p.p.43-44.

25) 김외곤, 『한국근대리얼리즘문학비판』(태학사, 1995), p.257.
"단편에서 보이는 정치적 관념의 고백이 아니라 자신이 직접 체험하고 관이 작품은 1930년대 초반 성진지방에서 진행되었던 적색 농조의 반제 투쟁을 소재로 형상화[26]하였는데 그 요지는 다음과 같다.

강한 정치의식을 가진 5천여 명의 조합원들이 함경도 성진 지방을 중심으로 항일 무장 투쟁에 앞장선다. 그 밖에도 '소작투쟁, 소작권 이동 반대, 채권 반대투쟁, 뽕나무 · 아마 · 귀밀의 재배 반대투쟁' 등의 농민운동을 벌이는데, 이들은 이런 투쟁에만 머물지 않고, 제사의 간소화, 조혼 축첩 반대, 종교적 미신 타파, 가정생활 개조 등과 같은 사람이 살아가는데서 생기는 모든 문제를 토론하여 합리적으로 고치자는 운동도 함께 벌인다.

이런 활발한 농민운동에 걸림돌이 되었던 최폐단이란 자를 되려 농조에 끌어들여 거꾸로 농민을 괴롭히는 지주나 순사 등을 주먹과 힘으로 막아주게 한 일, 길남이 어머니가 재혼한 남편 칠복이에게서 행패를 당하고 매를 맞는 것을 막아 칠복을 쫓아내준 일, 후처와 더불어 본처의 딸을 학대하는 병춘이를 농조에 가입시켜 새 사람을 만든 일 등을 해냄으로서 '농조 일꾼들이 그전의 사상운동가이던 가두 분자와는 아주 다르다는 것을' 고등계 형사에게까지 느끼게 한다.

찰했던, 그리고 동북항일 연군 이라는 전망이 자리잡았던 이 곳을 형상화함." 서경석, 「한설야 문학 연구」(서울대 박사학위논문, 1992), p.155.

특별히 주를 달지 않은 『설봉산』의 작품세계는 한설야 자신이 쓴 글은 물론 다음의 글을 참조했다.

임헌영 편, 『설봉산』(동광출판사, 1989).

김재영, 「한설야 소설연구」(연세대 석사학위논문, 1990).

김외곤, 『한국근대리얼리즘 문학비판』 (태학사, 1995).

김윤식, 『한국현대현실주의 소설 연구』 (문학과지성사, 1990).

서경석, 「한설야 문학 연구」(서울대 박사학위논문, 1992).

26) 김재영, 앞의 논문, p.43

농조 운동이 진행되어 감에 따라 '합법단체로서 자체의 역량을 축척해야 한다.'는 나이든 지도자와 '농조를 광범한 대중운동으로 전개해야' 한다는 청년 간부 사이에 이견이 생기지만 결국 청년 간부의 주장대로 조직화된다.

그런 농조는 일제 앞잡이로 지주와 기독교인을 든다. 기독교인 지주 김상초가 그 대표적 인물이다.

"이 소설이 지닌 가장 숨막히는 장면의 하나인 순덕 어머니의 자살과 그 뒷처리는 이 작품을 단순한 운동소설이 아닌 인간의 고뇌를 담은 본격문학으로 승화시켜주는 디딤돌이 된다."[27] 즉 순덕은 어머니라도 조합원을 밀고하면 가차 없이 처단하는 비정한 혁명가가 아니라 밀고자가 자기 어머니였기에 많은 고민을 하는 인간미를 보여준 것이다. 순덕과 어머니의 대화에는 심리 묘사가 많이 나온다. 비록 배운 것은 없어도 자식들을 위한다는 일념으로 조합원 앞에서 자신의 밀고 사실을 털어놓지 않을 작정인 어머니와 고백을 강요하면서 고뇌하는 순덕이의 모습, 특히 궁지에 몰린 어머니가 '인제 내게는 아무 것도 없다.'고 말하는 등 인간으로서 견디기 어려운 고뇌를 잘 묘사하고 있다.

또 소설의 끝부분에서 경덕이가 탈옥하여 '김장군 부대로!'로 만을 생각하고 홍분과 긴장 속에 한밤을 꼬박 지새워 버렸다고 묘사함으로서 작가의 정치적 선택을 밝혀 정치와 소설을 일원화한다는 창작 방법도 잊지 않는다.

이상의 요지에서 보듯, 『설봉산』은 일제 때 한 적색농민조합원이 자기 어머니가 조합원을 밀고한 사실을 알고 어머니를 죽인 '살모

27) 임헌영 편, 『설봉산』(동광출판사, 1989), p.410(이하 자료로써의 인용문은 각주 없이 이책의 페이지만을 밝힐 것임)

(殺母)사건'을 제재로한 다큐멘터리 성격이 짙다.

이 점을 근거로 여기서는 『설봉산』에 등장하는 인물의 유형과 갈등 구조를 살펴보고 아울러 '살모사건'의 비극성이 갖는 미적 가치를 중심으로 형상화의 특색을 고찰해 보고자 한다.

2.1 인물의 유형

동광출판사가 1989년에 간행한 한설야 장편소설 『설봉산』에 의하면 그 분량이 399쪽(7쪽-405쪽)에 달하며 모두 71장(章)으로 짜여 있다. 장(章)이 많은 만큼 농조 활동의 사례가 많고 사례가 많은 만큼 인물의 유형과 갈등 구조도 많고 복잡하다. 그러다보니 인물 중심으로 내용을 파악하기 어려울 만큼 작품 구조가 분산되어 있고 갈등 양상도 집단화 되어 있는 게 많다. 이런 난점을 고려해 가면서 이 작품에 등장하는 주요 인물들을 지주와 소작인 또는 농조원과 비농조원으로 나누어 그들에 해당하는 인물은 누구이며 그들의 성격은 어떠한가를 살펴보면서 아울러 친일 지주와 그를 따르는 소작인 그리고 농조원을 중심으로한 농민들 간의 갈등 구조를 분석해 보고자 한다. 그리고 이 작품에 나타난 사례들은 작가가 창작해낸 것보다 역사학자들의 "연구 논문에서 밝혀진 거의 모든 활동이 시간적인 배열에 따라"[28] 그대로 옮겨지다시피한 게 많아(물론 재구성은 했겠지만) 다른 작품들에 비해 현장성과 역사적 증언도가 높다는 사실도 인물과 구조 분석에 참고하고자 한다.

---

28) 김재영, 앞의 논문, p.58

2.1.1 친일 지주

대표적인 친일 지주로 김상초를 꼽지 않을 수 없다.

> 장로 김상초의 아버지 꿀꿀 영감은 임명, 농성, 일경에서 손꼽는 부자요 지주다. 일평생 글겡이질만 해온 상초의 아버지는 내놓는 일이라면 혀를 입밖에 내미는 것도 싫어하는 구두쇠인데 남의 것을 공먹는 일이라면 배 터지는 줄 모르는 돼지 같대서 사람들은 '꿀꿀 영감'이라는 별명으로 부르게 되었고...... 공것 먹고 세도 쓰는 순사나 관리나 면서기쯤 하재도 중학이나 다녀야 하는 것을 알게 된 꿀꿀 영감이 오래도록 주먹구구를 해보던 끝에 아무래도 아들을 중학 공부시키는 것이 이익이라고 타산하게 되었던 것이다..... 그러나 꿀꿀 영감이 미욱하게 마구다지로 긁어 넣을 것만 생각하는 것과는 달리 상초는 돈을 벌고 지키기 위해서는 무슨 무기와 방패가 필요하다는 것을 알게 되었다. 그래서 그는 교회를 세우고 일변으로는 교인을 걷어쥐고 일변으로는 관청 출입을 하기 시작했다.(p.p.66-67)

그의 인물됨은 뿌리부터가 이러했다. 그는 교회와 교인을 이용하여 재산을 증식하고 그 재산을 지키기 위해 관청의 갖가지 하수인을 자임하는데 전도부인을 조종하여 경덕의 어머니에게 덕종을 밀고케 하고 200여 명의 조합원들을 밀고하여 잡혀가게 하다가 결국은 농조원들에 의해 죽음으로 내몰리고 마는 당대의 전형적인 악덕 지주다. 이렇듯 자신을 죽음으로까지 이르게한 김상초가 만든 갈등구조는 경덕 어머니를 자살하게 만든데서 그 단초를 찾을 수 있다.

여기서 지주는 아니지만 김상초의 하수인 노릇을 하는 전도부인이라는 조연격의 인물이 등장한다. 작가가 콤플렉스를 갖고 있는 기독교인인데 김상초의 악행을 결정적으로 돕는 역할을 한다.

2.1.2 간부 농조원

이 작품에서는 지주와 교인을 뺀 전 마을 사람이 농조원이지만 악덕 지주 김상초와 그 하수인 전도부인 같은 이를 다스릴 간부 농조원으로는 경덕이와 학철이 정도다.

> 경덕이는 농민조합원이었다. 그는 티파리에 야학을 설치할 책임을 가지고 들어왔다. 그는 티파리 골골마다 돌아다녔다. 본시 농조에서 깊은 두메에까지 야학을 만들려고 한 것은 농민조합원을 널리 획득하며, 특히 청년들을 교양하면서 전취하려는 데 그 목적이 있었다. 동시에 또 이들은 나 어린 다음 세대를 교양할 것도 잊지 않았다. 농조는 사실 농조 그것만을 생각하고 있는 것이 아니고 진실로 전체 사회를 하나의 새로운 세계로 만들려는 목적을 가지고 있었다. 그러므로 전체의 어디고 손이 닿을 수 있는 곳은 순차로 손을 찔러 들어갈 것을 잊지 않았다.(p.11)

남주인공격인 경덕이는 거두절미하고 '농조원이었다.'라는 말로 등장한다. 그의 의식화 과정이나 경력, 학력등이 전혀 드러나 있지 않다. 가족으로는 과부인 어머니와 순덕(18세), 금덕(16세), 혜덕(7세)의 세 여동생이 등장하는 데, 이 중 순덕이는 '살모사건'의 중심에서는 주인공격이지만 금덕과 혜덕은 소년 레포대 활동을 하는 정도다. 강직한 성품을 지녔던 경덕이 아버지는 왜놈과 지주의 학대를 못이겨 대단치 않은 병으로 죽었고, 7년 전에 남편과 사별한 경덕의 어머니는 '아들의 말이라면 소금섬을 물로 끌래도 공말이 없을' 정도로 경덕이만을 위해 살고 있다. '세상에 자식 사랑하지 않는 어머니가 없지만 경덕 어머니처럼 자별한 사람은 없을 것이다.' 그런 아들이 주재소에 갇히자 '밥을 먹다가도 아들 생각에 별안간 목이 메었고 물마저 목에 걸려 넘어가지 않는 때가 있었다.' 그래서 어떻거든 아들을 빼내 보려고 안경잽이 형사가 일러주는 대로 농조원 덕종이을 밀고 했다. 이 사실을 안 사문위원회와 순덕이가 자백을 강요하자 그의 어머니는 고민 끝에 우물에 빠져 죽어 버린다. 설상가상으로 경찰은 이 자살 사건을 농조 사문위원회에서 타살한 것으로 혹은 순덕이가 죽인 것으로 조작하려 든다. 이런 일련의 사건들 즉, 경덕 집안을 중심으로 일어나는 사건들은 이 작품이 안고 있는 갈등 구조의 핵을 이룬다.

> 두 사람은 이야기하기에 밤이 새는 줄 몰랐다.
> 토굴 속에서는 먼동이 터오는 것도 몰랐지만 경덕의 마음속에는 그리도 휘황한 새 아침이 벌써 깃들어 있었다.
> "김장군 부대로!"
> 경덕은 오직 그것만 생각하고 있었다. 그는 홍분과 긴장 속에 마침내 한밤을 꼬박이 재새워 버렸다.(p.405)

1933년 메이데이 직전에 최폐단과 함께 탈옥한 경덕은 설봉산 아지트에서 학철로부터 간도의 김일성 장군 소식을 듣고 '홍분과 긴장 속에 마침내 한밤을 지새워 버'린 것이다.

경덕, 순덕이 남매와 더불어 작품의 긍정적 중심 인물인 '학철이는 어려서 고향인 학동에서 보통학교를 졸업하고 그곳 수리조합 급사로 다녔다.' 소작인으로 어렵게 살아가는 그의 가족들은 농사일에서 벗어나 소위 화이트 칼라가 된 것을 기뻐했다. '그러나 학철이는 수리조합 급사 노릇 하는 사이에 윗사람들에게 잘 보이어 출세의 길을 찾으려 한 것은 아니었다.' 급사가 된 지 1년 쯤부터 그곳 청년들이 지도하는 소년독서회에 참가하여 일본말로 된 <자본주의 기교>, <사회발전사>, <프롤레타리아 경제학>, <자본론 해설>, <유물사관 해설>, <레닌주의 입문>, <청년에게 호소함> 등을 비밀리에 공부하는 한편, 강습소와 야학 설치 또 소년회를 조직하는 일 등에 열성을 다했다. 그러니까 '경덕이와 순덕을 소년회에 인입한 것도 학철이었고 그를 지도해 준 것도 학철이었다.' 순덕은 그때 나이가 어려서 학철을 이성으로 생각하지 않았었는데 어느새 사모하는 마음이 생겨 '학철의 인상은 지나가는 무심한 구름 같아서 때 따라 애련한 그림자를 순덕의 마음에 던져 주기까지 하'기에 이르렀다. 말하자면 애정 갈등이 빚어진 것이다.

> 그때 학철은 채권 반대투쟁을 지도하기 위해서 학중, 수동을 거쳐 설봉산맥을 타고 티파리를 지나 설봉산 등성을 넘어 업억, 원평, 덕인, 차삼동, 그다음 인근인 토목동까지 다녀서 다시 돌아서 중갈파를 거쳐 각지 농조지부들에 들러서 사업을 지도하고 그때 티파리에 돌아와 묵으면서 남진이들과 함께 설봉산에 아지트 만들 준비를 하고 있었다.(p.97)

이처럼 학철은 농조운동을 계획하고 주도하며 기존의 지도자를 비판하는 과정에서 농조의 핵심 인물이 된다. 그렇지만 그는 보통학교 졸업의 학력에다 의식화 과정도 허술하여 농조의 핵심 인물로 보기에는 현실감이 떨어진다. '학철은 벌써부터 일본 또는 만주 방면에 믿을 만한 줄을 쥐고 서적과 정보 같은 것을 가끔 그들에게서 받고 있었던 것'으로 되어 있지만 이를 전해 주었던 그의 사촌형 학수의 존재도 사실은 김일성 유격대 신화를 전해주는 정도였다.

순덕은 경덕이의 친동생으로 길남의 소년 레포대 일을 도우며 경덕과 학철의 영향 아래서 자연스럽게 농조원으로 성장한다.

> 순덕은 깨달았다. 진정 자기를 괴롭힌 것은 원수들이었다. 순덕은 이제까지 어머니만 생각했고 어머니만 원망했다. 그래서 어머니의 배후에 숨은 원수들을 잠깐 잊었고 그것을 고려하지 않았다. 그래서 그때는 그저 괴롭기만 했다.
>
> 그러나 이제 정말 순덕은 자기를 괴롭히는 존재를 발견하였다. 그런데 어찌하여 여태 그것을 발견하지 못했을까. 그놈들은 어머니의 등뒤에 숨어서 이제까지 괘씸스럽게 웃고 있었을 것이다.(p.310)

이제야 어머니의 밀고가 어머니의 개인의 문제가 아니라 사회적 악의 구조에서 비롯된 것임을 깨달은 것이다. 그래서 순덕은 새삼 그 사회악과의 투쟁 결의를 다지며 일제 경찰, 김상초, 전도 부인 등이 모자 간이라는 혈연논리로 어머니를 꾀인 무리들과 공동으로 싸울 농조 건설에 더욱 힘쓰는 것이다.

이상에서 본 중심 인물들 즉 경덕, 학철, 순덕 등은 순수한 농민이라기보다 운동가에 가깝다. '합법단체로서 자체의 역량을 축척해야 한다.'는 구세대 간부들과 '농조를 광범한 대중운동으로 전개해야' 한다는 신세대 간부 사이에 생긴 갈등에서 신세대가 구세대를 극복한 것은 농민들의 일상적 삶에 역점을 둔 경제 투쟁보다는 정치투쟁을 앞세워야 하는 당대 현실의 반영이라고 볼 수 있다. 그래서 적대 세력인 친일 지주 뒤에는 항상 일본제국주의의 힘의 상징인 순사나 형사가 있고 대표적인 친일 지주 김상초 역시 경제적인 수탈자로 중점 그려지기보다 일제 경찰의 주구로 그려진 것이다.

2.1.3 전향한 농조원

다음으로 비농조원이었다가 농조원으로 전향한 최폐단, 백장군을 비롯해 순이 아버지 병춘 등을 들 수 있다.

'본시 폐단을 잘 내는' 부정적 인물에서 농조원이라는 긍정적 인물로 돌아선 최폐단은 '씨름 때문에 농민을 버리고 노동자도 아닌 떠돌뱅이로 되고' '장군이라는 별명도 씨름 잘 하는 데서 온' 백장군을 임명천 씨름판에 눕으로서 경찰도 어쩌지 못하는 농조원들의 기세를 보여준다. 민중들의 민속 놀이인 씨름판에서 최폐단과 백장군은 서로 육체적 힘을 과시하는 인물들이지만 농민조합 앞에서는 이들의 힘겨루기라는 갈등마저 농민운동으로 승화되고 만다.

> 특히 최 폐단은 문내 돈 가진 사람으로 보면 위험한 인물이었다. 본시 기운이 세고 심사가 사나워서 동티를 잘 내고 수틀리면 문중이고 좌상이고 심지어 경찰이고 가릴 것 없이 툭탁 해치우는 터이다.(중략)
>
> 어쨌던 최폐단은 그 전과는 달리 시비와 선악을 구별해 가며 옳지 않다고 생각한 일에는 제게 별로 상관없는 일이라 하더라도 남의 앞을 가로막아 나섰다.(p.81)

최폐단은 수원 최씨 문회에 참석하여 차용증서 묶음을 빼앗아 민산에게 내던졌다. 그러고나서 '문내의 많은 사람과 동네 가난한 사람들이 죽을 대신 나 하나 죽읍시다. 차용증서는 더 찾지 마시오.'라고 잘라 말하고 유유히 걸어나와도 아무도 그에게 손댈 엄두를 내지 못한다. 농민조합과 최폐단이라는 시대의 힘에 눌려 벙어리 냉가슴을 앓는다. 그래서 그들은 최폐단을 은근히 꺼렸다. 하지만 이로인해 농민조합의 이름도 최폐단의 이름도 높아졌다. '소작인이 7부지주가 3부'라는 소작료 인하 투쟁이 벌어졌을 때도 '최폐단과 백장군이 뻔질나게 돌아다니며 소작인을 위협하는 지주들에게 범할 수 없는 농조의 위신을 보여주었다.'

> 가슬이 시작되자 지주들의 머슴과 또는 소지주들 자신이 뻔질나게 싸다녔다. 소작인들이 요구하는 삼칠제를 반대하기 위해서였다. 그들은 예년과 같이 반타작하기 위해 눈에 쌍심지 달고 돌아다니면서 작인들을 달래기도 하고 어르기도 하였다.(중략)
>
> 그러나 농조에서도 이것을 예상하고 선전원들이 돌아다니고 있었다. 최폐단과 백장군도 동원되었다. 이들은 각각 갈려서 둘로 돌아다니며 농조에서 내세운 대로 하라는 것과 그래도 누가 방해하지 못한다는 것과 소작권은 농조에서 보장한다는 것을 말하였다. 그리고 머슴이나 지주가 나뜬 것을 보면 슬금슬금 쫓아가서 그들이 소작인들을 위협 또는 기만하지 못하도록 시위하였다. 웬만한 지주나 머슴은 최폐단이나 벡장군을 저만큼에 발견하면 벌써 오금이 저려서 비슬비슬 꽁무니를 뺐다.(p.115)

일이 이 지경에 이르자 지주를 돕기 위해 경찰까지 동원되었지만 그들은 최폐단과 백장군에게 허투로 덤비지 못했을 뿐아니라 '한 자리에서 한 사람과만 겯고 틀 수 없어서 다른 데로 가버리곤 하였다.'

동네 사람들과는 섭슬리지 않고 면서기나 대서장만 사귀며 주재소 순사들에게 술 대접을 곧 잘하던 순이 아버지 병춘이가 강제 차압을 당하자 경덕이를 찾아와 '이 사람 정말 독불장군이네. 나는 그래 어째 벌써 농민 조합에 못 들었던가 후회했네. 벗바리 없으니 내게부터 먼저 달겨들지 않았겠나. 조합원은 아직 한 사람도 그런 봉변당한 사람 있단 말 못 들었네.'하며 농민조합에 들여달라고 애원한다. 뒤늦게 농민들의 단결의 중요성을 깨달은 것이다. 국가야 어찌되건 이웃이야 당하건 말건 자기 자신의 안락만을 추구하던 병춘이와 같은 속물들은 자신이 강제 차압이라는 피해를 당했을 때야 비로소 설복된다. 이 대목에서 그렇게 이기적이던 병춘이가 자신의 일상적 삶을 빼어가려는 친일 지주 세력과의 갈등 속에서 심경의 변화를 가져 왔다는 데 설득력이 있으며, 경덕이와 같은 선진 조합원들이 농조원을 늘리기 위해 얼마나 애를 쓰고 있는가도 아울러 보여준다. 한편 순이의 계모는 부창부수라도 하듯 순이를 몹시 학대했다. 그러나 자기 자신이 낳은 자식에게 젖을 먹일 때에는 그 무섭던 얼굴과는 전혀 다른 어머니의 얼굴로 바뀌는 속물 근성을 보여준다. 역시 제 것, 제 자식, 제 집, 제 이익만을 생각하는 것을 보면 병춘의 아내답다. 이렇게 '순덕은 하루 사이에 벌써 순이의 계모에게서 두 가지의 인간의 마음을 발견'했지만 그래도 그녀를 깨우치기 위해 '자기의 노력을 아끼지 않으리라 마음 먹'는다. 이 대목 오면 순덕이도 경덕이처럼 농조원을 늘리기 위해 얼마나 노력하고 있는지 짐작할 수 있다.

> 춘궁기가 가까워 오자 지주들의 소작권 이동이 버쩍 많아져서 이에 대한 싸움이 본격적으로 붙게 되었다.
>
> 지난 가을부터 지주들은 소작권을 이동한다고 적지않은 소작인에게 통고했으나 모두 불응한다는 의사를 표시해왔다. 그러다가 정작 밭갈이 시절이 다가오자 새로 소작권을 얻은 작인들이 그 땅을 갈 차비를 하였다. 그리하여 구작인과 신작인 사이에 싸움이 벌어지고 거기에 농조가 나서고 지주가 마주 나서서 싸움은 더욱 커지고 얼크러졌다.(p.150)

이 소작권 싸움의 당사자는 농조에 새로 가입하여 지주들에게 괘씸죄를 범한 사람들이 많았는데 순이 아버지 병춘이도 그중 하나였다. 말하자면 지주 꿀꿀이 영감이 지금 병춘이가 벌고 있는 남석 마을 뒤편의 땅을 꿀꿀 영감네 머슴으로 있었던 박서방에게 이양하라는 것이다. 그러나 병춘은 옛날의 병춘이 아니었다. '당장 밭갈이 시절에 와서 땅 떼는 법 없소다. 옛날에도 안 그랬는데 오늘이 어느 때요. 나는 부쳐야겠소다.'하고 버티었다. 하지만 지주인 꿀꿀이 영감은 농조원이 된 병춘을 어쩌지 못한다.

2.1.4 비농조원인 소작인

다음으로 소작인이면서도 비농조원인 인물이 있다.

이 작품에서 비농조원으로 맨 먼저 등장한 부정적인 인물은 칠복이다. 그는 과부인 길남이 어머니를 보쌈하여 처로 삼은 후에 날마다 술마시고 놀음질이나 하면서 길남이 모자를 학대하는데, 남주인공격인 경덕이가 길남이 일가를 자기 바깥채로 이사시키는 등의 도움으로 이 악인의 손아귀에서 놓여나게 해준다. 여기서는 악인인 칠복이와 농조원인 경덕의 인물 대비가 뚜렷하고 칠복이가 길남이 일가에 가하는 횡포로 빚어지는 갈등 구조를 낳는다. 칠복의 악행은 가정사에서 그치지 않는다. 그는 티파리 농조지부 책임자이며 그곳의 야학 선생인 남진이를 밀고했고 경찰에 붙잡힌 남진이는 심한 고문으로 죽고 말았다. '칠복이가 지난 날 술 먹고 길남 어머니를 때리고 욕질하고 하는 때 남진이가 가서 뜯어 말'리고 한 번은 되게 나무라고 때려줬는데 이에 앙심을 품은 칠복이는 남진이를 원수처럼 생각하고 밀고한 것이다. 남진이 고문에 죽었다는 소식에 남진이 가족은 물론 경덕이, 순덕이, 민산이 그리고 최폐단과 백장군까지 농조원들이 몰려오기 시작했다. 이에 뒤질세라 무장 경찰도 새로 50명이 동원되어 군중들과 폭력충돌이 생겼다. 이 충돌에서 몇 사람이 잡혀가기도 하였으나 '결국 경찰부가 책임지고 조사해서 만일 고문치사면 책임을 진다는 것과 이 사건에서 검속된 사람을 즉시 석방한다는 조건으로 일시 무마되었다.'

2.1.5 소년 레포대원

이 작품에 특히하게 등장하는 인물이 소년 레포대이다.

소설 첫머리에 열살짜리 어린이로 등장한 길남이가 벌써 자라서 농조에 부족한 등사판을 훔칠 요량으로 면사무소를 사전 답사하는 길남이로 변모 된다. 그는 양복이, 순덕이와 더불어 이제까지 등장한 인물들과는 사뭇 다른 방법으로 농조활동의 한 몫을 해내는 소년 레포대로 성장한 것이다. 즉 등사판 두 대를 훔쳐와 농조의 출판활동을 더 활발하게 해 주었다. 길남이는 자신의 부모를 포함한 농조원들을 못 살게 구는 모든 악들과 싸워야 한다는 자연스럽고도 당연한 느낌으로 어린 나이에도 성인들 못지 않은 투철한 의식을 갖고 농조원으로서의 역할을 해내는 인물이다. 특히 그가 양복이, 순덕이와 더불어 등사판을 훔치러 가는 장면은 007 영화에서 처럼 가슴 조이게 하는 구조이다.

지금까지 『설봉산』에 나타난 인물의 유형과 그 갈등 구조를 살펴보았다. 이를 요약하면 다음과 같다.

첫째 친일 지주인 김상초는 교회와 교인을 이용하여 재산을 증식하고 그 재산을 지키기 위해 관청의 갖가지 하수인을 자임하면서 조합원들과 끊임없는 갈등을 빚는 전형적인 악덕 지주다.

둘째 간부 농조원인 학철, 경덕, 순덕 등은 순수한 농민이라기보다 운동가에 가깝다. 그래서 그들은 농민의 일상적 삶을 위한 경제투쟁을 하기보다는 당대 현실을 반영한 정치투쟁을 앞세웠다.

셋째 비농조원에서 농조원으로 전향한 최폐단, 백장군, 그리고 병춘 등이 있다. 이중 상씨름꾼인 최폐단과 백장군은 각종 투쟁에서 지주와 경찰로부터 조합원의 방패 역할을 하는 의인이고, 병춘은 자신이 강제 차압을 당하고 나서야 농조의 필요성을 깨달은 전형적인 속인이다.

넷째 비조합원으로서 일경의 주구가 되어 선량한 농조원을 괴롭히는 전형적인 악인 칠복이 등이 있다.

다섯째 소년 레포대인 길남이 등이 있다.

2.2 형상화 특색

글의 진술 방식의 하나인 서사는 '무엇이 어떻게 해서 일어났는가?'에 대한 답이다 따라서 행동, 시간, 의미를 그 기본 요소로 한다. 그러니까 묘사가 어떤 사상의 스냅 사진이라면 서사는 어떤 사건의 활동사진이라고 할 수 있다. 이런 관점에서 보면 『설봉산』은 '함경남북도 어름 해안에 삐쭉하게 내민 용대 끝을 지나 북으로 잡아들면 이윽고 청학반도가 학두루미같이 우뚝 솟아 있고 그것을 지나면......' 식으로 공간적으로 활동사진 같이 형상화되고, 많은 장(章)의 실마리를 계절이나 날씨의 변화로 풀어 가는 식으로 시간적으로도 활동사진 같이 형상화되고 있다. 이와 같이 공간적으로나 시간적으로 활동사진 같이 또는 장편 서사시 같이 형상화 된 것은 『설봉산』을 거시적으로 일별한 형상화의 특색이라면, 내용상으로는 "씨름을 통한 공동체적 성격의 묘사라든가 러시아 문학 작품과의 관련성"[29]이 형상화의 특색이다.

2.2.1 공동체적 성격 묘사

먼저 씨름에 대해 살펴보면, 「과도기」의 속편인 「씨름」이 안고 있는 비현실성 즉, 마을 사람들이 냇가에 모여 씨름을 하는데 명호라는 완결된 인물이 등장하여 반대파 두목 요시다(화춘)를 이김으로서 노조로 끌어들인다는 식의 공장 노동자들의 일상생활과 무관한 씨름판을 내세우는 비현실성이 『설봉산』에 오면 어느 정도 극복된다. 『설봉산』의 배경은 농촌이다. 농민들은 단오 같은 명절이면 전통적으로 민속 씨름을 즐겨왔다. 그래서 마을 사람들은 자연스럽게 씨름판에 모여들었고 농조는 이를 활용한 것이다. 씨름 뿐 아니라 그네뛰기도 활용한다. 최폐단이 백장군을 이겨 농조에 끌어들이는 순간에 순덕이는 그네뛰기로 여자 농조원을 확보한다. "즉 놀이로서의 씨름이나 그네뛰기는 농민조합이라는 튼튼한 끈과 연결됨으로 해서 현실성을 가지게 된 것이다.(중략) 이로써 대중을 동원하고 조직하는 사업으로서 씨름은 『설봉산』을 통해 적극적인 현실성"(p.260)과 토착성을 띠게 된 것이다.

2.2.2 고리키 『어머니』 와의 관련성

다음으로 사회주의 리얼리즘의 효시라고 불리우는 고리키의 『어머니』에서 받은 영향을 살펴보면, 첫째 '살모 사건'이라는 실제 사건을 제재로 삼은 점이다. 「어머니」는 1902년 소르모프라는 도시에서 일어난 '살모 사건'을 제재로 삼아, 실제 인물 잘로모프와 그의

29) 김외곤, 앞의 책, p.259. (이하에서 인용되는 단문은 주 없이 페이지만 밝힐 것임)

어머니 안나 키릴로브나 잘로모바를 소설에서 주인공인 파벨 블라소프와 그의 어머니 벨라게야 닐로브나로 형상화 했다.[30] 『설봉산』은 앞에서 여러 차례 밝힌 바대로 1930년 초에 함경도 성진지방의 적색농조운동 과정에서 생긴 '살모 사건'을 형상화한 것이다. 그러나 소설은 현실을 반영하는 허구이기 때문에(특히 현실주의 소설의 경우 더욱 그렇다.) 실제 사건을 형상화의 바탕으로 삼았다는 것은 두 작품 간의 주목할만한 공통점이 아니다. "오히려 두 작품에서 찾을 수 있는 중요한 공통점은 실제 사건을 바탕으로 해서 각기 자기 나라의 혁명운동을 형상화한 점이다.(중략) 결국 실제 사건의 혁명적 운동으로의 형상화, 개별적 사건을 혁명운동의 보편적 성격으로 승화 시키기, 이것이 한설야가 고리키의 「어머니」로부터 영향 받은 핵심적인 부분이라고 할 것이다."(p.262)

둘째 혁명적 운동이나 적색농조운동에 나타난 휴머니즘이다. 「어머니」에서는 아들이 하는 혁명 운동이 위험해 보였지만, 차츰 그 일이 위대한 일이며 가장 인간적이라는 것을 깨닫고 어머니는 아들과 함께 혁명운동에 동참한다. 『설봉산』에서는 주재소에 갇혀 있는 오빠를 빼내 준다는 꾀임에 빠져 어머니가 농조원을 밀고한 사실을 안 여주인공 순덕이가 어머니께 그 사실을 고백할 것을 권유하나, 입을 꼭 다문 채 어머니는 우물에 투신하고 만다. 그 과정에서 순덕은 조직과 어머니 사이에서 '이제 다시 어머니의 얼굴을 어떻게 어머니로서 바라볼까.' '아무러나 풀기 어려운 수수께끼'라며 인간적 고뇌에 빠진다. 여기서 순덕은 혁명가이면서도 어머니에 대한 본능적인 사랑을 지닌 순박한 딸임을 알 수 있다. "이처럼 혁명운동과

30) 막심 고리끼, 『어머니』 황성우 옮김,(석탑, 1993)과 김외곤, 앞의 책, p.262. 참조

인간성에 대한 무한한 신뢰가 별개의 것이 아니라는 믿음이야말로 고리키와 한설야가 공통으로 보여주는 중요한 예술적 요소이다."(p.264)

셋째 작품에 나타난 미적 가치다. 『설봉산』의 미적 가치는 경덕 모의 자살에서 빚어지는 순덕의 비극성에 있다. 김상초 집 습격으로 인한 경덕의 피검, 안경잽이 형사의 교활한 책략에 빠진 경덕 모의 농조원 밀고, 경덕 모에 대한 농조 사문위원회의 자백 권유와 순덕의 고민, 어머니의 절망과 자살, 일경의 농조원 소행 조작 실패, 급기야 순덕을 살인범으로 몰아 체포하는 등으로 이어지는 순덕의 비극은 두 가지 의미가 있다. 하나는 순덕이가 고민하는 과정에서 보이는 따뜻한 인간미[31]이고 다른 하나는 순덕의 비극성은 낙관주의[32]적이라는 데 있다. 순덕의 인간미에 대해서는 위의 둘째 항목 '혁명적 운동이나 적색 농조 운동에 나타난 휴머니즘'에서 이미 언급했음으로 여기서는 '낙관주의적 비극의 미'에 대해서만 언급하고

31) "작가는 이 <살모 사건>으로 알려진 실지의 비극적 슈제트를 자기의 독자적인 인도주의적 리상의 견지에서 예리화하면서 가장 심오한 인간정신의 미를 우리에게 보여주었다. 따라서 이것은 작품 가운데서도 예술적으로 가장 성공한 장면으로 되였다." 사회과학연구소, 『조선문학통사』(현대편),(인동, 1988), p.340.

32) "비관주의란 현실생활과 휴머니즘적 이상(ideal)의 충돌 속에서 이상 자체와 그것의 실현을 위해 노력하는 주인공이 함께 패배하게 될 때, 그 패배가 우연적이거나 잠정인 것이 아니라 합법칙적이고 불가피하며 궁극적인 것으로 나타나는 경우를 말한다. 이에 비해 비극적인 것은 실제의 현실세계 속에서 이상적인 것이 몰락하거나 패배하는 상황을 뜻한다.(중략) 낙관주의적 비극이란 기본적으로 사회 발전에 관한 낙관주의적 견해를 바탕으로 한다. 이상을 구현하려고 투쟁하는 주인공이 몰락하여 비극적 상황이 전개될지라도 그 주인공의 몰락 자체가 결코 이상의 몰락을 의미하지는 않는다는 것, 여기에 낙관주의적 비극의 요체가 있다." M.S.까간, 『미학강의 Ⅰ』(벼리, 1989), p.198.과 김외곤, 앞의 책, p.266.

자 한다. 『설봉산』에서 순덕이는 어머니의 자살이 빚은 슬픔도 이기기 어려운데 살인범이라는 누명까지 뒤집어 쓰고 수감되어 일경으로부터 온갖 고문에 시달려 초죽음에 이르는 비극에 빠졌으면서도 결코 절망하지 않는다. 오히려 이러한 비극은 그녀의 이상을 더욱 굳건하게 해주며 장차 다가올 민족해방에 대한 확신이 될 뿐이다. 이것이 곧 『설봉산』에 들어 있는 낙관주의적 비극의 미이다.

이밖에도 메이데이 기념행사나 러시아 10월 혁명, 소년 레포대 활동 등도 고리키 작품의 영향을 받은 것으로 볼 수 있다.

지금까지 『설봉산』에 나타난 소설 형상화의 특색을 요약하면 다음과 같다.

첫째 『설봉산』의 형상화 특색을 거시적으로 일별하면 공간적, 시간적으로 활동사진 또는 장편 서사시 같은 얼개이다.

둘째 『설봉산』에서 씨름은 농조의 활동과 밀접한 관계가 있어 그 현실성과 토착성을 획득할 수 있었다. 즉 씨름을 통한 공동체적 성격의 형상화에 성공한 것이다.

셋째 『설봉산』은 고리키의 「어머니」의 영향 아래, 실제 사건을 바탕으로 가장 인간적인 혁명운동을 형상화했다는 것이다.

넷째 『설봉산』에 나타난 낙관주의적 비극미(悲劇美)다. 비극적 상황에서도 결코 절망하지 않고 오히려 이상을 다져 장차 승리를 확신하는 미적 가치를 보여준 것이다.

이상에서 1950년대 북한문학사에서 '우리 현대문학의 커다란 수확'으로까지 평가한 『설봉산』을 등장 인물의 유형과 갈등 구조, 형상화의 특색으로 나누어 고찰해 보았다. 한 마디로 결론 지으면, 『설봉산』은 해방 후 한설야의 대표적 장편 소설이다. 또 이 작품의 진가는 사실성이 강한 '살모사건'에서 벌어진 경덕 모의 죽음과 관련된 비극성이나 그에 따른 순덕의 고민에서 보이는 인간미에 있다.

이를 다시 인물의 유형별로 요약하면, 관청의 갖가지 하수인을 자임하면서 조합원들과 끊임 없는 갈등을 빚는 전형적인 악덕 친일지주 김상초, 순수한 농민이라기보다 운동가에 가까운 간부 농조원 학철, 경덕, 순덕 등 그리고 비농조원에서 농조원으로 전향한 인물들로 각종 투쟁에서 농조원의 방패 역할을 하는 의인 최폐단과 백장군, 같은 전향 인물이면서도 농조를 개인의 방패로 이용하는 속인 병춘이, 비조합원으로서 일경의 주구가 되어 선량한 농조원을 괴롭히는 전형적인 악인 칠복이, 소년 레포대원 길남, 양복, 달수, 혜덕 등이 있다.

다음으로 형상화 특징을 요약하면, 『설봉산』은 거시적으로 일별하면 공간적, 시간적으로 활동사진 같은 얼개인데, 그 속에 농조의 활동과 밀접한 관계가 있는 씨름을 효과적으로 설정함과 아울러 고리키의 소설 「어머니」의 영향 아래, 실제 사건을 인간적인 혁명운동으로 형상화한 것이다. 또 비극적 상황에서도 결코 절망하지 않고 오히려 이상을 다져 장차 승리를 확신하는 미적 가치를 보여준다.

그러나 이 작품에는 경덕, 순덕 그리고 학철이라는 주인공이 엄연히 존재하고 뒷부분에 '살모사건'이라는 중심 사건이 있음에도 이 사건이 농조 활동과 일관되게 이어지지 못한 결점이 있다. 그 것은 앞부분이 주인공들의 삶을 그렸다기보다는 농조 활동의 여러 사례들 만을 서술해냄으로서 주인공 집단화 양상을 띠었기 때문이다. 다시말하면 농조 활동에서 벌어지는 여러 사건들을 펼쳐 나가면서 그때 그때 사례화의 필요에 따라 인물을 설정하거나 교체했던 것이다. 그래서 "문제는 인물의 변화라기보다는 농조 자체의 변화인 것이다. 그러기에 이 작품의 중심인물들인 경덕, 순덕 그리고 학철 등은 변화하는 모습을 거의 갖지 못한다."[33] 따라서 앞에서 미리 지적한 대로 이 작품은 첫째 인물 중심의 내용 파악이 어렵고 둘째 구조가 분산되어 있으며 셋째 갈등 양상이 집단화 되는 혐이 있다.

3. 사랑

작가의 머리말에 의하면 『사랑』은 1957년 말에 '남조선에 사는 하나의 보통 가정에 대한 이야기'를 쓴 단편 「길은 하나이다」를 2년 뒤에 장편으로 개작한 소설이다. 그러나 이 작품은 「길은 하나이다」를 개작한 것이라기보다 '미제에 대한 증오심'을 주제로 한 단편 「승냥이」의 연장선상에 놓여 있다고 보는 것이 더 타당할 듯하다.

총 14장에 761면(조선 작가 동맹 출판사, 1960)으로 되어 있는 방대한 이 작품은 서울 종로에서 벌어지는 징집 반대 시위 장면에서부터 시작된다. '대학생 징집을 반대한다.' '우리는 미국 대포밥이 되기를 원치 않는다.'는 플랑카드를 앞세우고 삐라를 흩날리며 데모대 선두에 섰던 주인공 박기도가 순경이 휘두른 곤봉에 맞아 중상을 입고 쓸어졌다. 이를 본 여주인공 련희가 기도를 부축하여 자기 집으로 일단 피신시킨 다음 정성껏 간호해준다. 이로써 두 청춘 남녀의 청순한 사랑은 시작되는 흔한 줄거리다. 그러나 이야기의 전개는 '순결한 사랑' 쪽보다 '미국 선교사에 대한 콤플렉스' 쪽으로 치우쳐 중심 배경은 한영대학이 되고 중심 인물은 앤더슨이 된다. 이 대학의 실질적인 지배자인 미국 선교사 앤더슨 이사는 대학뿐만 아니라 재단과 관련된 교회까지도 좌지우지하는 위치에 있다. 그는 이

33) 김재영, 앞의 논문, p.61

러한 막강한 권력을 남용하여 대학 신입생 선발 문제와 대학생 징집 문제 등을 미끼로 갖가지 부정을 저지르며 치부한다. 또 미8군의 실력자 데이빗 대령과 수시로 접촉하여 정책적 논의를 통한 자기 권력 기반을 다지고 그 과정에서 소련이 세계 최초로 쏘아 올린 인공위성 스푸니크 때문에 고민하면서 하느님께 '오 신이시여 스푸트니크를 주옵소서'라고 기도 한다.

한편 주인공 박기도의 가족으로는 한영대학 경리부장직을 맡고 있는 아버지 박만성과 어머니 그리고 아직 어린 여동생 기옥이 있다. 박만성은 등장 인물 가운데 가장 착한 사람이며 오직 아들만을 생각하는 전형적인 아버지상이기도 하다. 또 여주인공 련희의 가족에는 의붓아버지 로박사와 어머니 정경이 있다. 로박사는 미국 유학생 출신의 경제학자인데 한영대학 교수이자 이사로서 학문에만 열중하는 양심적인 사람이다. 그는 본 부인과 사이에 동선이라는 아들이 있었는데 월남할 때 북에 두고 왔다. 련희의 생부는 사회주의 계열의 경제학자로서 로박사와는 친구 사이였는데 좌익 운동을 하다 감옥에서 죽었다.

이렇듯 주인공과 그 가족들이 많음에도 불구하고 모든 등장 인물들이 앤더슨을 중심으로 배치되어 있기 때문에 『사랑』에서의 사건 전개는 전적으로 앤더슨에 달려 있다고 보아도 과언이 아니다. 따라서 앤더슨이 어떠한 언행을 하느냐에 따라 이야기 판도가 달라진다. 한영 대학생들이 징집 반대 시위에 가담한 사실을 안 앤더슨은 이를 신성한 미국의 권위에 대한 도전으로 보고 크게 화를 냈고 그래서 징집 문제를 둘러 싼 갈등은 증폭되기 시작한다. 이때 앤더슨의 주구인 교무부장 조경래는 시위 상황을 앤더슨에게 밀착 보고하는데 그 간사함이 보통을 넘는다.

박기도는 시위 주동자라서 이미 징집 대상으로 꼽혔는데도 이를 모르고 그의 아버지 박만성은 아들을 징집 대상에서 빼낼 요량으로 집을 저당 잡힌 돈으로 뇌물을 마련하여 조경래를 통해 앤더슨의 부인에게 받친다. 그러나 조경래의 농간으로 그 돈은 빨갱이의 자금이며 또한 경리부장으로서 학교 돈을 횡령한 것이라는 누명을 쓰고 감옥으로 끌려간다. 이로 인해 가족들이 길거리에 나 앉았고 기도는 논산훈련소로 끌려갔다. 이 소식을 들은 련희가 여러 가지로 서두른 끝에 기도 어머니와 함께 훈련소에 면회를 갔다 온다. 그러는 동안 앤더슨은 자가 운전을 하다가 박만성의 딸 기옥을 치어 죽이는 엄청난 사건을 빚어낸다. 이때 미제에 대한 증오심은 극에 달하며, 남편의 억울한 감옥행, 자신보다 소중한 아들의 강제 입대, 귀여운 딸의 죽음이라는 삼중고를 견디지 못한 기옥의 어머니는 마침내 미쳐버린 것이다. 이 엄청난 고통의 원인 제공자는 두말할 것도 없이 앤더슨이다. 그래서 기옥의 어머니는 교회 찾아가서 앤더슨에게 '내 아들 기도를 잡아가고 내 딸 기옥이를 십자기에 못 박은 악마들아 나서라.....'고 울부짖다 그만 순경에 의해 잡혀간다. 제 정신이 아닌 기옥 어머니를 련희가 보살피고 있을 즈음 기도는 불쑥 휴가를 나와서 군에서 탈출하여 월북하겠다는 비장한 결심을 밝힌다. 그런가 하면 감옥에 있는 기도의 아버지 박만성은 분함을 참지 못하고 정신 이상자가 되어 환각 상태에 빠진다. 환각 상태에서 '미국 놈은 미국으로 가거라.'고 외치자 잠에서 깬 간수들이 '일본말 꼬트라미에 미국말 꼬트라미를 섞어 갈기며 가죽끈 회초리를 들고 일어섰'지만 이에 아랑곳하지 않고 '래일은 오고야 만다. 우리의 피 속에는 남북이 없다. 우리는 하나이다.'를 외치는 것으로 『사랑』은 끝이 난다.

3.1 인물의 유형

내용이 방대한 만큼 등장 인물도 다양하다. 거기에다 구성마저도 엉성하여 등장 인물들을 일정한 유형으로 묶기가 참으로 난감하다. 하지만 '미제에 대한 증오심'이라는 단순한 주제와 제재로 이루어진 이 작품에서 인물을 전형화해 보여주지 못하거나 갈등 구조를 그려 내지 못한다면 자칫 프로 문학으로써의 의미를 잃게될 지도 모른다. 따라서 다소 불합리한 면이 있더라도 부득불 유형화하지 않을 수 없다. 그런 까닭으로 이 작품에 등장하는 인물을 데모대원, 긍정적인 교직원, 부정적인 교직원 등으로 나누어 그들의 성격과 갈등 양상을 분석해 내고자 한다.

3.1.1 데모대원

징집을 반대하는 데모대원에는 한영 대학생인 박기도와 그 애인인 련희 그리고 련희를 짝사랑하는 응석 등이 있다.

> 그 학생이 바로 기도였다. 그러나 기도는 죽어도 놈들에게 먹힐 수 없었다. 놈들의 곤봉이 기도의 전후 좌우에서 어른거렸다. 놈들의 눈에서 도깨비불 같은 살기가 흘렀다.
>
> 그런데 그 때 별안간 그 틈새에서 딴 얼굴들이 어른했다. 기도를 탈환하려는 동무들의 얼굴이였다. 그 얼굴 속에서 기도는 분명 련희를 보았다. 동지를 구원하려는 비장한 얼굴이였다. 눈은 불붙고 얼굴은 왼통 피로 물든 것 같았다.
>
> 순간 기도의 전신 만신에서 마지막 힘이 솟았다. 나는듯 머리로 냅다 받으며 손과 발로 차고 질렀다. 순경들이 헉 하고 나둥그러지며 포위진이 빠졌다. 그 틈새로 기도는 쏜살같이 빠져 나

> 갔다. 그래서 그는 다시 대렬 속에 싸이게 되었다.
> 그러나 기도는 무거운 상처를 입고 있었다. 양복 앞섶이 갈갈이 찢어졌다. 개놈들의 손톱이 그의 가슴의 살점을 도려 냈다. 놈들의 곤봉이 기도의 골통을 텠다. 그래도 그것을 알지 못했다.[34]

기도가 데모하는 용감한 모습과 순경들이 무자비하게 진압하는 광경이 함께 눈에 선하다. 순경들이 무차별로 휘두르는 곤봉 세례로부터 그를 구해 내려는 동지들의 비장한 얼굴에서 기도는 힘을 얻었지만 그 많은 얼굴 중에서도 련희의 얼굴을 보았을 때 '전신 만신에 마지막 힘이 솟은 것이다'. 사랑의 힘이 얼마나 큰가를 이내 가늠하게 해준다. 그러나 기도는 끝내 가슴의 살점을 도려내는 큰 부상을 당한다. 사랑의 힘은 그런 그를 그냥 놔두지 못하고 인왕산 중턱에 있는 련희의 집까지 데리고 가 간호하게 한다.

몸이 완쾌되기도 전에 몇 번이고 데모를 주동하던 기도는 조경래의 농간으로 마침내 강제 입영하게 되고 어머니와 련희는 가까스로 면회를 갔다 온다. 생각보다 잘 지내고 있었다. 면회하고 난 후 얼마 안 되어 기도는 예고 없이 휴가를 온 것이다.

> 그리고 련희는 종종걸음으로 걸어 나가 급히 대문을 열었다. 련희는 틀림 없이 기도가 훈련소에서 탈출해 왔거나 군대에 갔다가 거기서 도망해 온 것이라고 생각하였다. 그런데 방에 들어온 것을 보니 행색이나 안색이 그런 것 같지 않았다. 당황한 빛도 초조한 빛도 없었다.[35]

---

34) 한설야, 앞의 책, p.6.
35) 한설야, 앞의 책, P.679.

기도는 '워낙 세게 나갔기 때문에 중대장놈도 얼마큼 기가 죽어서 그들을 영창을 보내는 데' 그친 항명 사건이 있기는 했어도 의외로 군대 생활에 적응을 잘 하여 휴가까지 얻어 온 것이다. 하지만 그의 휴가에는 꿍꿍이 속이 있었던 것이다. 그러나 막상 휴가를 와서 보니 귀여운 여동생 기옥이는 앤더슨의 차에 치어 죽고 없으며 어머니는 실성한데다가 아버지마저 감옥에 갇혀 있어 집안이 글자 그대로 풍지박산된 것이다. 그렇지만 "며칠 지내는 사이에 기도는 점차 정신을 수습하게 되었다. 그리고 저희 군대 생활에 대해서도 이야기했고 또 그것은 예상 대로 자기에게 유조한 것이라고도 말했다."[36] 말하자면 월북 결심을 밝히려 온 것이다. 련희는 이 말을 듣고 기약 없는 작별은 한없이 서글프지만 '기왕이면 빨리 넘어 가'라고 다그친다. 그러자 기도는 '군대로 돌아 가면 곧 결행'하겠다고 다짐한다.

> 『기도씨가 희망하던 곳으로 갔는데 아저씨 일어 나셔요. 련희씨가 와서 그리는데 기도씨는 희망하던 김일성 종합 대학에 들어서 대학원에서 공부할 거라고 하면서 퍽 좋아해요. 나도 북에 가서 학교 다닐래요.』(중략)
>
> 사실 무진이는 기도가 월북한 사실을 수사계장의 말에서 똑똑히 알 수 있었다. 그 날 순경들이 수사를 나간다고 술렁거리다가 우르르 쓸어 나가더니 늦게야 돌아 와서 수사계장에게 보고하였다.[37]

기도는 드디어 월북한 것이다. 그는 한 마디로 말해 한설야가 추

---

36) 한설야, 앞의 책, p.691.
37) 한설야, 앞의 책, p.726.

구하는 자존심을 실현한 좌익계열 대학생의 한 모형이다.

기도에 상응한 여주인공으로 련희가 있다. 련희는 기도의 애인이다. 련희는 기도가 시위하다 부상당했을 때부터 시작하여 기도가 군대로 끌려가자 생사를 확인하고자 어렵사리 면회 가는 일, 기도의 아버지가 누명을 쓰고 감옥에 가자 그 가족을 돌보는 일, 기도가 월북하려 하자 그에게 용기를 주어 돕는 일 등 기도와 그 가족을 위하는 일이라면 발 벗고 나서는 등 청순한 사랑을 아낌없이 실현하는 인물이다.

> 『너는 녀자가 아니냐. 징병에 끌려 갈 것도 아닌데 어째 나서 덤비느냐.』
> 『어머니도 남조선 전체 대학생이 끓고 있지 않아요. 녀자 남자가 있어요. 모두들 참 잘 싸우고 있어요. 그 중에서도 지금 함께 온 학생이 제일 잘 싸웠어요. 그래서 놈들에게 포위되였는데 두 놈이나 때려 눕히고 빠져 나왔어요.』
> 『그 학생은 집이 없느냐.』
> 『있지만 자기 집으로 는 갈 수 없어요. 행길에서 순경들이 욱실거리고 있어요.』
> 『네가 이 집 사정을 잘 알지 않니. 잘 생각해서 해라.』
> 『생각해 봤어요. 그렇지만 내가 이 집에 있는 날까지는 그렇게 할 수밖에 없어요.』
> 련희의 목소리는 새삼스럽게 다기찼다.38)

징병 대상이 아닌 여자이면서 왜 데모를 하느냐는 어머니의 책망을 단호히 물리치는 대목이다. 미군 앞잡이가 되지 말자고 전체 대학생이 다 일어서는 판에 여대생이라고 가만히 있을 수 없다는 확

---

38) 한설야, 앞의 책, p.11.

고한 신념을 보이고 있다. 또 '우리 집은 한영대학 교수이자 이사인 로박사가 계신 점잖은 집이니까 기도 같은 문제 학생을 함부로 들여놓으면 안 된다'는 어머니의 암시에도 '내가 이 집에 있는 날까지는 그렇게 할 수밖에 없'다는 확실한 입장을 표명하고 있다. 이처럼 련희도 기도의 애인답게 작가의 자의식을 대변하는 좌익 계열의 여대생으로 설정되어 있다.

기도와 련희의 고귀한 사랑 사이를 비집고 들어가 련희에게 프로포즈함으로써 애정 갈등을 빚고자 하는 웅석이는 성격이 조금은 능글맞고 교활한 부자집 아들이다.

> 웅석은 그런 경험이 많다. 사실 웅석은 학교에서 진작 련희를 보았고 이쁘다고도 생각했으나 오늘처럼 뚫어지게 감상한 일은 일찍이 없었다. 그런데 오늘 다시 보려니까 련희는 다른 녀성과 달랐다. 보아 가는 가운데서 결점이 나타나는 것이 아니고 볼수록 이 때까지 발견하지 못 한 아름다운 점들이 련달라 돋아 나서 눈이 자꾸 끌렸다.
>
> 특별히 비다듬엇거나 도이 낸 얼굴은 아니었다. 그저 수더분하고 수수한 얼굴인데 그렇게 좋고 매력이 있었다. 웅석이는 어째 이제야 처음으로 련희를 주의해 보게 되었을가 하고 생각하였다. 물론 학부가 다르긴 하지만 이성에 대해서는 그믐밤에도 감별해 내는 눈이 있는 자기가 인제야 진정 련희의 미를 알게 된 것은 이상한 일이라고 생각하였다.[39)]

웅석이가 련희에게 반한 내용이다. 웅석이는 동양상사 사장 아들로써 원하는 것은 무엇이나 해온 터라 매사에 부족한 것을 모르고 자란 대학생이다. 그런 그 눈에 련희가 천사처럼 예뻐 보인 것이다.

---

39) 한설야, 앞의 책, p.60.

진작에 련희를 알아보지 못한 것을 못내 아쉬워하지만 련희의 마음은 이미 기도에 가 있었으므로 '이성에 대해서는 그믐밤에도 감별해 내는 눈이 있'다는 응석이지만 별수 없이 짝사랑이 될 수밖에 없는 처지다.

> 더욱 그 편지 내용을 생각하면 참을 수 없는 모욕을 당한 것 같았다. 아무리 양키식 생활양식이 강요되는 서울 바닥이라 하더라도 그렇게 자깝스럽게 남의 심장을 노릴 수는 없다고 생각하였다.(중략)
>
> 또 그와 만나서 이야기한 것은 기도의 집에서 단 한 번 뿐이었다. 그나마 불과 몇 마디 주고 받는 것 뿐이다. 그런데 당돌히 『나는 당신을 사랑합니다. 나의 별이여, 달이여! 아니 나의 심장이여, 생명이여!』 하였은즉 대체 어떻게 되어 먹은 사람인가고 생각하며 련희는 그 편지 중의 몇 구절을 다시 생각해 보았다.40)

참으로 황당한 편지다. 그래서 련희는 이 편지를 기도에게 보여주고 자기의 진실을 말하기로 작정한 것이다. 자기의 사랑은 오직 기도뿐이라는 사랑의 진실을 말이다.

> 『아니 이건 련희씨한테 온 편진데요.』
>
> 기도는 무슨 영문인지도 몰라서 다시 련희를 쳐다보며 물었다.
>
> 『그러니까 보시라는 거 아니애요.』
>
> 『련희씨에게 오는 편질 내가 보다니... 련희씨 말을 잘 리해할 수 없는데요.』
>
> 『편지를 보시면 아실 수 있어요.』 41)

---

40) 한설야, 앞의 책, p.117.

기도는 련희에게 새로운 애인이 생긴 것으로 생각하고 씁씁한 심정이 된다. 이제 련희가 '그것을 선고하지 않는 것은 비겁한 행동이라고 생각한 끝에 오늘 자기에게 그것을 고백하는 것이'라 믿고 눈앞이 아찔해진다. 절망감에 빠진 것이다. 하지만 그것은 웅석이 일방적으로 보내온 연애편지임이 이내 판명되었다. 발신인 이름까지 '현석'이라고 속여가며 말이다. 그것은 외려 련희의 더 깊은 사랑을 확인하는 계기가 된 것이다.

사실 웅석이는 기도와 친한 사이였다.

> 『내 이제 가다가 웅석이네 집에 들리겠는데 그 사람을 만나지 못 할지도 모릅니다. 그러니 련희씨 학교에서 그를 만나거든 내가 병으로 결석한다는 것을 학교에 말해 달라고 하셔요.』
>
> 웅석이는 기도네 부근에 사는 그의 동급생이었다. 그는 성질이 덜레덜레해서 아무와도잘 섭쓸리고 아무 일에나 잘 덤병댔다. 그래서 기도와도 이내 친해졌다. 기도는 대학생 징집 반대 투쟁이 시작되자 특히 그와 자주 접촉했고 그래서 아주 조밀한 사이가 되었다. 그리하여 웅석이도 이 운동의 중심에 끼우게 되었다. 기도는 밤에 대개 그의 집에서 그와 함께 공부했다.[42)]

기도는 데모 때 다친 것 때문에 학교에 갈 수 없게 되자 웅석에게 결석 신고를 부탁할 만큼 친하며 대학생 징집 반대 운동도 함께 하고 밤이면 공부도 같이 할 정도로 가까운 사이이다. 그뿐 아니라 웅석은 '팔방미인식 사람이 되어서 모르는 것이 없'는 아버지 덕분

---

41) 한설야, 앞의 책, p.704.
42) 한설야, 앞의 책, p.38.

에 '학생들 중에서 정보가 제일 빠르고 밝'았다. 그래서 대학생들이 운신하는데 큰 도움을 주는 소식통이다. 그리고 그의 처지는 기도와는 사뭇 다르다. 아주 유리한 위치에 있는 것이다. 아버지 덕분에 대학원 진학은 따다 논 당상이고 미국 유학까지 보장된 상태였다. 그래 놓으니 징집 문제 따위에는 실상 신경을 쓸 필요가 없었다.

> 그 때 응석이가 그 방에 들어 왔는데 조경래는 술이 취해서 학생들에게 늘 하던 버릇으로 응석에게 학생들의 동향을 물었다.(중략)
>
> 『애 너 군대 가지 말려거든 내 일 좀 해 달란 말이다. 아버지 자세만 하지 말고... 알았지. 오늘이 토요일이니까 월요일날 하학 후에 내게로 오란 말이다. 내가 알고 있어. 그러니 와서 다 이야기하란 말야.』(중략)
>
> 기도의 사상 경향에 대해 약간 이야기하였다. 학생들의 신임이 두터운데 특히 대학생 징집을 반대하는 운동의 중심으로 되여 있다고 말하였다. 한 것은 실상 그 때 응석이도 기도에게 딴 감정이 있어서 그런 것이 아니고 또 학생들의 징집 반대 운동을 팔아 먹기 위해서 한 것도 아니였다. 다만 한 가지 기도와 련희의 사이에 쐐기를 치는 의미에서 한 것 뿐이였다.
>
> 그렇게 말해 두어도 기도와 련희의 사이에 파탄이 올 것이고 동시에 련희는 저의 것으로 될 수 있다는 단순한 생각에서였다.[43]

처음에는 기도 쯤이야 자기의 경쟁자가 될 수 없다고 생각한 응석은 련희에게서 기도를 떼어놓기가 좀처럼 어렵다는 것을 알고, 기도와 련희 사이에 파탄을 불러오게 하기 위한 특단의 조치로 조직

43) 한설야, 앞의 책, p.p.366~367.

을 팔고 친구를 모함하는 이를 서슴지 않았다.

이는 춘원이래 식상할 만큼 흔하게 설정되는 애정의 삼각관계인데 다만 련희가 기도와 응석 사이를 오락가락하지 않고 처음부터 확고부동하게 기도만을 사랑한 점은 한설야 특유의 '신의'를 말해주는 것 같다.

3.1.2 긍정적인 교직원

한영 대학의 중요한 구성원가운데 긍정적인 인물은 경리부장 박만성과 교수 겸 이사인 로박사다.

그 중 박만성은 박기도의 아버지이다. 그는 천성이 착하고 매우 성실하였다. 그런데 주위 사람들이 그를 그냥 놔두지 못한다.

> 『글세 학교 경리 사업이 마치 화약 다루는 것 같다는구나. 앤더슨이 돈을 가지고 오너라 하면 가져 가지 않을 수 있니. 그리고 이돈을 어디다 쓴 것처럼 문서를 만들고 장부를 기입해라 하면 그 대로 하는 수밖에 더 있니. 그런데 학장도 이 재주가 일수지. 교무부장은 한 술 더 뜨지... 그런데 또 안에서만 이러는 것이 아니고 밖에서도 자꾸만 쑤시개질을 한다는구나. 어떤 학부형들은 자기 상사를 학교에 기부합네 하고 들여 놓고는 관리측과 짜고 돈벌이를 한다는구나. 그래야 세금을 물지 않는단다. 학교 재산인 것처럼 해야 말이다. 그러니 아버지가 경리 책임을 보는 날까지 이 심부름을 아니 할 수 있니. 그러니까 죄는 진도깨비가 지고 벼락은 고목이 맞는다고 아버지는 밤낮 고목처럼 떨고 있다.』[44)]

---

44) 한설야, 앞의 책, p.p,48～49.

이사 앤더슨은 말할 것도 없고 친구이자 동창생인 교무부장까지 심지어 유력한 학부형까지 썩을 대로 썩은 것이다. 그래서 그들이 온갖 구실을 만들어서 천하의 부정을 다 저질러서 검은 돈을 빼가면 그 뒷치닥거리로 가짜 서류를 만들고 가짜 장부 기입을 하는 일만 그에게 처진 것이다. 얼른 보면 박만성은 자기 주장이 없는 무골호인으로 보이지만 그 당시 부패할 대로 부패한 사회 속에서 아들을 대학 보내고 식구들 먹어 살리자면 그밖에 다른 도리가 없었던 것이다.

> 그러나 이 때까지 한영 대학 학생들은 다른 대학 학생들과는 조금 달랐다. 미국인 리사 앤더슨 의 소개로 미국으로 류학 간 학생도 제일 많았다. 또 강제로 군대에 뽑혀 나간 학생도 아직 없었다. 그리고 졸업생 취직률도 다른 대학보다 높았다. 그러나 그 만치 이 대학은 본시부터 들기가 힘들었다.
>
> 만성은 이 대학 설립 당시부터 경리 일꾼으로 이 학교에 있었지만 아들 기도를 들이는 데 무진 애를 썼다. 첫째 먹자는 입이 너무 많았다. 맨 큰 입은 물론 앤더슨이었다. 그러나 그 담 입들도 조만치는 않았다. 학장이 그랬고 교무부장이 그랬다. 앤더슨은 산신 덕에 그렇다하려니와 옛날 동창생인 교무부장 조경래까지 어찌 악지가 센지 몰랐다.[45)]

한영 대학이 타 대학보다 유리한 점이 많다보니 누구든지 자녀를 이 대학에 넣으려고 야단법석이어서 입학하기가 여간 어려운 것이 아니었다. 무엇보다 징집에서 면제될 수 있다는 점이 매력이어서 만성이도 기도를 입학시키는데 돈 푼이나 뜯긴 것이다. 돈 벌레 앤더

---

45) 한설야, 앞의 책 p.44.

슨은 말할 것도 없고 동창생인 교무부장까지 나서서 노골적으로 돈을 요구하는 아수라장이었던 탓이다.

그러나 만성의 어려움은 여기에 그치지 않았다. 입학만 시켜놓으면 군대도 안 가고 졸업후 대학원에 진학하거나 취직이 보장될 것으로 믿고 있었으며, 운이 좋으면 미국 유학까지도 보낼 수 있을 거라는 기대도 갖고 있었다. 하지만 그것은 어디까지나 희망 사항이었을 뿐이다.

> 『오늘 제가 찾아 온 것은 다름이 아닙니다. 저의 자식놈이 있지 않습니까. 그 놈이 저의 외아들입니다. 제게는 천금 맞잡입니다. 이 애가 두분의 덕으로 우리 대학에 들어서 이제 이 해만 지나면 졸업을 하게 됐습니다.』
>
> 만성은 손을 비비며 겨우 이까지 이야기하였다. 어느새 벌써 이마에 땀발이 섰다.
>
> 『아 그렇소. 그거 반가운 일이요.』
>
> 경리부장 집의 경사와 자기 집 금고 사이에 아무런 인연이 없을 것을 잘 아는 메리는 만성의 말을 지나가는 뜬말로 가볍게 받아서 쓰레기처럼 흘렸다. 더욱 만성이가 그 언제나와 같이 들어 오잣바람으로 양복 안주머니에 손을 찌를 차비를 안 하는 것이 메리의 대답에서 더욱 맥이 빠지게 하였다.46)

기도가 징집 반대 시위에 앞장서는 기미가 보이고 앤더슨의 태도가 바뀌어 한영 대학생들도 입영을 시키는 쪽으로 선회하자 만성은 어떻거든 기도의 징집을 막아보려고 앤더슨의 부인 메리를 찾아 가보지만 뇌물이 아니면 안된다는 사실만을 확인하고 절망감에 빠진다. 그러나 외아들을 지키겠다는 그의 신념은 너무나도 확고해서 어

---

46) 한설야, 앞의 책, p.245.

떠한 수단 방법이라도 통하기만 하면 가리지 않을 태세다. 그리하여 그는 조경래의 꾐에 빠져 집을 저당 잡히고 메리에게 금강석 반지를 선사한다. 하지만 결과는 낭패였다.

> 박만성은 우리가 보아 온 바와 같이 메리 부처와 조경래로 하여 재난을 모면할 유일한 수단인 재산을 몽땅 털리고 말았던 것이다. 즉 이젠 즉 불가사리의 아가리에다 더 쇠부스러기를 넣어 줄 수 없는 떨거둥이 맨 털털이로 되고 만 것이다.
>
> 만성에게 남은 것은 몸뚱이 하나 뿐이다. 그래서 불가사리의 쇠스렁인 경찰에 끌려 가지 않으면 안 되었다. 불가사리에게 더 공대할 아무 것도 가지지 못 했다는 것은 불가사리에게 대해서 더 없는 죄악인 것이다.
>
> 박만성의 죄명은 사기 횡령이었다.(중략) 조경래가 꾸며논 연극임은 두말할 것이 없다.
>
> 조경래는 제가 차용한 학교 재산을 전부 만성이가 횡령한 것으로 문서를 만들어 가지고 경찰에 밀고하였던 것이다. 밀고할 때, 불가사리의 쇠스렁들에게 술을 먹였던 것은 두말할 것이 없다. 그러나 조경래는 워낙 죽은 계도 발을 매는 대갈마치 같은 사나이다. 그는 그 우에 또 앤더슨의 입을 빌 것도 잊지 않았다.
>
> 그리하여 앤더슨은 또 대비드의 입을 빌어 박만성은 학교 공금을 소범한 횡령범일 뿐 아니라, 그 아들은 빨갱이고 그 자신 역시 미국 상전인 앤더슨 부처를 모해할 것을 획책한 빨갱이 물이 든 자라고 경찰 찔러 넣게 하였다.47)

선량한 만성은 외아들을 군대 보내지 않으려다 도리어 가족과 재산을 모두 잃고 거기다가 학교 재산을 횡령했다는 누명을 뒤집어 쓰고 마침내 빨갱이로까지 몰려서 감옥살이를 한다. 그는 너무 억울

---

47) 한설야, 앞의 책, p.p.372～373.

한 나머지 분함을 참자 못하고 종래는 미치고 만다. 이 박만성이 바로 한설야가 설정한 탄압 받는 약자의 전형이라고 보아도 될 것이다.

긍정적인 교직원의 또 하나의 유형으로 련희 의붓 아버지인 로박사를 들 수 있다. 그는 미국에서 경제학을 전공한 한영 대학의 교수이자 이사이며 련희의 죽은 생부인 홍락준과도 서재파니 실천파니 하며 겨루던 라이벌 관계였다.

> 앤더슨은 그의 보수성을 높게 평가했고 귀중한 미덕이라고 생각했다. 그리고 거기에 자기들의 흡반이 들어 붙을 수 있다고 생각하였다.
>
> 그러나 미국 신사가 그에게 흡반을 놀리고 있다해서 로박사의 인간이 달라진 것은 없었다. 그는 여전히 미군이나 리승만이 하는 일을 비판적으로 보고 있었다. 또 그들로 해서 나타나는 모든 부정적 현상들을 자기 학설의 자료로 사용할 것을 잊지 않았다. 학생들의 신임도 이런 데 매여 있었다. 일반 사람들도 그를 량심 있는 사람이라고 생각했다. 아무도 그를 미국 신사들의 추종자라고는 생각하지 않았다.[48)]

로박사는 홍락준에 비해 보수적이고 소극적이어서 서재파라고는 하나 경제학의 대가로서 학생들의 존경을 한 몸에 받는 원로교수다. 따라서 앤더슨의 어떠한 회유에도 미동도 하지 않으며 대학재단 이사로서도 대학생 징집을 끝까지 반대하다 사표를 내던지는 등 자기의식이 뚜렷한 사람이다.

48) 한설야, 앞의 책, p.19.

> 로박사는 오후에 사표를 써서 제 손으로 내다 부치고 다시 집으로 돌아 왔다. 그러기 까지에 그는 여러 가지로 생각하였다. 생활 문제도 생각하였다. 그러나 그것은 크게 걱정할 것이 없었다. 그를 제일 많이 주저하게 하고 마음을 아프게 한 것은 좋거나 궂거나 10년 나마 다니던 학교를 떠난다는 그것이었다.[49]

'선생의 사상은 우리 대학 정신과 량립할 수 없'고 '미국을 비난하고 우리나라 정치를 비난하는 그런 주장과 우리 대학은 아무런 인연도 없다'는 앤더슨의 말에 로박사는 사표를 내 던진 것이다. 평소에도 그는 앤더슨이나 학장에게 '심경의 맨 알맹이'를 어떤 방법으로든지 꼭 전달하고 싶었던 것이다. 그래서 그는 참으로 후련한 생각이 들었던 것이다. 집에 돌아와서도 로박사는 아내 정경과 딸 련희를 불러 '나는 그들만 따라 가고 있겠소. 나도 내 생각으로 내 목소리로 좀 살아 보고 싶소.'라고 자기 소신의 일단을 토해냈던 것이다. 대쪽의 선비라 아니할 수 없다. 한설야가 그리는 지식인의 모습 중에 하나일 것이다.

> 이제 죽더라도 바르게 살리라, 옳은 일에 자기의 목소리 뿐 아니라 피라도 합쳐 보리라. 그것으로 자기의 말년을 장식하리라 하는 생각이 때로 그의 맘을 강하게 사로잡았다. 이름 높은 옛날의 우리 조상들 중에서 50도 못다 살고 세상을 떠난 사람이 많은데 거기 비하면 저는 벌써 장수한 사람의 편에 든다고 생각하였다.
>
> 많이 살았다는 대학자이며 또 뛰어난 정세가이기도 한 서화담이나 박연암 같은 이도 칠십을 못 넘겼다. 그러니 막말로 저는 이제 잘못된다 해도 액상이라고는 하지 않을 것이다. 또 값 없는

---

49) 한설야, 앞의 책, p.603.

> 삶을 부질없이 그리 오래 살아서는 무얼 할가 하는 그런 자격지심도 생겼다. 그래서 이번에는 마지막으로 진정 사람들에게 하고 싶은 자기의 이야기를 툭툭 털어 써 가지고 발표 못 된다면 유언으로 남기고 가리라 생각하였다.[50]

양심 있는 노학자가 한 평생을 정리하는 심정으로 붓을 들 결심을 밝히는 조용하면서도 준엄한 목소리이다. 더군다나 그는 옳은 일로 여생을 장식하기 위해 목소리로 부족하면 피라도 합쳐보겠다는 각오다. '대학자이며 뛰어난 경세가이기도 한 서화담이나 박연암 같은 이도 칠십을 못 넘겼'는데 옳은 일을 하다가 당장 죽어도 여한이 없다는 단호함을 보인 것이다.

3.1.3 부정적인 교직원

한영대학의 중요 교직원 중 부정적인 인물은 교무부장 조경래와 재단 이사 앤더슨이 그 대표다.

친구이자 중학교 동창생인 박만성을 처절하리 만큼 철저하게 우롱한 조경래는 과연 어떤 성격의 인물일까?

> 『그야 조경래로 말하면 앤더슨이 제일 신임하는 사람 아니요. 워낙 사람이 렵렵하거든. 눈치가 빠르고 가려운 데를 잘 긁어 주고 여기서 뽑아 저기다 채우는 재주가 있기 때문에 학장은 물론 앤더슨도 조경래 같은 사람은 미국에도 별로 없다구 한다구. 먹이는 재주도 있지만 긁어 들이는 재주도 있거든, 돈 있는 학부형들을 슬슬 긁어 올려서 학교 재산도 수태 늘궜다오. 포수집 개는 범이 물어 가야 말이 없다고 불의의 돈벌이 하는 자들의 돈을

---

50) 한설야, 앞의 책, p.425.

쳐온다기로 그리 허물될 거 있소. 그래서 서울 안 대학 중에서 우리 대학 만치 재정이 단단한 대학교가 없다오.

하기야 밑 빠진 항아리 앤더슨이 있고 그 뽄을 받는 학장, 조경래, 그리고 그 아래 졸개들이 다 먹는 재간만은 남만 못하지 않으니까 날아 가는 돈이라도 잘 차 들이거든. 그런 재주가 없다면 그 배들을 어떻게 채우겠소. 그런데 사실 먹는 재주는 사람마다 있지만 차 오는 재주는 사람마다 있을 수 없단 말이요. 그런데 조경래만은 량수겹장이거든. 그래서 앤더슨도 앤더슨이지만 앤더슨 부인 메리 말이요. 그 살살이가 영 죽겠다지 않소 조경래만 보면 사지를 못 쓴다오.』 51)

조경래의 인품이 잘 드러나 있는 대목이다. 미국에서도 그 예를 찾을 수 없을 만큼 권력자의 비위를 잘 맞추는 괴력이 있는가 하면, 한편으로는 약한 자의 돈을 무자비하게 울거내는 '양수 겹장'의 재주를 가진 보기 드문 사람이다. 이 시대에 있을 수 있는 모든 악을 한 몸에 지닌 채, 사람의 탈을 쓰고 나온 백여우라고나 할까. 하지만 그가 제아무리 재주가 많다 하드라도 그 역시 사람이다. 따라서 재정 검열을 제대로 했다면 틀림없이 그의 비리가 드러났을 터인데, 그 윗선이 모두 먹이 사슬로 얽혀 있어서 다시 말해 한 통속이라서 형식적인 검열로 일관했던 것이다. 그런 중에도 만에 하나 꼬투리가 보이면 그때는 박만성과 같이 선량한 사람에게 뒤집어 씌우는 것이다

결국 경찰이 생각한 것은 조경래의 의견과 같이 만성이가 거액의 학교 재산을 횡령해서 빨갱이나 간첩선에 제공한 것으로 하는 것이 제일 무난하리라는 것이었다. 그러나 그렇게 하자면

51) 한설야, 앞의 책, p.69.

> 그래도 비슷한 사건을 꾸며 내야겠는데 그것을 꾸미는 일도 호박에 침 주듯 수월히 되지는 않았다.52)

이렇듯 자기가 횡령한 학교 재산을 경찰과 짜고 중학 동창인 친구 박만성에게 뒤집어 씌운 것이다. 이런 악마들의 황제는 아무래도 앤더슨이다.

> 앤더슨은 명색인즉 한 개 리사에 지나지 않지만 한영 대학에서 그를 누를 사람이 없었다. 그것은 첫째 이 대학이 미국 장로교의 보조로 창설되었으며 앤더슨이 장로교 계통의 미국인이기 때문이였다.
>
> 그리고 둘째는 그가 미군의 기밀 사업을 봄으로 해서 그에게 부여된 사회적 지위 때문에 이였다. 그 다음 셋째는 대학에 아무리 문제가 생긴다 하더라도 앤더슨만 나서면 얼음에 박 밀 듯 거칠 것이 없이 풀리기 때문이다.
>
> 그는 본시 종교적 위선에서 세련된 능구리 같은 사람이다. 리사장 자리는 보기 좋게 조선 사람인 학장에게 밀고 저는 뒤에 앉아서 꼭두각시를 놀림으로써 남의 주시와 시비를 멀리할 수 있었고, 그리하여 소문 안내고 제 안속을 굳길 수 있었다.53)

앤더슨의 정체를 어느 정도 소상히 밝힌 대목이다. 그는 비록 겉으로는 일개 이사에 지나지 않지만 실제로는 대학 경영의 전권을 휘두르는 무소불위의 존재이다. 대학 경영 뿐만 아니라 장로 교회는 물론이고 이 나라 정세 분석과 정책 결정에까지도 영향력을 행사하는 대단한 실력자다. 그러나 그는 지극히 부패한 실력자다.

---

52) 한설야, 앞의 책, p.p.573~574.
53) 한설야, 앞의 책, p.p.242~243.

앤더슨은 젊어서 서울 어느 전문 학교 선생으로 있을 때부터 미군의 끄나불로 일본 경찰과도 련통해 있었고 그런 생활이 60이 넘어 70을 바라보는 오늘까지 련속되여 있느니만치 미군은 항상 그의 뒤를 받쳐 주고 있었다.

그래서 한영 대학도 앤더슨으로 하여 이 때까지 징집에 있어서 비교적 무풍 지대에 있는 셈이였다. 그리고 또 만일 한영 대학을 무사히 졸업하고 대학원에 들어 가게 되면 병역 면제는 물론 미국 류학의 길도 열릴 수 있는 까닭에 돈 있는 부형들은 앞을 다투어 가며 뢰물질을 했다.[54)]

한영 대학에 입학하면 여러 가지 특권을 누릴 수 있게 되자 부형들은 이 대학에 입학시키기 위해 앞 다투어 뇌물을 받쳤는데 이와 같은 뇌물질을 도와 함께 치부한 사람으로는 그의 부인 메리와 교무부장 조경래가 있다. 그리고 치부는커녕 자기 재산까지 빼앗기며 뒷치닥거리만을 하는 경리부장 박만성이 있다. 그렇지만 입학을 위한 뇌물 공세는 시작에 불과하다. 징집 면제를 받기 위한 돈, 미국 유학 추천을 받기 위한 돈, 학교 경영에서 생기는 부정한 돈, 교회 운영에서 뒷손질 한 돈, 그는 돈을 주체하지 못할 정도로 부패했던 것이다. 이토록 부정한 돈은 많고 정신은 푹푹 썩은 사람이 할 짓이 무엇이겠는가. 뻔한 일이다.

『네, 젊어지는 약 말입니다.』

『아니 정말 그런 약 있소?』

그러자 조경래는 제가 쏜 살이 정통에 들어 가 맞은 것을 확인하며 다시 한 번 더 메리의 마음을 옥죄여 주었다.

---

54) 한설야, 앞의 책, p.156.

『잃어진 청춘을 도루 찾는 약 말입니다.』

『오, 조선생! 아메리카에도 그런 약은 없습니다. 약장사의 광고 속에밖에 없습니다.』

『메리 부인! 앤더슨 선생과 메리 부인은 정말 신이 항상 도와 주시는 분이 옳았요. 그러기에 이런 약을 구할 수 있습니다. 내 이야기를 들어 보십시오. 조선이 신선 나라지만 실상 이 불사약을 얻은 사람은 옛날에도 그리 많지 못 했습니다. 아무리 산중에 들어가서 찾아도 보이지 않거든요. 그런데 이번에 우리 외할아버지가 이걸 찾아 냈습니다.』[55)]

어떻게 하든지 젊음을 연장해보려고 음양곽을 찾은 것이다. 향락과 퇴폐의 길로 나가겠다는 명백한 표징이다. 이는 이 땅에 와 있는 미국인이 우리 민족을 짓밟는 것 외에 어느 정도까지 타락해 가는가를 보여주는 것이다.

지금까지 『사랑』에 등장한 인물들의 성격과 갈등 구조를 살펴보았다. 이를 요약하면 다음과 같다.

첫째 징집 반대 시위에 가담한 한영 대학생으로 박기도와 그의 애인 련희 그리고 데모에는 동참하면서도 기도와 련희 사이를 갈라놓기 위해 기도를 모함하는 응석 등이 있다.

둘째 선량하기에 외려 동료에게 이용만 당하는 경리부장 박만성과 조용한 가운데 끝까지 지조를 지키는 경제학 원로 교수 로박사를 긍정적인 등장 인물로 묶을 수 있다.

셋째 상사에게 아첨 잘 하고 동료와 학부형을 귀신같이 울거먹는 교무부장 조경래와 사실상 한영 대학을 지배하면서 갖가지 비리를 만들어 개인적 치부를 일삼는 미국인 앤더슨 이사를 부정적인 등장

---

55) 한설야, 앞의 책, p.232.

인물로 분류할 수 있다.

3.2 형상화 특색

『사랑』에서 징집 반대 데모를 매개로 전개되는 남녀간의 사랑 이야기는 30년대 『청춘기』의 사랑 이야기에서처럼 현실감이 없어 보이는데, 그나마 '미제에 대한 증오심'이라는 또 다른 주제에 밀려 중심부를 내주고 만다. 이처럼 미제에 대한 증오심을 작품의 주제로 "미국 선교사를 작품의 제재로 삼았을 뿐만 아니라 동시에 그것을 작품 구성의 원리로 전환시키는 방식은 한설야 문학만이 갖는 고유한 측면이다."[56] 이런 고유한 측면을 염두에 두면서 『사랑』의 형상화 특색을 살펴보면 미국 선교사 콤플렉스, 해방 후 남한 현실 폭로 그리고 전지적 작가 시점 등을 꼽을 수 있다.

3.2.1 미국 선교사 콤플렉스

미국 선교사 앤더슨은 한영대학과 그에 연결된 교회 전체를 장악하고 있는 '승냥이 집단의 상징'이다. 그러니까 "교육의 신성한 기능과 종교의 성스러운 기능의 이면에는 승냥이스런 독기와 야욕이 있다는 것이 한설야의 기본적인 창작 동기이"[57]다. 부언하면 "한설야의 선교사 콤플렉스는 미제에 대한 증오심과 종교에 대한 증오심의 이중적 성격이"[58] 강하게 들어 있다는 것이다. 그래서 이 작품에 빚어지는 부정적 갈등은 미국 선교사인 앤더슨의 횡포와 야욕에서 비롯된 경우가 많다.

---

56) 김윤식, 『한국 현대현실주의 소설연구』,(문학과 지성사, 1990), p.287.
57) 김윤식, 앞의 책, p.288.
58) 김윤식, 앞의 책, p.288.

그 밖에도 경리부장이나 교무부장 조경래를 통해서 전해지는 뢰물도 있었으나 그들에게 맡기는 것이 미타해서 직접 자동차로 찾아와서 앤더슨보다 메리의 손에 쥐여 주는 사람이 더 많았다.

워낙 공짜면 마름쇠도 삼키는 앤더슨이지만 바탕이 음성이어서 쥐도 새도 모르게 하는 것을 좋아했다. 그래서 뢰물질 하는 사람들이 주장 뒷문 출입을 하는 것이다.[59]

미국 기독교 세력을 대표하는 앤더슨이 저지른 온갖 부정 부패를 통해 그들이 얼마나 부정적인 집단인가를 형상화하고 있는 대목이다. 미국 선교사 앤더슨은 어쩌다 한 두 번 받은 게 아니라 아예 전용 출입문을 따로 두고 부인 메리를 전담인으로 하여 뇌물을 받아들이고 있다. 그렇다면 그들은 왜 뇌물을 받치지 못해 안달 복달인가. 그 이치는 자명하다. 뇌물을 받치지 않으면 소시민들마저도 살아남기 어렵게 하기 때문이다. "미국 사람들이 들어 온 뒤부터 서울 사람들은 대문들을 더 단단히 닫아 걸었고 그리고도 늘 바늘방석에 앉은 것 같았다. 그러고 사람들은 이웃 사람과도 맘의 담을 쌓고 살아야 하였다. 그러지 않다가는 언제 누구 때문에 무슨 화단을 입을지 몰랐다."[60] 이 땅에 들어온 미국 선교사들이 얼마나 사나운 존재인가를 여실히 드러내고 있다.

『선생님, 아니 할 말로 제 나라 지키는 일이라면 누가 자식 내놓는 일을 마다 하겠습니까. 그러나 이건 정말 억울합니다. 남의 집에 뛰여 들어 그 집 형제들을 맞들이 시켜 놓고 아우가 형을

59) 한설야,『사랑』(조선 작가 동맹 출판사, 1960), p.156.
60) 한설야, 앞의 책, p.39.

죽이고 형이 아우를 죽이 게 하잔 것이 아닙니까. 그러니 도적들은 그럴세, 사람들이야 어찌 제 자식을 그 골육상쟁에 내놓겠습니까. 미국사람들에게는 젯밥이 되어 주지 않는 북조선 백성이 원쑤겠지만 우리에게야 그 언제나 한 형제지요.』[61]

『바르세교도들이 살아 나서 오늘의 가롓유다를 찾고 있는 것이요. 조선 학생들을 모두 가롓유대로 만들자는 거요. 반역자로 만들잔 말이요. 미국이 싫고, 미군이 싫고, 미국인이 싫은 반역자로 만들잔 말이요. 그 놈들을 빨리 잡아 내시오. 어떤 놈들인지 짐작이 없소?』[62]

왜 징집을 반대하는가의 명백한 이유는 바로 미국의 꼭두각시가 되어 골육상쟁을 할 수는 없다는 것이다. 이러한 정당한 이유가 있음에도 불구하고 앤더슨은 선교사답게 예수를 배반한 가롯 유다를 들먹이며 징집 반대 데모의 주동자를 배반자로 규정하고 이들을 빨리 잡아들일 것을 촉구하고 있는 것이다. 거기다가 이 땅의 미군은 한 술 더 떠서 "산 사람을 대고 사격 련습도 하고 사람을 꿩이나 오리로 가정하고 쏘기도 하였다."[63] 이 정도라면 '미국이 싫고, 미군이 싫고, 미국인이 싫'을 수밖에 도리가 없다. 그러나 미국이 정말 싫은 이유는 그것만이 아니었다.

『...... 그 대신 깽이 오늘 미국식 철학의 원천으로 되어 있고 모든 미국 문화가 그 선전자로 되어 있네. 그러기 열 세 살짜리 미국 소년이 제 아비를 쏴 죽이고 있지 않나. 글세 그렇더라도 저희끼리나 그 노릇을 하고 있다면 또 모르겠는데 그것을 바다

61) 한설야, 앞의 책, p.p.96~97.
62) 한설야, 앞의 책, p.223.
63) 한설야, 앞의 책, p.626.

> 건너로 수출하고 있단 말일세. 그래서 이 나라에도 전염시키고 있지 않나. 리영민의 아들이 그 아비를 쏴 죽인 것이 무엇 때문인가. 미국의 영화에서 배웠다는 것을 소년을 재판정에서 고백하지 않았나. 방청하던 조선의 어머니들은 미국인들을 내몰아야 한다고 눈물로 부르짖었네.』[64]

이 나라를 자칫하면 미국식 깽 문화로 오염시킬 우려가 있다는 것이다. 특히 청소년들의 오염은 그 전염 속도가 빨라서 매우 심각한 사회 문제로 대두된다. 미국 영화를 보고 자기 아버지를 총으로 쏴 죽인 일까지 벌어졌다는 예에서 우리는 몸을 오싹할 만큼 실감한다. 그러나 미국이 싫은 이유는 여기에 머물지 않는다. 미국 선교사 앤더슨은 길에서 잘 놀고 있는 기옥이를 자가 운전 차로 치어 죽이고도 마치 동네 개 한 마리를 친 것처럼 아무렇지도 않게 생각하는 것이다. 아니 "짚차가 조선 아이를 깔고 지나가는 것은 저들의 특권을 보여 주는 실습쯤으로 되어 있었다."[65] 그러나 어린이들이 미국 선교사 차에 치어 개처럼 죽어 가는 이야기는 한설야 여러 작품에 반복되기 때문에 미국 선교사 콤플렉스를 형상화하는 수법으로는 너무 상투적인 감이 없지 않다.

3.2.2 해방 후 남한의 현실 폭로

해방 후 남한의 현실을 형상화하는 데는 일단 실패한 것으로 보여진다. 우선 징집 반대 데모를 보면 현실 감각이 너무 떨어진다. 당시 남한은 국민 개병주의였고 실제로 대학생은 졸업 때까지 그

---

64) 한설야, 앞의 책, p.65.
65) 한설야, 앞의 책, p.317.

징집을 연기해 줬던 것이다. 그럼에도 불구하고 작품 첫 머리에서부터 대학생 시위를 화두로 잡은 것은 현실성이 없다.

> 어디로 가도 생지옥이기는 마찬가지였다. 그러나 그래도 아버지, 어머니, 형님, 동생을 부를 수 있던 그 지옥이 그리워서 병사들은 병영을 도타해 나가군 하였다. 나갔다가 붙들려 가는 청년들도 있었고 군대보다는 죽음이 낫다고 자살하는 청년들도 있었다. 그런데 가을철부터 이런 북새는 더 스산해지기 시작했다. 사모 쓴 도적들이 서슬에 가을 바람까지 덤장을 치는 것이다. 을씨년스러운 세상이 바람을 타고 다가 오는 것이 헨둥하였다.[66]

남한을 생지옥에 비유한 것도 과장이 너무 심하고 더구나 병사들이 탈영하여 자살까지 벌인다는 예는 보편성이 전혀 없다. 또 남한이 도둑놈들의 소굴인양 하는 묘사도 현실과 거리가 먼 형상화다. 이는 한 마디로 지나친 작위성의 개입이라고 단정할 수 있다.

> 특히 오늘의 남조선에는 남의 살림과 삶을 자기의 량식으로 하며 나라까지를 팔아 먹는 역적들과 남의 나라와 겨레의 살림과 삶을 자기 나라의 량식으로 하는 미제 강도들이 얼싸안고 발광하고 있는만큼 거기서는 불필코 기만과 살생의 발전이 강요되고 있었다. 동시에 그 엄지들의 졸개들이 또한 요구되고 또 살생되고 있었다. 더욱 오늘 아메리카는 인구의 3분지 2를 죽여 없애야만 자기들의 행복이 보장된다고 생각하고 있다. 또 그 실천을 위해서 신에게서 특권을 부여 받은 것처럼 떠벌리고 살육을 일상사로 하고 있는 것이다.[67]

---

66) 한설야, 앞의 책, p.319.
67) 한설야, 앞의 책, p.p.630~631.

어떻게든 미제에 대한 증오심을 부각시키려다 보니 이토록 무리한 묘사가 된 것이다. 아무려나 남한 사람들이 미군을 얼싸안았다거나 '미제 강도'가 '기만과 살생의 발전을 강요'하면서 '인구의 3분지 2를 죽여 없애야만 자기들의 행복이 보장된다고 생각하고 있다.'는 표현은 '미제에 대한 증오심'이라는 작자의 의도가 너무나도 뚜렷히 들어나고 있다.

3.2.3 전지적 작가 시점

쎄커리의 '허영의 시장'을 방불하게 하는 전지적 작가 시점은『사랑』의 형상화의 질을 떨어뜨리고 있다. 더군다나 이와 같은 시점은 작품 형상화의 기법으로 절실히 필요해서 쓰였다기보다 작가의 안이한 자세에서 비롯된 것으로 보여진다.

> 여기서 우리는 우에서 이야기해 온 박만성이에 대해서 다시 이야기를 계속할 순서에 이르렀다. 박만성에게 불가사리가 들씌우는 운명이 내리 덮인 것을 우리는 상상하기 그리 어렵지 않다.(중략)
>
> 그러나 박만성은 우리가 우에서 본 바와 같이 두말할 것 없이 선량한 사람이다.68)
>
> 이야기는 여기서 잠시 뒤로 돌아 가지 않을 수 없다. 기도의 기막힌 그 동안의 이야기를 그대로 묻어 둘 수 없는 것이다. 그것은 기도가 어머니나 련희에게도 아 말할 수 없는 것이고 또 훈련소 면회장 안에서는 더욱 말할 수 없는 이야기였다.69)

---

68) 한설야, 앞의 책, p.p.372~373.

69) 한설야, 앞의 책, p.459.

위에서 보듯이 그는 전지적 작가 시점을 남발하고 있는 것이다. 이 대목만 떼어놓고 본다면 마치 고대 소설을 읽는 느낌이 들 정도이다. 말하자면 작가가 하느님이라도 된 것처럼 등장 인물의 심리까지 알아서 해설하는가 하면 다음 장면의 사건 전개에 대한 안내자 역할까지 자임하고 있는 것이다.

지금까지 고찰한 『사랑』의 형상화 특색을 요약하면 다음과 같다.

첫째 미 제국주의와 예수교에 대한 이중적 증오심을 나타내고자 한 미국 선교사 콤플렉스의 형상화다. 이는 한설야 작품만의 특색이기도 하지만 너무 상투적으로 쓰이는 기법이기도 하다.

둘째 징집 문제를 중심으로 한 왜곡된 남한 현실의 형상화다. 이 수법에는 지나친 작위성이 엿보인다.

셋째 전지적 작가 시점 문제다. 너무 안이한 집필 자세로 작품의 질을 떨어뜨린 것이다.

만약 문학을 발생적 범주, 모사적 범주(리얼리즘), 기능적 범주로 나눈다면 이상에서 살펴본 『사랑』은 '미제에 대한 증오심'이란 주제로 보아 당연히 기능적 범주(교육적 효과)에 속한다. 따라서 『사랑』 역시 정치·문학의 일원론에 포함된다는 대전제 아래 등장 인물의 성격과 갈등 구조 그리고 형상화 특색을 살펴보았다. 이를 한 마디로 요약하면 다음과 같다.

등장 인물로는 먼저 징집 반대 시위에 앞장서는 한영대학생 기도와 애인 련희 그리고 그의 연적이자 친구인 응석이가 있다. 다음으로 한영대학의 교직원 가운데에 긍정적인 인물인 경리부장 박만성과 같은 대학 교수이자 경제학자인 로교수, 반대로 부정인 교직원인 선교사 앤더슨과 그의 하수인 격인 교무부장 조경래가 있다.

형상화 특색으로는 미국 선교사 콤플랙스, 왜곡된 남한의 현실 폭로, 안이한 전지적 작가 시점 취택 등이 있다. 그러나 이와 같은 형상화 수법은 한설야만의 특색이기는 하지만 지나치게 작위성이 노출되었다거나 많은 작품에 상투적으로 쓰이고 있다는 점에서 결정적인 약점이 된다.

Ⅷ. 결 론

본 논문은 한설야의 단편에 반영된 일제 강점기의 체험, 『황혼』을 비롯한 해방전 장편에 나타난 당대의 계급적 성격 또는 소시민적인 삶, 해방후 소설이 담은 북한 정치의 현실을 리얼리즘 문학이론에 따라 통시적으로 분석하여, 작품 세계의 변모 양상과 그 문학사적 위상을 밝혀내는 데에 주력하였다. 따라서 지금까지의 한설야 소설 연구와는 달리 월북후 작품까지 연결하여 조명한 새로운 시도라 할 수 있다. 이제 이상의 논의를 요약함으로서 최종 결론으로 삼고자 한다.

첫째 그동안 해방 이전의 활동을 중심으로 알려져 왔던 한설야의 생애와 문학적 변용과정을 해방 이후의 활동까지 포함하여 전반적으로 복원하였다.

둘째 해방전 작품 세계를 『황혼』을 중심으로 그 이전에 쓴 단편과 그 이후에 쓴 단편으로 나누어 분석하였다.

만주 체험에서 조선 유민들의 궁핍상을 보고 초기의 예술주의적 경향을 벗어나 신경향파 소설을 쓴 한설야는 그 신경향파 의식을 갖고 본질적인 면에서의 현실을 일관되게 파악한 결과 「과도기」를 쓸 수 있었다. 그러나 그후 작품들이 작가의 신념을 전면에 내세우는 비현실성을 띠기 시작하면서 현실 반영의 생생함을 놓친 채, 카프 2차 검거사건(전주사건, 1934)으로 작품활동을 중단하였다.

이어, 감옥에서 풀려나 어쩔 수 없이 전향소설을 쓰면서도 굳이 「탁류」같은 신경향파 소설을 쓴 것을 보면 그가 내심 현실세계에 일관된 관심을 갖고 있었음을 알 수 있다. 이 점이 바로 다른 전향 작가들과 구별되는 한설야의 토착적 기질이다. 하지만 30년대 후반에 들어 일제 탄압이 기승을 부리자 신념을 꺾은 채, 아무 의식도 없이 가족사나 신변잡기를 써내려가다가 끝내는 자포자기까지 표출하고 만다.

셋째 명실 공히 1930년대 현실주의 소설의 대표작이자 문제적 장편소설인 『황혼』을 등장 인물의 유형과 갈등 구조, 형상화의 특색으로 나누어 살폈다.

한 마디로 말해 『황혼』은 이제까지 단편적으로 취급한 노동소설들과는 달리 세 계급과 삼각구도의 대조를 통해 성장하는 노동계급을 총체적으로 형상화했으며, 일제의 주구가 된 자본가 계급의 타락한 생활과 지식인들의 현실 순응 등 당대의 모습을 객관적으로 형상화한 수작이다. 또 이 작품에서 한설야는 계급문학의 이념을 실현한 프로 작가이면서도 토착성을 지닌 작가임을 은밀하게 보여주고 있다. 그럼에도 불구하고 이 작품에는 경재와 여순의 애정문제의 분량이 너무 많고, 통속적 내용을 심리묘사에 의존하는 등의 작위성을 드러내는 부분이 있어 작품의 질을 떨어뜨리고 있다.

넷째 해방전의 장편 『청춘기』, 『마음의 향촌』, 『탑』에 나타난 인물 유형과 형상화 특색을 고찰하였다.

해방전 장편들에 등장한 인물들은『황혼』이전 작품들에 고정적으로 등장하는 노동자나 농민이 아니라 대부분 소시민적인 지식인이거나 부정적인 인물들이다. 또『황혼』이전의 작품들의 주제가 이념적이고,『탑』은 자전적 가족사라면,『청춘기』나『마음의 향촌』은 그 중간이라고 말할 수 있다. 즉『청춘기』는 소시민적 의식과 삶을 당대의 관습을 통해 펼쳐 보였고,『마음의 향촌』은 한설야의 내적 자존심을 주인공 통해 드러냈다. 그러나 4편의 해방전 장편은 일관되게 자기 개조의 세계를 그린 것과 어떠한 비젼도 제시하지 못한 공통점이 있다. 어쨌던『청춘기』는 이데올로기 부각을 위해 월북후 개작한 점,『마음의 향촌』은 세태 묘사에 치중한 점,『탑』은 등장 인물의 전형성 획득에 실패한 점을 주목할 필요가 있다.

다섯째 해방후에 쓴 단편을 김일성과 친소(親蘇), 사회주의와 반미(反美)로 나누어 살펴보았다.

김일성 소설, 친소(親蘇) 소설, 사회주의 건설 소설, 반미(反美) 소설, 6·25 소설 등 해방후 한설야의 단편은 그의 정치적 선택을 직접적으로 형상화하여 정치·문학의 일원화를 꾀하고 있다. 다시 말해 자기의 정치적 취향을 바로 작품으로 연결하는 창작 방법을 택하고 있다. 김일성의 과거 항일 유격대 활동이나 당대 영웅성을 그린「혈로」,「개선」, 소련 군 또는 소련 여의사의 인간애를 그린「모자」,「얼굴」,「남매」, 탄광 체험을 바탕으로 사회주의 건설을 제시한「탄갱촌」,「자라나는 마을」, 선교사를 통해 미국의 잔학상을 고발한「승냥이」, 6·25 전쟁을 배경 삼아 쓴「초소에서」,「전별」,「황초령」,「땅크 214호」 등이 당대 북한 정치 현실을 전달해 준 예이다. 따라서 한설야는 정치와 문학을 일원화한 소설가라 명명해도 과언은 아니다.

여섯째 해방후 장편 『대동강』, 『설봉산』, 『사랑』의 인물 유형과 형상화 특색을 고찰하였다.

애국적인 젊은이들이 자발적으로 펼치는 평양(조국) 방어 전쟁을 내용으로 한 『대동강』의 인물 유형은 결사 항전하는 잔류파의 젊은 근로자들과 극도로 타락한 피난파의 간부급으로 나뉘며 여기에 영웅적 전사들과 배신자를 첨가할 수 있다. 또 형상화 특색으로는 남녀간의 사랑으로 처리한 혁명적 낙관주의와 무리한 작위성을 들 수 있다.

해방후 단편들에 비해 『설봉산』은 정치적인 직접성을 덜고 사회를 총체적으로 형상화하는 속에서도 '살모사건'의 설정을 통해 경덕모의 죽음과 관련된 낙관주의적 비극미나 순덕의 고민에서 보이는 진솔한 인간미를 보여주고 있다. 그러나 이 작품에는 경덕 등의 주인공과 '살모사건'이라는 중심 사건이 농조 활동과 일관되게 이어지지 못한 결점이 있다.

'미제에 대한 증오심'이라는 주제로 보아 단편 「승냥이」의 연속선상에 놓여 있는 『사랑』의 등장 인물에는 징집 반대 시위를 주도하는 대학생 기도와 애인 련희 그리고 연적(戀敵)인 응석이, 긍정적인 교직원인 경리부장 박만성과 로교수, 반대로 부정적인 교직원인 이사 앤더슨과 교무부장 조경래가 있다. 형상화 특색으로는 미국 선교사 콤플렉스, 왜곡된 남한의 현실 폭로, 안이한 전지적 작가 시점 등을 들 수 있으나 작위성의 노출이 심하거나 상투적 수법을 많이 썼다는 단점이 있다.

일곱째 한설야 작품의 변모 양상과 문학사적 위상을 밝혔다.

한설야 소설의 변모 양상은 초기의 예술주의적 습작소설과 출옥 후 소시민적 복귀나 가족사를 그린 신변 소설을 빼고는 대부분 프롤레타리아 사실주의에 입각한 토착성 계급문학이나 정치·문학 일원론적 범주 안에 있음을 알 수 있다.

그는 우리나라 사회주의 문학 발전에 중요한 역할을 한 작가라는 문학사적 위상을 갖는다. 다시 말해 우리 리얼리즘 문학이 일제 탄압이라는 당대에 대응하여 현실성과 토착성을 획득하는 과정에서, 작가적 체험을 중시하는 한설야 소설이 그 중심이 되었다는 것이다. 또 월북 후에도 토착성 공산주의에 의한 정치·문학의 일원론을 펼쳐, 북한 문학을 주도하는 위치에 있었음이 밝혀졌다. 하지만 창작 과정에서 작위성을 너무 드러내 보이거나 이상주의적 관념, 정치성 등을 직접 표출해냄으로서 소설 형상화에 있어서 미적 가치를 훼손하거나 소설적 재미를 반감시킨 것이 문학사적 위상에서 큰 약점이 된다.

끝으로 본 논문의 한계와 앞으로의 과제를 제시하고자 한다. 먼저 연구 방법론의 한계다. 현실주의 방법 자체가 다소 광범위하고, 분석의 잣대로는 새롭거나 명확하지 않아 작품의 변모 양상이나 문학적 위상을 밝히는 데 불충분하였다. 또 인민상을 수상할 정도의 수작인 『력사』를 분석 대상에서 빠뜨린 한계가 있었다. 그러므로 앞으로 연구에서는 최신 이론에 의한 분석틀을 마련하고 연구 범위를 소설 전체로 확산할 필요가 있다. 아울러 월북 후 작품 활동에 대한 보다 구체적인 자료를 입수하여 친소주의, 반미주의 그리고 김일성주의의 토착화로 나타나는 세 양상을 통괄할 수 있는 원리를 찾아내는 등, 한설야의 전 작품 활동에 대한 총체적이고도 일관된 연구가 있어야겠다.

참고문헌

1. 기본 자료

한설야, ≪한설야 선집≫(단편집), 조선작가동맹출판사, 1960.
한설야, ≪한설야 선집≫(『대동강』, 『사랑』, 「수필」), 조선작가동맹출판사, 1960.
≪한국근대장편소설대계≫(『황혼』, 『청춘기』, 『탑』, 『마음의 향촌』), 태학사, 1988.
김외곤, ≪한설야 단편선집≫(과도기, 귀향, 숙명) 태학사, 1989.
정은희, 『황혼』(한설야 장편소설), 동광출판사, 1989.
임헌영, 『설봉산』(한설야 장편소설), 동광출판사, 1989.
신문·잡지류 : <조선문단>, <조선지광>, <문예공론>, <문학건설>, <조광>, <문장>, <삼천리>, <인문평론>, <국민문학>, <조선문학>, <신동아>, <동아일보>, <매일신보>

2. 학위 논문

강영주, <1930년대 소설론고>, 서울대 석사학위논문, 1976.
김동환, <1930년대 한국장편소설연구>, 서울대 박사학위논문, 1992.
김동환, <1930년대 한국전향소설연구>, 서울대 석사학위논문, 1987.
김성수, <이기영 소설연구>, 성균관대 박사학위논문, 1991.
김민수, <한설야 소설연구>, 중앙대 석사학위논문, 1994.
김외곤, <1930년대 한국현실주의 소설연구>, 서울대 석사학위논문, 1990.

김은하, <1930년대 리얼리즘소설연구>, 중앙대 석사학위논문,1994.

김재영, <한설야 소설연구>, 연세대 석사학위논문, 1990.

김재용, <일제하 프로소설사론>, 연세대 박사학위논문, 1992.

김종률, <한설야 소설연구>, 영남대 석사학위논문, 1993.

나병철, <1930년대 후반기 도시소설연구>, 연세대 박사학위논문, 1989.

남민영, <김남천과 한설야의 1930년대 소설연구>, 연세대 석사학위논문, 1990.

문영희, <한설야 문학연구>, 경희대 박사학위논문, 1995.

문향숙, <한설야 소설연구>, 건국대 석사학위논문, 1991.

민경희, <임화의 소설연구>, 서울대 석사학위논문, 1976.

박순라, <한설야 장편소설연구>, 전북대 석사학위논문, 1994.

박영관, <한설야 문학연구>, 아주대 석사학위논문, 1994.

박중열, <1920~1930년대 리얼리즘소설의 세계관과 창작방법연구>, 전남대 석사학위논문, 1991.

백성우, <한설야의 '황혼'에 나타난 갈등구조고찰>, 조선대 석사학위논문, 1990.

서경석, <1920 - 30년대 한국경향소설연구>, 서울대 석사학위논문, 1987.

______, <한설야 문학연구>, 서울대 박사학위논문, 1991.

송기섭, <한설야 소설연구>, 충남대 석사학위논문, 1989.

송윤희, <한설야 소설의 창작방법고찰>, 단국대 석사학위논문, 1995.

송호숙, <한설야 연구>, 연세대 석사학위논문, 1989.

원은영, <가족사연대기소설연구>(한설야 '탑'), 이화여대 석사학위논문, 1992.

윤문상, <한설야 소설과 애정관의 변모양상>, 인하대 석사학위논문, 1995.

윤종택, <한설야 연구>, 경북대 석사학위논문, 1991.

이병순, <한설야 소설연구>, 숙명여대 석사학위논문, 1991.

이상갑, <1930년대 후반기 창작방법론연구>, 고려대 박사학위논문, 1994.

이재춘, <한설야 소설의 갈등연구>, 대구대 박사학위논문, 1996.

이주형, <1930년대 한국장편소설연구>, 서울대 박사학위논문, 1984.

장상길, <한설야 소설연구>, 서울대 석사학위논문, 1990.

장석홍, <한설야 소설에 나타난 계급의식의 변모 양상 연구>, 건국대 박사학위논문, 1996.

장성수, <1930년대 경향소설연구>, 고려대 박사학위논문, 1989.

정호웅, <1920 – 30년대 한국경향소설의 변모과정연구>, 서울대 석사학위논문, 1983.

정홍섭, <1920 – 30년대 문예운동에 있어서의 방향전환연구>, 서울대 석사학위논문, 1989.

조남현, <1920년대 한국경향소설연구>, 서울대 석사학위논문, 1974.

조현일, <1920 – 30년대 노동소설연구>, 서울대 석사학위논문, 1991.

차원현, <한국 경향소설연구(인물 유형 변모 양상)>, 서울대 석사학위논문, 1987.

최영미, <한설야 소설연구>, 동아대 석사학위논문, 1992.

최옥미, <한설야 장편소설연구>, 성균관대 석사학위논문, 1992.

최익현, <한설야 연구>, 중앙대 석사학위논문, 1992.8

홍정선, <신경향파 비평에 나타난 '생활문학'연구>, 서울대 석사학위논문, 1981.

홍혜원, <한설야 소설의 공간연구>, 이화여대 석사학위논문, 1992.

3. 논저

구인환 · 구창환, <문학개론>, 삼영사, 1983.

권영민, <북한의 문학>, 공보처, 1996.

______, <북한의 문학>, 을유문화사, 1989.

______, <소설과 운명의 언어>, 현대소설사, 1992.

______, <월북문인연구>, 문학과지성사, 1989.

______, <한국민족문학론연구>, 민음사, 1995.

______, <한국현대문학사>, 민음사, 1994.

권택영, <소설을 어떻게 볼 것인가>, 문예출판사, 1995.
김봉군 외, <한국현대작가론>, 민지사, 1985.
김성수 편, <우리 문학과 사회주의 리얼리즘 논쟁>, 사계절, 1992.
김상태, <문체의 이론과 해석>, 집문당, 1993.
김승환, <해방공간의 현실주의문학연구>, 1995.
김영민, <한국문학비평논쟁사>, 한길사, 1994.8
김외곤, <한국근대리얼리즘문학비판>, 태학사, 1995.
김우종, <한국현대소설사>, 성문각, 1982.
김욱동, <리얼리즘과 그 불만>, 청하, 1989.
김윤식, <임화 연구>, 문학과사상사, 1996.
______, <한국근대문학사상비판>, 일지사, 1995.
______, <한국근대문학사상사>, 한길사, 1993.
______, <한국근대문학의 이해>, 일지사, 1995..
______, <한국현대문학비평사>, 서울대출판부, 1994.
______, <한국현대현실주의 소설연구>, 문학과지성사, 1990.
김윤식 · 정호웅, <한국리얼리즘 소설연구>, 문학과비평사, 1992.
____ · ______, <한국근대리얼리즘 작가연구>, 문학과지성사, 1988.
____ · ______, <한국문학의 모더니즘과 리얼리즘>, 민음사, 1989.
김태준, <조선소설사>, 예문, 1989.
류만 외, <조선문학사>, 사회과학출판사, 1992.
류만 · 박종원, <조선문학개관 1 . 2>, 사회과학출판사, 1986
리효운 외, <《고향》과 《황혼》에 대하여>, 조선작가동맹출판사, 1958.
문학예술연구회 편, <현실주의 연구 1>, 제3문학사, 1990.
민현기, <한국근대소설과 민족현실>, 문학과지성사, 1989.
민족문학연구소, <민족문학사연구>, 창작과비평사, 1991년 창간호.
박종원, 류만, 정홍교, <조선문학개관>, 인동판, 1988.
백철, <신문학사조사>, 신구문화사, 1980.
사회과학원문학연구소, <조선문학통사>, 인동, 1988.
서경석 외, <1950년대 북한문학연구>, 예하, 1991.

성기조, <북한비평문학40년>, 신원문화사, 1990.

______, <사회주이사상 통일문학 – 소설>, 신원문화사, 1989.

신형기, <해방직후의 문학운동론>, 제3문학사, 1989.

역사문제연구소 문학사연구모임, <카프문학운동연구>, 역사비평사, 1989.

윤평중, <포스트모더니즘의 철학과 포스트마르크스주의>, 서광사, 1992.

______, <푸코와 하버마스를 넘어서>, 교보문고, 1996.

이상갑, <김남천>, 새미, 1995.

이선영, <1930년대 민족문학인식>, 한길사, 1990.

이선영, <문학비평의 방법과 실제>, 삼화사, 1996.

이진우, <포스트모더니즘의 철학적이해>, 서광사, 1993.

이한화 편, <러시아 프로문학운동사 1>, 화다, 1990.

임규찬, <민족사의 전개와 그 문화 下> '카프 해산 문제에 대하여', 창작과비평사, 1990.

임진영, <해방공간의 문학연구> '해방직후 민주건설기의 북한문학', 태학사, 1990.

임형택 · 최원식, <한국근대문학사론>, 한길사, 1988.

정현숙, <박태원>, 새미, 1995.

정호웅, <이기영>, 새미, 1995.

정호웅외, <장편소설로 보는 새로운 민족문학사>, 열음사, 1993.

조남현, <한국지식인소설연구> 일지사, 1984.

조연현, <한국현대문학사>, 성문각, 1973.

조정래 · 나병철, <소설이란 무엇인가>, 평민사, 1991.

최원식, <『황혼』에 대하여, 『황혼』해설>, 창작과비평사, 1989.

한국현대문학연구회, <한국근대장편소설연구>, 모음사, 1992.

현대조선문학선집 11, <조명희 단편소설집>, 한국문화사, 1991.

한점돌, <한국현대장편소설연구> (구인환 외), '전형기 문단과 프로리얼리즘의 가능성 –한설야의 『황혼』', 삼지원, 1989.

홍석영, <삶과 허구의 진실>, 보고사, 1995.

藏原惟人, <예술론> (김영석 역) 개척사, 1984.

村上嘉隆, <계급사회와 예술> (유염하 역), 공동체, 1987.
A · 제퍼슨 외, <현대문학이론> (송창섭 외, 역), 한신문화사, 1995.
G · 루카치, <역사소설론> (이영옥 역) 거름, 1987.
________, <미와 변증법> (여균동 역) 이론과실천사, 1985.
G · 루카치 외, <문제는 리얼리즘이다> (홍승용 역), 실천문학사, 1985.
__________, <리얼리즘과 문학> (최유찬 외 역), 지문사, 1985.
__________, <리얼리즘의 기초이론> (이춘길 역), 한길사, 1985.
H · 지이겔, <소비에트 문학이론> (1917-1940) (정재경 역), 연구사, 1988.
I · 하우웨, <소설의 정치학>, (김재성 역), 화다, 1988.
K · 맑스, <헤겔 법철학비판>, (홍영두 역), 아침, 1988.
L · 골드만, <소설 사회학을 위하여>, (조경숙 역), 청하, 1982.
M · 까간, <미학강의 1,2> (진중권 역), 벼리, 1989.
M · 바흐친, <도스토예프스키의 시학> (김근식 역), 정음사, 1988.
________, <장편소설과 민중언어>, (전승희 외 역), 창작과비평사, 1988.
________, <문예학의 형식적 방법>, (이득재 역), 문예출판사, 1993.
S · 코올, <리얼리즘의 역사와 이론>, (여균동 역), 미래사, 1982.
S · 슈람 편, <사회주의 현실주의의 구상>, (문학예술연구회 미학분과 역), 태백, 1989.
소련 콤 아카데미 문학부 편, <소설의 본질과 역사>, (신승엽 역), 예문, 1988.

〈한설야 소설 목록〉

초기 낭만적 예술주의 경향

「그날밤」, 조선문단, 25. 1 – 삼각 연애담
「동경」, 조선문단, 25. 5 – 이상주의 화가의 신변잡기
「주림」, 조선문단, 26. 3 – 옆집 여자를 훔쳐보는 홀애비 노동자의 고독

사회 현실 비판 경향

「평범」, 동아일보, 26. 2. 16–27 – 무능한 남편과 연인을 모두 떠나보내는 기구한 운명(지금까지의 삶을 부정하고 새로운 삶을 발견함)
「그릇된 동경」, 동아일보, 27 .6. 12–19 – 일본인 남편의 학대에서 오빠의 충고를 뒤늦게 깨닫는 내용, 「평범」에 비해 절제된 형식(만주생활의 비참성을 사회적 가치로 의식하려함)

신경향파 소설의 단초

「그 전후」, 조선지광, 27. 5 – 갑자기 노동자로 전락한 주인공이 남편의 말든 뒤늦게 실감하며 의식화 되어감(현실 체험 형상화 능력이 두드러짐)
「뒤ㅅ 걸음질」, 조선지광 27. 8 – 노동운동을 하던 한 여성의 사상 전

향이 부른 비참한 결말

* 본 논문에서 제외된 작품

「사랑은 잇으나」, 매일신보, 27. 4. 24－5. 8
「산연」, 매일신보, 27. 6.12－19

만주 체험의 형상화

「합숙소의 밤」, 조선지광, 28. 1 －자본가에게 착취 당하는 광산 노동자의 삶(현실주의 노동소설의 밑걸음이 됨)
「인조폭포」, 조선지광, 28. 2 －일제에 못 견뎌 간도나 만주로 떠나는 조선농민의 상징

관념과 현실의 통일 - 신경향파 한계 극복

「과도기」조선지광, 29. 4 － 몰락 농민의 노동자화 과정 － 현실의 본질적, 총체적 파악_

_

노동자로의 전업 운명

「한길」, 문예공론, 29. 5 － 길가에서 얼어 죽은 아내를 보고 계급 차이를 깨닫는 노동자(콩트 형식의 실화)

작의의 과다 노출

「씨름」, 조선지광, 29. 8 － 씨름대회를 매개로 분열된 노동자 조직을 통합해 가는 과정

* 삭제된 작품

「새벽」, 문예공론, 29. 522

「개답」, 신계단, 32. 12

「소작촌」, 신계단, 33. 6

공장 노동자의 세계

「공장지대」, 조선지광, 31. 5 – 산업합리화로 인한 노동자의 도시 집중화와 그들의 생존권 보장을 위한 조합 결성의 필요성을 형상화함

「삼백 육십 오일」, 문학건설, 32. 12 – 산업합리화라를 핑계 삼은 감원

「교차선」, 조선일보, 33. 4.27–5. 2 – 「뒤ㅅ 걸음질」의 주제와 비슷한 노동자의 변절

농촌 소설 – 산미 증산 계획

「홍수」, 동아일보, 28. 1. 2–6 – 생명줄인 소작지가 홍수에 잠기자 징역 갈 각오로 지주의 둑을 터트리는 소작인들(현실성을 짙게 띰)

「사방공사」, 신계단, 32. 11 – 「태양이 업는 거리」의 기일(基一) – 문제적이고 목적의식을 지닌 인물 없이도 스스로 자신의 처지를 깨닫고 사회 모순을 느끼며 이를 타파할 가능성을 발견함(치수공사장 배경)

「추수 후」, 신계단, 33. 6 – 「태양이 업는 거리」의 기이(基二) – 수리 조합 정책에 대한 농민의 반대

전향 소설 – 일상생활에의 소시민적 복귀

「태양」, 조광, 36. 2 – 전향소설의 대표적 유형(닭을 풀어 주며 자의

식의 재차 해방을 발견)

「딸」, 조광, 36. 4 – 주제의식이나 결말이 없는 생활의 한 에피소드 (회복된 자의식을 더 이상 펴지 못함)

「강아지」, 여성, 38. 9 – 「딸」의 주제와 비슷(전향후 한설야의 사상적 일관성의 맥을 끊음)

「귀향」, 야담, 39. 2. 7. – 아버지의 흥망성쇠를 다룬 가족사

진보적 소설 - 전향 후의 신경향파 작품(탁류 3부작) – 일제하 조선인 소작인의 참담한 모습 + 작가의 진보성이나 신념 회복의 노력

「홍수」, 조선문학 속간, 36. 5

「부역」, 조선문학 속간, 37. 6

「산촌」, 조광, 38. 11

자신의 신념에 대한 회복이나 확인

「임금」, 신동아, 36. 3 – 건널목방 설치문제로 무기력에서 벗어나 삶의 목표와 의욕을 되찾음

「철로 교차점」, 조광, 36. 6 – 「임금」의 속편 – 건널목방 설치문제로 회사와 담판하는 용기를 되찾음

「이녕」, 문장, 39. 5 – 전향소설의 대표작 – 족제비를 잡는 과정에서 자존심을 회복하고 생활전선에 다시 뛰어들 결심을 함(자존심 회복 – 새 생활 시작)

「이녕」이후의 신변소설

「보복」, 조광, 39. 5 – 자식에 대한 사랑을 매개로 현실 생활에 대응하는 모습

「술집」, 문장, 39. 7 – 「보복」처럼 자식을 매개로 현실의 속물적 성격을 드러내려는 시도

「종두」, 문장, 39, 8 – 「보복」이나 「술집」에서 처럼 자식들의 일이 관심의 중심 – 생활 문학이면서도 강하게 추구하고 싶은 인간상 같은 자기 주관을 곁들임

「태양은 병들다」, 조광, 40. 1–2 – 아들의 사인 규명을 통한 일상 바깥세계로의 탈출 시도(자기 자신의 세계만을 천착하던 「보복」, 「술집」, 「종두」와는 뚜렷이 구별됨)

「모색」, 인문평론, 40. 3 – 아내의 다부진 성격을 부러워 하는 이야기

「숙명」, 조광, 40. 11 – 자신의 나약함을 경멸, 조소하던 내면세계에 대한 열정까지 식어버림

「파도」, 신세기, 40. 11 – 재혼한 아내의 정절마저 의심하는 등 한설야가 지녔던 의식의 밑바닥을 보여줌

「아들」, 삼천리, 41. 1 – 아들을 통한 대리 만족을 꾀하고자 하는, 주제 의식이 없는 평범한 일상생활의 기술

「유전」, 문장, 41. 4 – 「그날밤」의 개작 – 남녀가 사귀다가 헤어지는 과정

「두견」, 인문평론, 41. 4 – 자신이나 가족 이야기가 아닌 작품 – 죽은 사람이 살아 온 이야기나 장례식 때 일어난 작은 이야기의 단순한 기술

「세로」, 춘추, 41. 4 – 주인공이 다니던 신문사에서 일어난 사건(관념화된 자기 주관에 함몰)

<u>일본어 소설</u> – 일본 처녀와의 사랑과 그것을 이루지 못함을 안타까워하는 청년기의 회상

「혈」, 국민문학, 42. 10

「영」, 국민문학, 42. 12

「젖」, 야담, 43. 2

김일성 소설 – 과거 항일 유격대 활동이나 당대 영웅성

「혈로」, 우리의 태양, 46. 8 – 김일성 소설의 전범 – 낚시를 통한 김일성의 항일 유격대 투쟁 미화(보천보 전투를 앞둔 김일성의 영웅화)
「개선」, 선집 8, 48. 3 – 김일성의 신성화를 다루는 소설의 한 전형 – 가문 소설의 원조(김일성 집안 이야기)

–

친소 소설

「모자」, 문화전선 1호, 46. 8 – 어떤 쏘베트 전사의 수기, 소련에 대한 이념을 드러냄
「얼굴」, 선집 8, 48. 10 – 일제 감옥으로부터 목숨을 구해준 소련 병사의 얼굴을 그림
「남매」, 선집 8, 49. 8 – 소련 여의사 크리블랴크의 따뜻한 인간미를 그림
「기적」, 선집 8, 50. 8 – 낫 놓고 기역자도 모르는 인춘 영감을 파격적으로 철도회사 사장을 시킴
「레닌의 초상」, 조선문학, 57. 11 – 투옥된 인사들의 이야기을 통해 레닌을 신격화한 이념 소설_

–

사회주의 건설 소설

「탄갱촌」, 선집 8, 46. 8 – 탄광 체험을 통한 사회주의 건설 운동
「자라나는 마을」, 선집 8, 49. 8 – 방해를 무릅쓰고 황무지를 개간해낸 락운과 문맹 퇴치에 앞장서는 영민, 부자의 헌신적인 이야기

–

반미 또는 6.25 전쟁 소설

「초소에서」, 문학예술, 50. 1 – 6·25 때 미군의 포로가 된 한 병사가

인민들의 도움으로 생환하는 이야기

「전별」, 선집 8, 51. 3 – 적지에 들어가 다리를 폭파하고 돌아오다 미군에게 붙잡혀 구사일생으로 살아난 이야기

「승냥이」, 선집 8, 51 – 우화소설 – 선교사를 통한 미제 잔학성 고발

「황초령」, 선집 8, 52. 6 – 미군 비행기 폭격과 인민군 간호 장교의 헌신적인 의료 행위를 그림

「땅크 214호」, 선집 8, 53. 3 – 6·25 때 인민군 척후 땅크 한 대가 38선을 넘어 포천, 의정부를 거쳐 서울로 진격하는 남침 이야기

* 본 논문에서 제외된 작품

「하늘의 영웅」(영웅들의 전투기), 문예총, 1950. 9

「어느날의 일기」, 선집 8, 1950

「길은 하나이다」, 1958.

「강철」, 1958.

「아버지와 아들」, 조선문학, 60. 2

장편

『황혼』, 조선일보, 36. 2. 5–10. 28 – 성장하는 노동계급의 총체적 형상화

『청춘기』, 동아일보, 37. 7. 20–11. 29 – 비전향의 고뇌와 혼돈을 뚫고 샛길을 열려는 고통스런 모색(고향 배경)

『초향』(마음의 향촌), 동아일보, 39. 7. 19–41. 2. 14 – 속물적인 초향과 지하 운동가인 애인의 대조로 사랑의 윤리와 투쟁의 길을 보여줌 (고향의 황폐화 배경)

『탑』, 매일신보, 40. 8. 1–41. 2. 14 – 가족사 중심의 자전적 소설

『력사』, 1951 – 김일성 항일투쟁의 형상화(인민상 수상) – 「혈로」주

제와 비슷함

『대동강』(3부작 「대동강」「해방탑」「룡악산」), 작가동맹출판부, 1955 – 조국 해방 전쟁의 형상화

『설봉산』, 1956 – 적색농조의 형상화

『열풍』(장편, 일부), 조선문학, 58. 9 – 『탑』의 속편

『사랑』, 작가동맹출판사, 1960 – 반미 사상(6.25이후 배경)

『성장』(「형제」의 속편), 조선문학, 61. 8

찾아보기

(ㅁ)

(ㅂ)

(ㅅ)

(ㅇ)

한설야 소설의 변모양상

인쇄일 초판 1쇄 1999년 02월 20일
2쇄 2015년 04월 20일
발행일 초판 1쇄 1999년 02월 28일
2쇄 2015년 04월 23일

지은이 조 수 웅
발행인 정 찬 용
발행처 국학자료원
등록일 1987.12.21, 제17-270호
서울시 강동구 성내동 447-11 현영빌딩 2층
Tel : 442-4623~4 Fax : 442-4625
www. kookhak.co.kr
E- mail : kookhak2001@hanmail.net

ISBN 978-89-8206-361-9 (03810)
가 격 15,000원